讓生命潛能 帶你探索心靈世界的真、善、美
Life Potential Publishing Co., Ltd

高敏感族自在心法

How To Thrive When The World Overwhelms You

The Highly Sensitive Person

你並不孤獨，只是與眾不同

伊蓮・艾融 博士 著
（Elaine N. Aron）
張明玲 譯

我支持特權階級——假如這是適當的用詞，而且民主主義人士也會用這個詞的話。我並不是指權力的特權階級……而是敏感、善解人意的特權階級。在各個民族、階級以及所有的朝代都能發現其成員，而且當他們相遇時，彼此也會心照不宣。他們代表真正的人類傳統——我們這個奇特的種族戰勝殘酷與混亂的一項永久勝利。成千上萬的他們在默默無聞中銷聲匿跡，只有一些人聲名大噪。他們對其他人和自己感覺敏銳，他們善解人意，不難取悅，他們的精神不是浮誇，而是耐力……

——摘自佛斯特（E. M. Foster）《為民主乾兩杯》中的「我的信念」

作者的話（二〇一二年）

一九九八年，亦即本書初版上市後三年，我為這本書寫了一篇新的序言，標題為「慶祝」。對於有許多人發覺自己是高敏感族，並覺得本書很實用，且這個概念在科學界逐漸變得流行，讓我們所有人都感到很欣慰。現在，我們可以慶祝同樣的情況成長了五十倍以上。《高敏感族自在心法》（*The Highly SensitivePerson*）已被翻譯成十四種語言，包括瑞典文、西班牙文、韓文、希伯來文、法文和匈牙利文等。在全世界許多著名媒體中，都曾刊登過有關高度敏感的文章。在美國，〈今日心理學〉（*PsychologyToday*）期刊中曾經以此為專題，在〈時代〉（*Time*）雜誌以及許多女性和健康類雜誌，例如〈O雜誌〉（*O Magazine*），還有無數的健康網站中，都曾做過簡短的討論。在歐美，有「高敏感族聚會」和針對該主題所開設的課程，還有專為高敏感族所製作的YouTube影片、書籍、雜誌、電子報以及網站和各式各樣的服務。大部分都不錯，但有些仍待加強。有好幾萬人訂閱我發行的電子報〈舒適圈〉（*Comfort Zone*），網址為：www.hsperson.com，現在網站上已有好幾百篇電子報的文章，內容包含關於高敏感議題的每個面向。我們取得了長足的進步。

三次修訂，大功告成

有鑑於本書是在一次小變革一開始時所撰寫的，所以我認為，我應該要予以修訂。但是當我將全書檢閱一遍後，我發現沒有太多需要修改之處。除了三點例外，其他都很好用。首先，而且是最重要的，我想增加後來擴展的科學研究。這點之所以重要，是因為這些研究有助於讓所有人相信這項特質是真實的，因此，這本書中所說的也都是真的。這篇序文將能提供給讀者有關這類研究的最新資訊。

其次，目前對於高敏感特質有一種更簡單、更完整的描述——「DOES」，它非常貼切地表達了該特質的各個面向。D是指處理的深度。我們的基本特性就是在行動之前會觀察和反思。我們處理每件事都會多一些程序，無論自己是否意識到這點。O是指容易受到過度刺激，因為假如你要注意到每一件事，一定會比較快感到疲累。E是強調我們會有情緒化的反應，並且具有強烈的同理心，有助於我們去留意與學習。S是對我們周遭所有細微之處很敏銳。當我在討論這項研究時，會詳細說明。

第三，現在可以顧及一個較小的重點——書中關於抗憂鬱劑的討論，主要是聚焦在百憂解（Prozac）上。自一九九六年以來，治療憂鬱症的藥物激增，支持和反對這類藥物的意見皆有。這類藥物會傷害身體其他部位嗎？對大多數人而言，它們只是安慰劑，效果就像給患者糖衣錠而讓他們感覺良好一樣嗎？但是這類藥物確實防止了許多人自殺，又該如何解釋？當憂鬱的人不再憂鬱時，它們不是也改善了旁人的生活？兩方的論點都有理，也都值得去理解。幸好，現在這些爭論全都可以在網路上找到（但是僅限於科學研究的讀本，請略過驚悚的故事，無論是哪一方）。因此，我的基本建議是相同的：多方涉獵知識，然後自己做決定。在你變得憂鬱之前先建立一種觀點，是比較可取的，因為在某些特定情況下，高敏感族從遺傳學角度來看，比較容易罹患憂鬱症，而且當你在情緒不穩定時，是很難做決定的。

至此，假如你對於針對敏感方面的研究不感興趣，那麼你可以不必往下讀，或只要匆匆瀏覽即可。也許你是那種憑直覺或「打從心底」就了解這種特質的人，所以不需要智識（intellect）。然而，我能想像你會發現，當你說自己是高敏感一族時，偶爾必須說服那些抱持懷疑甚至是敵意的人，而且你可能會希望有一些工具能讓你處理這種時刻，而研究發現，即能提供這類工具。

一九九六年以來的研究

當我在撰寫這本書時，不只是科學驗證了本書中絕大部分的內容（有一些只是根據我當時的觀察），研究發現也遠遠超出我們所知道的範圍。我儘量讓以下的內容讀起來有趣，但還是充分詳細地描述，以滿足真的想要一窺究竟的讀者。你在讀這些文章的時候，可以發現完整的方法學和研究結果。我在二〇一二年時，將高敏感的理論與研究寫成一篇完整的摘要並且發表出來，只要上www.hsperson.com網站，就能找到最新的研究報告列表。「感覺處理敏感」（sensory processing sensitivity）是我給這項特質的科學名稱（它與「感覺處理障礙」以及「感覺統合障礙」大不相同，只是名稱類似而已）。我應該要附帶說明，有其他學者正在研究與敏感非常類似的概念。假如你對這項研究感興趣，可以用下列專有名詞搜尋：對環境的生物敏感性（Biological Sensitivity to Context, Thomas Boyce, Bruce Ellis, and others）、差別易感性（Differential Susceptibility, Jay Belsky, Michael Pluess, etc.）、定向敏感性（Orienting Sensitivity, D. Evans and Mary Rothbart, etc.），並找到更多的研究，這些研究在《高敏感族自在心法》這本書完成之後，都已經在進行了。

第一篇研究

我們（我和外子，他特別擅長設計研究案）所做的第一篇公開發表的研究，催生了本書中的「高敏感族量表」（Highly Sensitive Person Scale）。這篇研究的目的，也是要解釋高度敏感跟「內向」或是「神經過敏症」（形容有憂鬱或過度焦慮傾向的專業術語）並不相同。我們是對的；這項特質不一樣。但是它與神經過敏症密切相關。我有預感原因為何，而且我們在二〇〇五年發表的第二系列研究證實了這一點：擁有問題童年的高敏感族，比有類似童年但為非敏感族的人，更容易變得憂鬱、焦慮和害羞；不過那些有美好童年的高敏感族則跟其他人一樣，沒有這方面的問題，甚至有一些跡象顯示，他們比擁有美好童年的非敏感族過得更好，彷彿他們更容易受到環境的影響。之後，米莉安．李斯（Miriam Liss）所做的研究和其他人也都發現相同的結果，主要是憂鬱症的。但別忘了，這是「平均值」。有些擁有美好童年的敏感族可能也會憂鬱，而有些童年不順遂的敏感族卻不會。此外，除了童年困境之外，還有許多其他因素也會影響我們。一個人生活在何種程度的壓力下，肯定是一項重要因素。

高敏感特質與一個人童年環境的交互作用，解釋了我們在第一篇研究中所發現的結果，在神經過敏症或負面感覺與高敏感度之間，有比較強烈的相關性。在「高敏感族量表」上，大約有一半的問題都是關於負面情緒——「……讓我覺得不舒服。」「……使我緊張不安。」「……讓我惱怒。」等等。許多高敏感族都曾經擁有不順遂的童年，原因往往是因為沒有人了解他們天生的氣質，而這種特質所帶來的揮之不去的惡劣感受，會導致他們在那些某種程度上困擾所有高敏感族的情境中，覺得更不舒服、更緊張不安和更加惱怒。這點增加了高敏感特質與神經過敏症的重疊性，但原因跟這項特質本身無關。現在，當我們在使用這張量表時，會用不同的方式來詢問人們，他們通常會感覺到多少負面情緒，並以統計學的方式將其列入考慮。

遺憾的是，有不少關於高敏感特質與其他行為反應之關聯性的臨床研究，例如焦慮、緊張，或是溝通恐懼等等，皆未將「養育」的重要性納入考量，而使得所有的高敏感族看起來都有這些問題。因此，我在此就不介紹那類研究了。

血清素與高敏感族

在討論醫生與藥物治療的那一章，這項關於對高敏感族童年（無論好壞）造成其他影響的研究發現，為我在本書中所陳述的概念下了一個很好的註解。我引用了史蒂芬・索米（Stephen Suomi）的一篇研究，是關於少數因在有壓力的環境下被養育大，而天生具有焦躁特質的恆河猴。牠們不僅出現更多憂鬱與焦慮的情緒，而且就像憂鬱的人類一樣，牠們腦中的血清素較少，這也就是抗憂鬱劑要調整的物質。血清素是一種神經傳導物質，在大腦中至少有十七個地方會用上它，以便傳送訊息。結果證明，這些體弱多病的猴子因為遺傳變異而導致普遍血清素濃度較低，而這樣的低濃度又因為壓力的緣故而降得更低。敏感型的人類也有相同的遺傳變異。有趣的是，這種變異只有在兩種靈長類動物身上發現，也就是人類與恆河猴，兩者皆為高度社交性而且能夠適應各式各樣環境的生物。或許在一個團體中，高敏度的成員比較能夠注意到細微之處，譬如哪些初次見到的食物可以安全食用，哪些危險要避開，好讓他們在一個新地方的存活率更高。

我們每個人身上都有很多、很多的遺傳變異——例如頭髮、眼睛、膚色、特異功能或某些恐懼症。有些變異似乎起不了什麼作用；有些則是根據環境來決定有無用處（或者甚至是一個缺點）。假如你生活在一個有許多毒蛇的地方，那麼天生怕蛇可能會是一個優點，但是如果你想要成為一位自然科老師，或許就會變成是個問題。

總而言之，在我寫了這本書並且解釋了恆河猴的例子後，由丹麥學者西施琳・利希特（Cecilie Licht）以及其他人所做的研究均顯示，高敏感族都有相同的遺傳變異。長年以來，研究只是在尋找低濃度血清素與憂鬱症之間的關聯性，但研究結果相當不一致，或許是因為在某些研究中，無意間包含太多顯現出憂鬱症但卻擁有美好童年的敏感型人士。有這麼多人具有理應算是演化劣勢的「憂鬱傾向」，必定有某種正面的理由。現在，新的研究證實了，這種導致腦內血清素濃度較低的遺傳變異，也能產生某些益處，譬如增進對於學習教材的記憶力、有更好的決策能力、整體的心理運作功能較佳，而且甚至比其他人更能從正面的生活經驗中獲得更正向的心理健康。在有相同遺傳變異的恆河猴身上，也發現了相同的心理優勢。或許對於被視為弱者或病人而感到厭煩的高敏感族最佳的辯詞，就是索米所做的研究，他發現，具有這種特質的恆河猴如果由技術熟練的母親扶養，更可能展現出「發展性早熟」，以調適壓力並成為其社會團體中的領導者。

同樣地，愈來愈多由其他學者所做的研究均顯示，有些人特別敏感，因此比較容易受到環境的影響——例如，他們在孩童時期較容易受到父母教養、老師以及有用的介入措施之影響。那麼，是什麼樣深層的特質，造成這種「有好也有壞」的結果呢？

是什麼原因讓高敏感族如此不同？

就像我在這本書中所寫的，許多物種——目前我們知道有超過一百種，包括果蠅和某些魚類——都會有少數高敏感的個體。雖然顯然這項特質會因為你是果蠅、魚、鳥、狗、鹿、猴子或人類而導致不同的行為，但是一般的說法是，遺傳了這項特質的少數個體在選擇行動之前，採用了一種生存策略，他們會停下來檢視、觀察、反思或處理他們所注意到的事。不過，較慢採取行動並非這種特質的標記。當敏感個體頓時了解他們的處境與過去的某個情境相同時，由於曾經深思熟慮，了解得很透徹，因此他們對於危險或是機會，會比其他人更快做出反應。正因如此，這項特質最基本的面向——處理的深度——向來難以觀察。假如不清楚這一點，當某人行動之前稍作停頓，其他人只能猜測這個人內心究竟發生了什麼事。高敏感族往往被認為是拘謹、害羞、膽怯或是內向的（事實上，有30％的高敏感族其實是外向的，而且有很多內向的人並非高敏感族）。有些高敏感族接受這個標籤，對自己的遲疑並不多做解釋。事實上，我們有些人會感到自己異於常人而且有缺陷，因此發現「害羞或是擔心社會評價」這個標籤會自我應驗，就如同我在第五章所述。其他人知道自己與眾不同，但是會隱藏起來並且去適應它，表現得就像非敏感的多數人一樣。

了解為什麼我們會演化成今天的人類，透露了許多關於我們自身的奧祕，比我在寫這本書時所知道的多更多。當時我認為，我們的敏感特質之所以會演化，是因為這項特質符合大團體的利益，因為敏感的個體能察覺其他人所遺漏的危險或機會，雖然其他人一旦警覺到這些危險或機會，也會採取行動以貢獻一己之力。這可能有部分是對的，但是，那可能只是這項特質的一個副作用。現今的解釋來自於荷蘭生物學家所設計的電腦模型。麥克斯．沃夫（Max Wolf）和他的同事對於敏感性的可能演化過程感到好奇，所以，他們利用電腦程式設置了一種情境，以排除其他所有的因素。接下來，他們每次只做一點點小變動，看看當他們使用各種可能的情境與策略時，會發生什麼事。他們想知道反應靈敏是否可能是在一個族群中會成功留下來的特質——因為讓我們生存不易的特質，並不會存續太久。

敏感策略的測試方法是，先設定場景，然後研究人員針對這個場景做些改變，看看對於情境A中所發生的一切事物都比較敏感的個體學習到這些訊息後，在情境B中更為成功的程度（他們也必須改變與在情境B中成功相關的有利條件數量）。另一個極端的場景是，從情境A中學到的經驗在情境B中沒有幫助，因為兩者之間沒有關聯。問題是，在什麼樣的條件下，你會看到這兩種個體的演變，一是運用從經驗中學習的策略，另一則否。結果證明，只要有一個小小的利益，這兩種策略就會出現。由此可以解釋，為什麼這兩種人會存在於真實的人類世界中。

你或許會認為，敏感向來就是個優點，但是許多時候並不是。事實上，敏感只對於身為少數的個體有助益。假如每個人都很敏感，它就不是個優勢了，譬如說，如果每個人都知道某條捷徑並利用它，那麼在如此多人使用這則資訊的情況下，它對每個人都沒有好處了。總之，敏感或是這些生物學家所稱的反應力（responsivity），意謂著比其他人更專注於細節，然後利用這層知識，對於未來做更準確的預測。有時候你在這方面做得很好，但其他時候，你花更多的注意力和心思在這上面，卻是徒勞無功的。

正如你所知，敏感確實是要付出代價的。假如現在正發生的事跟你過去的經驗無關的話，真的會白費力氣。此外，當過去的經驗非常糟糕時，一位高敏感族在太多情況下，可能會以偏概全以及逃避或感到焦慮，只因為新的事件與過去不好的經驗有小部分類似。不過，假如我們是高敏感族，最大的代價是，我們的神經系統可能會負荷超載。每個人能承受多少資訊或刺激都有個限度，一旦超過，就會負載過重、過度刺激、情緒過度激發、不堪負荷，然後就完蛋了！我們只是比其他人更快達到那個點。幸好，只要我們稍做休息，就能恢復得很好。

真的就在我們的基因裡

當我在寫這本書時，我說敏感是天生的。我知道在兒童一出生時就能看出，而且如果就遺傳學上已經被確認的動物而言，你可以選擇性地將牠們飼養成比較敏感。但是當時，我並沒有利用高敏感族量表所做的遺傳研究來支持這項主張。現在已經有了。我已經提到，有個研究發現到，這份量表上的分數與一個已知會影響腦中血清素濃度的基因變化有關。在中國從事研究的陳與他的夥伴採取了一種不同的方法。他們不是觀察一個具有已知屬性的特定基因，而是觀察會影響多巴胺數量的所有基因變異（總共有九十八項）。多巴胺是訊息傳導所必須的另一個化學物質，大腦的某些區域會分泌這種物質。他們發現，高敏感族量表與七個控制多巴胺的不同基因上的十項變異有關。雖然每個人都同意我們的人格大多都是遺傳而來，但是沒有任何研究人員在研究標準人格特質諸如內向、嚴謹或是合群等時，發現基因有這般強烈的關聯性。這些在中國的研究人員轉而注意高敏感特質，認為它比較「根深柢固地存在於神經系統中」。

有趣的是，它是預測該特質的基因變異的組合，而且那些變異的功能大多都是未知的，所以人格的遺傳學將會非常複雜，難以釐清。同時，因為某種原因，在遺傳學研究中，利用相同的方法要獲得相同的結果，是出了名的困難；我們必須要看到更多類似的研究，才能確定。儘管如此，我覺得我更確信它是一種遺傳特質。

我們像是世上一群獨特的人

雖然我在本書中說過，通常你要不就是高敏感族，要不就不是，但是對於這個論點，我也沒有直接的證據。我會做這個假設，是因為哈佛大學的傑洛米．卡根（Jerome Kagan）發現，在兒童身上的「拘謹」這項特質確實是如此。有鑑於該研究是基於觀察到這些兒童不會衝進一個放滿複雜、奇怪玩具的房間裡，而是會先停下來看看，所以可以理解的是，拘謹似乎是敏感一詞的誤用。但是，許多科學家認為，敏感一定更像是極端值，因為大多數人都是中間值。在德國的比勒菲爾德大學（Bielefeld）的一篇博士論文中，法蘭西絲卡．波里斯（Franziska Borries）做了一項很特別的統計數據分析，她針對某研究中超過九百位做了高敏感族量表的人，區分出類別與程度。她發現，高敏感族事實上是一個類別，而不是程度。大致說來，你要不就是，要不就不是。

在任何一個已知的族群中，很難知道確切的百分比，因為總是有原因可以解釋為什麼可能會比平均值多或少十五到二十個百分比。再加上，許多因素會影響一個人的得分，因此，有些人會因為其他原因，而得到中間的分數。或許有些人只是把每件事都評價得比其他人更低，或者有些人可能在填寫量表那天心不在焉，或是其他原因。而且，即使我們知道有很多男性天生具有這項特質，但男性通常得分較低。填寫這份量表似乎對於男性會有不同的影響。不過，大部分的人並不是在中間，而是「有或者沒有」這項特質。

描述高敏感族的DOES

當我在二〇一一年撰寫《心理治療與高敏感族》（*Psychotherapy and Highly Sensitive*

Person）（幫助治療師更了解高敏感族，尤其我們的特質既不是疾病也不是缺陷）這本書時，我創造了我已提過的字頭縮寫DOES，以幫助治療師評估這項特質。我已經習慣以它來描述高敏感族以及與之相關的研究。

D：處理的深度

高敏感特質的根基，就是較為深入處理訊息的傾向。當別人告訴他們電話號碼，但他們剛好沒有辦法寫下來時，為了要記住這個號碼，他們可能會嘗試以某種方式來處理它，譬如重複好幾次，思考在這些數字裡有什麼模式或意義，或是注意到這些數字與其他事物的相似性。如果你不以你所知道的某種方法來處理它，你就會忘記。高敏感族只是更深入地處理每一件事，將他們在過去經驗中所注意到的事物與其他類似的事物做連結與比較。無論他們是否意識到這件事，他們都會這麼做。當我們在不知道自己是如何做成決定的情況下做出決定，這就叫做直覺，而高敏感族有很好（但並非百分百正確！）的直覺。當你有意識地做決定時，可能會注意到自己比其他人慢，因為你會謹慎地考量所有的選擇。那也是處理的深度。

支持高敏感特質處理深度之面向的一些研究，比較了敏感與不敏感的人從事不同的知覺任務時，其大腦的活化作用。由傑西亞．賈基勞文茲（Jadzia Jagiellowicz）所做的研究發現，高敏感族較常利用大腦中與「較深入」處理資料有關的那些部位，尤其是涉及到注意細節的任務時。在另一項研究中，高敏感族和其他人，亦即敏感和不敏感的人，會依據其文化背景，而被分派已知困難（需要更多大腦活化作用或費心）的知覺任務。不敏感的人會表現出常人的困境，但是高敏感的受試者無論具有何種文化背景，他們的大腦顯然沒有感到困難，就好像他們覺得，超越文化期望去看見事情「真正的樣貌」是很自然的事。

由畢恩卡．阿瑟維多（Bianca Acevedo）和她的同事所做的研究證實，高敏感族在稱為「腦島」的區域，比其他人有更多的大腦活化作用，這是大腦中統合每時每刻我們覺察內在狀態與情緒、身體姿勢以及外在事件的地方。有些人稱其為意識之所在。假如我們對內在和外在所發生的事比較警覺，這完全是可預期的結果。

O：過度刺激

假如你在某個情境中會去注意每個細微末節，而且如果這個情境是很複雜的（有很多事需要記住）、強烈的（吵雜、亂七八糟等等），或是持續太久（兩小時的通勤時間），那麼很顯然地，你會因為必須處理這麼多事，而更快感到筋疲力盡。而其他人，並未像你一樣注意到這麼多（或是任何一項），就不會太快感到疲累。你覺得白天觀光了一整天，晚上還要上夜店太累了，他們甚至可能認為你相當奇怪。當你需要他們安靜片刻，好讓你能夠有一些時間思考時，他們或許聊天聊得正開心，或許他們可能喜歡一家「活力充沛」的餐廳或是一場派對，但你幾乎無法忍受這種噪音。事實上，這往往就是我們和其他人最常注意到的行為——高敏感族容易因為過度刺激（包括社交刺激）而感到壓力，或是已經學到教訓後，他們就會比其他人更容易去避開強烈的情境。

近期有一項由德國的弗瑞德列克・蓋斯坦柏格（Friederike Gerstenberg）所做的研究中，將一個轉成不同方向的字母T，藏在許多轉成不同方向的字母L裡面，然後讓敏感和不敏感的人在電腦螢幕上做判斷，並比較其表現。結果高敏感族速度較快，而且更準確，但是在做完這項任務後，也會比其他人感覺到更多的壓力。在這個實驗中，這是知覺的作用還是情緒的效應呢？無論是什麼原因，他們都會感到壓力。就如一片金屬負荷過重時就會顯現出壓力的力道般，我們也是一樣。

然而，高敏感特質主要的重點並不是像有些人所說的那樣，會因為高度的刺激而感到苦惱，不過當太多事情迎面而來時，它自然而然就發生了。但要小心別把高敏感族跟一些有問題的情況混為一談：感覺不適本身可能是因為感覺處理出了問題而導致失調的徵兆，而非有異常好的感覺處理機能。舉例來說，有時候患有自閉症類群障礙（autistic spectrum disorder）的人會抱怨感覺超過負荷，但是有時候又未做出應有的反應。他們的問題似乎是難以辨認該將注意力放在哪裡，以及哪些事該忽略。當在跟某人說話時，他們可能會覺得看著這個人的臉不再重要，反而是房間裡的地板圖案或是燈泡樣式比較重要。很自然地，他們會激烈地抱怨被刺激給弄得不知所措。他們或許甚至會更注意到細節，但是特別是在社交情境中，他們更常注意到不相關的事物。然而高敏感族卻是將更多注意力放在細微的面部表情上，至少在情緒未過度激發時是如此。

E：情緒反應

由傑西亞．賈基勞文茲所做的一系列研究發現，高敏感族對於帶有「正價」（從調查與實驗中所得到的數據已經發現，一些證據證明高敏感族對於正面和負面的經驗反應都比較大）的圖畫所產生的反應，比非高敏感族來得大多了。假如你有一個美好的童年，更是如此。在她的大腦研究中，這種對正面圖像的反應，不只存在於跟強烈情緒的最初經驗有關的區域，而且也存在於思考與覺察之類「較高等」的區域中，亦即跟在處理深度的大腦研究中所發現的某些區域相同。這種受到美好的童年所強化的正面圖像的強烈反應，剛好符合麥可．普呂斯（Michael Pluess）和杰．貝爾斯基（Jay Belsky）所提出的新概念——「優勢敏感度」（vantage sensitivity），這是他們為了要強調敏感族從正面的環境及介入措施中獲益的特殊潛能，所創造出來的觀念。

E也代表同理心。在另一項由畢恩卡．阿瑟維多所做的研究中，讓敏感和非敏感的人看著陌生人和所愛的人在照片中表現出喜悅、悲傷或是淡然的感覺。在所有的情況中，當在照片中的人有情緒時，敏感的人顯示腦島中的活化作用增加，而且他們的鏡像神經元系統也較活躍，尤其是當看著所愛的人開心的臉龐時。大腦的鏡像神經元是近二十年左右才被發現的。當我們看著其他人做某件事或是感覺某件事時，這叢鏡像神經元就會以和我們所觀看的人身上某些神經元相同的方式呈現激活狀態。舉例來說，不管我們是否正在踢足球、看某人踢足球、聽到某人聽足球的聲音，或是聽見或說「踢」這個字的時候，相同的神經叢就會呈現出不同程度的激活狀態。

這些令人驚訝的神經元不僅會幫助我們透過模仿來學習，而且也與高敏感族特別活躍的大腦其他區域相結合，有助於了解其他人的意圖及感受。因此，它們大致上就是全人類能夠具有同理心的原因。高敏感族不只是知道其他人的感受，確實也能在某種程度上感同身受。敏感的人很熟悉這樣的事。任何人憂傷的面容往往會使得高敏感族的鏡像神經元比其他人更加活躍。當看著照片中所愛的人不開心時，敏感的人在這些區域也會顯得比較活躍，表示他們想去做某件事、去行動，甚至不只是在跟同理心有關的區域（或許我們為了要幫忙，而學習讓強烈的同理心冷靜下來）。但整體說來，當看著照片中表現出任何形式的強烈情緒面容時，大腦活化作用顯示出，在高敏感族身上的同理心，比非高敏感族要來得強烈。

一般人都誤以為，情緒會使得我們的思考不合邏輯。但是心理學家羅伊・包梅斯特（Roy Baumeister）及其同事回顧近年來的科學思維，發現它認為情緒為智慧之核心。有個理由是，情緒多半都是在事件發生後才被感覺到，顯然它可以用來幫助我們記得發生了什麼事，以及從中學習經驗。我們愈是被一個錯誤弄得心煩意亂，我們就愈會去思考它，而且下次就能夠避開它。我們愈是因為一個成功而興高采烈，我們就愈會去想到它和談論它，以及我們是如何做到的，使得我們更有可能再次成功。

由包梅斯特所討論的其他研究（譬如探討情緒對於清晰思維的影響）發現到，除非人們基於某種情感上的理由去學習某件事情，否則他們不會學得太好或者會學得一點都不好。這就是為什麼在說某一外語的國家學習該種語言，會比較容易的原因之一——我們被驅使去找到自己的方式，當別人跟我們說話時與人交談，而且通常看起來不會很愚蠢。從這個觀點來看，一個高敏感的人若沒有較強烈的情緒反應去驅使他們，那麼要深層處理事情幾乎是不可能的事。而且別忘了，當高敏感族反應較大時，正面的情緒也同樣較多，譬如好奇、對成功的預期（利用其他人不知道的捷徑）、高興期盼某件事、滿意、喜悅、滿足。每個人都可能對負面情況做出強烈的反應，但是高敏感族似乎已經進化了，因此特別盼望會有一個好的結果，而且比其他人更清楚如何讓好的結果發生。我想像高敏感族能夠計畫一個特別棒的生日慶祝會，並期待這場生日會將帶來的快樂。

S：察覺細微之處

上述引用的研究，大多會需要察覺細微的事物。這對高敏感族個人來說，往往是最顯而易見的，高敏感族會注意別人遺漏的小事物。正因為如此，而且因為我稱這項特質為高敏感，所以很多人認為這是這項特質的重點（為了導正這層混淆，並強調處理的角色，我們用了「感覺處理敏感」這個詞，因為它是比較正式的科學名稱）。不過，這項特質跟特殊感覺並沒有太大的關聯——畢竟，還是有視力或聽力較差的敏感族。沒錯，有些敏感族提到，他們有一個或更多感覺非常準確，但即使在這些情況下，也可能是因為他們比較仔細處理感覺訊息，而不是因為他們的眼睛、鼻子、皮膚、味蕾或是耳朵有什麼異於常人之處。再次強調，當敏感的人在覺察時，大腦較活躍的區域，就是那些從事較複雜的感覺資訊處理的區域：與藉由字母形狀來辨認字母的區域較無關，而是掌握字的細膩含意的區域。

一方面，高敏感族在各個方面注意到細微末節，是很有用的，譬如生活中簡單的快樂，或是根據察覺到別人的非語言暗示（他們可能並不知道自己正發出這些暗示）來判斷其心情或可靠程度，以設想如何回應。另一方面，當然，當高敏感族精疲力盡時，除了知道自己需要休息之外。可能根本察覺不到任何事情——無論大小事，這提示了我們一個重點。

每個高敏感族都不同，而且在不同的時間也有差異

DOES是了解高敏感特質的一項很棒的準則，但是它並非萬無一失。我們也有可能不會去反省自己的行為，甚至不像我們身邊的非高敏感族那樣對細節注意得那麼多，端視我們的感覺而定。高敏感族彼此之間也不相同。人們有其他特質、不同的歷史，而且就是不一樣。高敏感族會興致勃勃地將自己看成是一個群體——甚至是一個被誤解的少數團體——但高敏感族也別忘了，我們每個人根本就不一樣。尤其，高敏感族並非全都是或者總是警覺、一絲不苟、了不起的人！

以代表容易受到過度刺激的O為例。當兩個敏感的人被巨大噪音或是其他人無禮、令人不悅的舉動干擾時，反應可能相當不同。其中一人可能很少抱怨，或是明顯地對這類事情感到困擾，因為這個人想避開這類情況或是默默退場。舉例來說，如果出現噪音、粗魯行為，或是其他令人討厭的事，他或她就不會留在某個工作中。假如這位高敏感族無法擺脫這個問題，就會默默忍受，直到問題能夠被修正為止。其他高敏感族，通常是有壓力較大的過去的人，就會覺得受到欺凌並感到不悅，同時比較無法將自己放在對的環境中，並避免錯的環境。或許他們覺得自己必須取悅其他人或證明某件事。在職場上，除非發生危機，否則可能不會辭去一份工作，因此每位一起工作的人，都知道他們「過度」敏感。

由巴維尼·許林威斯塔瓦（Bhavini Shrivastava）在一家資訊科技公司所做的一項高

敏感族研究發現，高敏感族會比其他人更覺得工作環境有壓力，但是實際上他們的主管卻認為他們比其他人更具生產力。如果我們假定那些因壓力而使得表現變糟的高敏感族已經辭職或失業，那麼留下來的高敏感族（他們年紀較長而且工作資歷也較久）顯然是默默在適應，或許有來自主管的特殊考量，並且在為公司貢獻他們深入處理事物的方式，以及對細微事物的覺察。所以，我們看到兩種（或更多種）類型的高敏感族——由於個性中其他面向，因此有的人能應付，有的人則不行。或者在其他案例中，有兩種（或更多種）類型的情況：當有一點壓力時，高敏感族看來就像堅強的人一樣會設法適應；當有難以承受的壓力時，他們會無法適應，並且看起來不堪一擊。

結語

研究高敏感特質對我而言，是一趟神奇的旅程。一開始只是我對於某人說到關於我的某件事感到好奇。我跟一些認為自己可能是高敏感的人晤談，只是想知道那是什麼，並沒有進一步的研究計畫，而且確實沒有為大眾寫一本書的意圖。然後，就像我常掛在嘴邊的，我發現自己正走在一條街上，而且有一列遊行隊伍開始在身後成形，這列隊伍的成員都是高敏感族，而且之前從來沒聽說過這個詞。

我一再地被問到：「你如何能夠發現一個新的特質？」我的回答是：敏感並不是新的

特質，只是很難經由一般心理學進行的方式，亦即觀看人們的舉動而觀察到。因此，心理學家與一般人為這項特質想出了接近但並非精確的名稱，譬如害羞和內向。高敏感族讓其他人特別不易觀察到我們的特質，因為我們對於周遭環境反應靈敏，當高敏感族跟其他人在一起時，可以像變色龍一般做出任何順應環境的事。我的身分剛好是一位好奇的科學家以及高敏感的人，我可以發自內心了解這個經驗。再者，就像我在原序中所說的，在我對某個醫療程序產生「過度」反應後，即便是我，要專注在我自己的敏感性上，都需要有人先評論我身上的敏感特質。

當高敏感族引人注目時，最明顯會做的事，就是比別人「過度」反應——受到過度刺激的「O」以及情緒反應的較強烈的「E」。但是高敏感族是一群少數團體，所以，當然在這方面會高於平均值，而且反應不是像大多數人那般。這是比較明顯的「O」和「E」，讓高敏感族自己和其他人認為我們似乎有缺陷。另外，那些擁有不順遂過往的高敏感族較少去控制自己的反應，因此，這項特質變成跟遭遇困境的人相關。我們比較少被察覺到會做的事應該是「D」和「S」，處理深度與注意細節，這些可能很容易就被忽略或是誤解。舉例來說，假如我們在進入某個情境或是做某個決定之前，被發現多花了些時間，這點可能會看起來異於常人，會是個潛在問題，因此是個缺陷。當最後做出決定時，這些決定有多好，很容易就會被忽略了。而且，這種慢工可能是敏感以外的許多事情所造成的，像是恐懼甚或是低智商。這種看不見的內在運作，能夠最清楚地將高敏感的少數團體與其他人分類。謝天謝地，有這些做腦部研究的新方法來證明這些差異，而對所有往前邁進的高敏感族，我想要說：沒錯，那也正是我內心所發生的事。

所以讓我們慶祝吧！或許來一場遊行也不錯！

序

「愛哭鬼！」
「膽小鬼！」
「別當掃興鬼！」

過去是不是常聽到別人這麼叫你？還有這句善意的提醒：「為了自己好，別變得太過敏感。」

假如你像我一樣，那麼你會聽到許多這類的話，而且這些話會讓你覺得自己一定有什麼地方不一樣。我深信我有致命的缺陷，必須將它隱藏起來，而且它讓我注定要過次等的人生。我認為自己有毛病。

事實上，你跟我都非常正常。如果你在正文之前的自我檢測中，回答了十二個以上的「是」，或者如果第一章中的詳細說明似乎與你不謀而合（真的是最佳的測驗），那麼，你便是一種非常特別的人——高敏感族。本書就是為你而寫。

擁有敏感的神經系統是正常的，基本上它是中性的特質。你可能是經由遺傳而得到。它發生在大約15％至20％的人身上。這表示你會注意到周遭的細微之處，在許多情況下，會是一個很大的優點。它也表示當你在一個高度刺激的環境中待太久時，會比較容易不堪負荷，亦即會被影像和聲音轟炸到在神經系統方面精疲力盡。因此，敏感有優點，也有缺點。

然而，在我們的文化中，擁有這項特質並不被認為是理想的，而且這個事實可能會對你造成重大影響。用心良苦的父母和老師或許會嘗試幫助你「克服」它，彷彿它是個缺點一樣。其他的孩子並不總是善待這項特質。如果是個成人，可能會較難找到適合的工作和關係，以及通常較難發覺自我價值和自信。

這本書提供給你什麼

本書提供為了解你的特質所需要的基本、詳細資訊，這些是在其他地方找不到的資料。它是集結了五年研究、深度訪談、臨床經驗、課程以及與成千上百位高敏感族個別諮商的成果，而我小心翼翼地從字裡行間推敲，發現心理學已經知道有這項特質，但是卻不認識它。在前三章裡，你將會得知關於你的特質所有的基本真相，以及如何處理你的神經系統過度刺激與過度激發的問題。

接下來，本書將帶領你思考你的敏感特質對於你個人的過往、職涯、人際關係以及精神生活的影響。重點會放在你可能沒有想到的優勢上，另外也會針對一些高敏感族所面臨到的典型問題，諸如害羞或是難以找到適合的工作類型等，提供建議。

我們將展開一段非凡的旅程。我利用本書中的資訊協助過的高敏感族大多都告訴我，他們的生活產生了大幅的改變，而且要我轉告給各位知道。

給沒那麼敏感的人的話

首先，假如你挑選了這本書，是因為你是一位高敏感族的父母、配偶或是朋友，那麼在此特別歡迎你。你和你的高敏感族之間的關係將會大幅改善。

其次，我們隨機選擇了三百位橫跨各個年齡層的人進行了電話普查，結果發現，雖然有20%的人極端或相當敏感，但是有另外22%的人不太敏感。假如你是落在不太敏感範疇的人，你也能從本書中獲益。

順帶一提，有42%的人說他們一點都不敏感——這點顯示出，為什麼高度敏感的人會感覺到與絕大部分人格格不入。可想而知，這部分人總是將收音機開得震耳欲聾或是會猛按喇叭。

另外，可以肯定地說，每個人可能偶爾都會變得高度敏感——舉例來說，在一間山中小屋裡獨自住了一個月之後。而且每個人也會隨著年齡增長而變得更加敏感。事實上，大多數的人，不管他們承不承認，可能在某些情況下也會出現高度敏感的面向。

要對非高敏感族說的一些話

有時候非高敏感族會感到，被高敏感族與他們不同的想法所排擠或傷害，這樣聽起來或許像是高敏感族認為自己有點高人一等。他們說：「你的意思是我們不敏感？」有個問題是，「敏感」也意謂著去理解和覺察。高敏感族和非高敏感族都可能擁有這些特質，當我們感覺良好而且意識到細節時，該特質才能充分被利用。當高敏感族非常冷靜時，甚至可能會享受能辨別更多細微差異的優點。不過，當情緒被過度激發時（這是高敏感族經常出現的情況），我們就一點也沒辦法具有同情心或是保持敏感了。相反地，我們會不知所措、疲憊，而且必須獨處。相形之下，你的非高敏感族朋友在高度混亂的情境下，其實比較能體諒別人。

對於要給這項特質什麼名稱，我用心思考了良久。我知道我不想重蹈覆轍，將它與內向、害羞、拘謹以及心理學家加諸在我們身上的一堆其他不當用詞混為一談。這些詞沒有一個體現了高敏感特質的中性面向，更別說是其正向的層面了。「敏感」確實表現出對於刺激有較大的感受力的中性事實。所以看來，該是使用一個對我們有利的術語，來為對高敏感族的偏見平反的時候了。

另一方面，具有「高敏感」特質，對某些人而言一點都不正面。當我坐在安靜的家中寫這篇序時，在一個沒有人談論這項特質的時刻，我要公開表明：本書會產生出來的將不只是有關高敏感族的傷人笑話和評語。有相當驚人的集體心理學能量環繞著敏感這個概念，幾乎就跟環繞著性別議題的一樣多，而敏感又往往會被與性別議題混為一談——（天生敏感的男寶寶和女寶寶一樣多；但是男性不該擁有這項特質，可是女性卻應該擁有。兩性為了這個似是而非的說法，付出了很高的代價）。所以，我們要為這股能量做好準備。為了保護你的敏感特質以及你對它剛產生的了解，也許最聰明的做法就是，一點都不要去談論它。

基本上，知道世上還有許多志同道合的人，是讓人高興的事。我們以前從未接觸過。但是現在連上線了，而我們和我們的社會將因此變得更好。在第一章、第六章和第十章，將詳盡地評述高敏感族的重要社會功能。

你需要什麼

我發現「四分法」對高敏感族很有用，所以在本書各章皆依循這種方式。

一、**自我認識**。你必須了解身為一位高敏感族意謂著什麼。要徹頭徹尾地了解它如何與你其他的特質相協調，以及你身處的社會所抱持的負面態度是如何影響你。接下來，你也必須透徹地認識自己的敏感身體。別再因為你的身體似乎太不合作或太不中用而忽略它。

二、重新建構。既然了解你是帶著高敏感的特質來到這個世界上，那麼你必須積極地重建你大部分的過去。因為你自己或是你的父母、老師、朋友和同事都不太了解你，所以你的很多「失敗」都是不可避免的。重建過去的經歷，能夠讓你產生強固的自尊，而自尊對於高敏感族特別重要，因為它能降低我們在新的（因而是高刺激的）情況中情緒過度激發的反應。

不過，重建並非全自動發生的。那就是為什麼我在每一章最後都會附加重建「活動」的原因。

三、療癒。你必須開始治療較深層的創傷，假如你還沒這麼做的話。你在孩提時期非常敏感；家庭與學校的問題、童年的疾病等等全都深深影響你。此外，你和其他孩子不一樣，而且幾乎肯定因此吃足了苦頭。

尤其當高敏感族覺察到一定會出現的強烈感受時，可能會逃避去做治療過往創傷不可或缺的內在功課。謹慎和緩慢都是合理的。但是如果你遲遲不肯行動，便是在欺騙自己。

四、當你融入內在的世界時處之泰然，並且學習何時要避免做過頭。你能夠、應該，而且必須參與這個世界。世界真的需要你。但是你必須有技巧地避免過猶不及。本書沒有來自在較不敏感的文化中那些令人混淆的訊息，我們所要談的就是用這種方式去發現。

我也將教你關於高敏感族特質對於你親密關係的影響。並且，我將會討論心理治療與高敏感族——內容是關於高敏感族應該接受治療和為什麼、哪一種、跟什麼人，以及特別針對高敏感族所做的治療有何不同。接下來，我將探討高敏感族與醫療照護（包括藥物治療）的充分資訊，譬如百憂解（Prozac），這是高敏感族經常服用的藥物。在本書最後，我們將品味我們豐富的內心世界。

關於我自己

我是一位研究型的心理學家、大學教授、心理治療師以及小說家。不過，最重要的是，我跟你一樣是一位高敏感族。我寫這本書，絕對不是站在高處向下瞄準目標，來幫助你這位可憐的人克服你的「症狀」。我本身就了解高敏感族的特質、它的有利條件及其挑戰。

小時候在家時，我會避開家中的混亂。在學校時，我一般會逃避運動、遊戲，以及其他小朋友。當我的策略奏效，而我完全被忽略時，我感到既輕鬆又羞愧。

在初中階段，有位活潑的女同學很照顧我。這段友誼持續到高中，而且我大部分的時間都在讀書。上了大學，我的生活變得更加艱難。在歷經許多次走走停停之後，包括一段太早進入的四年婚姻，我終於要從加州大學柏克萊分校畢業，並被推舉為美國大學優秀學生聯誼會（Phi Beta Kappa）的成員。但是我卻在洗手間裡哭個不停，我覺得我快發瘋了

（我的研究發現，諸如此類的退縮和經常哭泣，是高敏感族典型的徵狀）。

在第一次讀研究所的過程中，我有一間研究室，我也會躲在裡面哭，嘗試恢復一些平靜。因為諸如此類的反應，即便許多人鼓勵我繼續攻讀博士學位，我依然在拿到碩士學位後，即中斷了我的研究工作。我花了二十五年研究關於我自己的特質，才得以了解自己的反應，因此完成了博士學位。

當我二十三歲時，遇到我現在的丈夫，於是專心致力於一個非常受保護的寫作生活，並育有一子。對於不用「拋頭露面」這件事，我一方面感到欣喜，一方面又感到羞愧。我隱約意識到自己失去了去學習、享受更多對我能力的公眾認同，以及與各式各樣的人有更多接觸的機會。但是由於過去痛苦的經驗，我想我別無選擇。

然而，一些會激發情緒的事件是無可避免的。那時，我必須接受一個療程，我以為自己會在數週內痊癒。可是幾個月過去了，我的身體似乎迴盪著身體上和情緒上的反應。我被迫再次面對那讓我如此與眾不同的、神祕的「致命缺陷」。因此，我嘗試去做一些心理治療。而我很幸運。我的治療師在數個療程中傾聽我的描述後說道：「你當然會沮喪；你是一個非常高度敏感的人。」

我心想，那是什麼？某種藉口？她說她對於這項特質尚未深入思考，但是從她的經驗判斷，人們對於刺激的容忍度似乎真的有差別，而他們對一個經驗（無論好壞）之深層意義的開放程度亦有差別。對她而言，這樣的敏感度根本不是心理缺陷或疾病的徵兆。至少她希望不是，因為她自己也是高敏感族。我回想起她的笑容。「就像大多數讓我覺得真的值得去認識的人。」

我花了幾年的時間接受治療，沒有一個是白白浪費掉的，並且解決了自我童年以來的許多問題。但是核心主題則變成「敏感特質的影響」。譬如我感覺自己有缺陷。別人喜歡我的想像力、同理心、創造力以及洞察力，所以願意保護我，但我自己卻一點都不欣賞這些能力。還因此與世界隔離。但是當我洞悉此點時，我便能再度走入這個世界。我現在非常喜歡成為世間的一份子，當一位專業人員，並分享我的「敏感」特殊天賦。

支持本書的研究

由於關於自身特質的知識改變了我的人生，所以我決定研讀更多有關它的書籍文章，但是幾乎遍尋不著。我認為最接近的主題可能是「內向」。精神科醫師榮格見解獨到地針對這個主題撰文，他把「內向」稱為一種「關注內心世界的傾向」。榮格本身也是一位高敏感族，他的研究對我是一項重要的幫助，但是關於「內向特質」，比較科學的研究均強調內向的人不喜歡社交，這個想法讓我懷疑，內向與敏感是否被錯誤地劃上等號。

由於能繼續發展的資料不多，我決定在當時任教的大學發送給教職員的學訊中刊登啟事。我徵求覺得對刺激高度敏感、內向或是會立即產生情緒性反應的人來與我會談。很快地，志願者超過我需要的人數。

接下來，當地的報紙寫了一篇論及該研究的文章。雖然在這篇文章中，並未提到該如何連絡我，但是仍有超過一百個人打電話和寫信給我、感謝我、想要幫忙，或者只是想要說：「我也是。」一直到兩年後，還是有人在跟我聯繫（高敏感族有時在行動前會三思而後行）。

根據這些會談（四十次，每次二至三小時的內容），我設計了一份問卷，在北美各地發送出數千份。而且我還主持了一個隨機電話調查，訪談了三百人。對高敏感族來說，最要緊的重點是，本書中的每一件事都是根據可靠的研究而來，來自於我自己或其他人的研究。或者從我對高敏感族不斷的觀察、從我的課堂、談話、個人諮詢以及對他們所做的心理治療，來發表我的看法。有數以千計的機會來探索高敏感族的個人生活。即便如此，在本書中我說的「可能」和「或許」，會比你習慣在給一般讀者看的書中看到更多，但是我認為，高敏感族會理解這一點。

決定要做這項研究、寫作以及教學，每一部分都讓我變成拓荒者。但那也是身為一位高敏感族的一部分。我們往往是前面幾個發現必須做哪些事的人。隨著我們對於自己的優點愈來愈有信心，或許我們之中，將有愈來愈多人暢所欲言——以我們敏銳的方式。

對讀者的說明

一、再次強調，我將讀者稱作高敏感族，但是本書同樣是寫給試圖了解高敏感族的人看，無論是身為一位朋友、親人、指導教授、雇主、教育者或是健康專業人員。

二、本書談的是，將自己看成是擁有一項許多人都具備的特質。換言之，它將你貼了標籤。優點會是，你能夠感覺自己是正常的，而且會從其他人的經驗和研究中獲益。但是，任何標籤都會讓你錯失了獨特性。即便每一位高敏感族有共同的特質，但他們都有全然不同的個性。當你繼續往下讀時，務必提醒自己這一點。

三、當你在讀本書時，可能會根據高敏感族的角度，來看待生活中的每一件事。這是可以被預期的。事實上，就是這個想法。完全沉浸其中，有助於學習任何新的交流方式，包括一種談論自己的新方法。假如其他人感到有一些些擔憂，覺得被冷落或是惱怒，請他們有耐心一點。總有一天，這個觀念會塵埃落定，而你將較少談及它。

四、本書包括了我覺得對於高敏感族很有幫助的一些活動。但是我並不是說，假如你想從這本書中獲得任何事物，就必須做這些活動。相信你的高敏感族直覺，並且做你覺得對的事。

五、任何活動都可能會引起強烈的感受。假如發生了，我真心奉勸你尋求專業的協助。假如你現在正接受治療，本書應該相當切合你的治療工作。本書提出的概念甚至可能會縮短你需要治療的時間，因為你設想了一個理想的新自我——不是文化中的理想典範，而是屬於你自己的，某個你可以成為，而且或許已經是的人。但是請記住，當事情變得猛烈或混亂時，本書取代不了一位好的治療師。

當我想像你翻著書頁並進入這個屬於我、屬於你，屬於我們的新世界中，對我而言，是令人興奮的時刻。長久以來，你以為自己可能是唯一一人，現在有了同伴真好，不是嗎？

你是高敏感族嗎？	
自我檢測表	
根據你的感覺回答下列問題。如果你覺得至少有點正確，請回答「是」，如果你覺得非常不正確或者完全不是如此，那麼請回答「否」。	
1. 我似乎會去注意周遭環境的細微之處。	是　否
2. 別人的心情會影響我。	是　否
3. 我通常對痛覺非常敏感。	是　否
4. 我發現自己一忙起來就會想退縮，譬如躲在被窩、黑漆漆的房間裡，或任何能讓我有一些隱密性的地方，以擺脫外界的刺激。	是　否
5. 我對咖啡因的作用特別敏感。	是　否
6. 我對於某些事物，譬如明亮的光線、強烈的氣味、粗糙的纖維或是附近的警笛聲，很容易感到難以忍受。	是　否
7. 我有既豐富又複雜的精神生活。	是　否
8. 巨大的噪音會讓我不舒服。	是　否
9. 我會被藝術或音樂深深感動。	是　否
10. 我是個一絲不苟的人。	是　否
11. 我很容易受到驚嚇。	是　否
12. 當我在短時間內要做很多事情時，會緊張不安。	是　否
13. 當人們在實體環境中感到不安時，我通常知道該做哪些事來讓環境變得舒服些（例如換個燈光或是座位）。	是　否
14. 如果有人試圖叫我一次做太多事，我會感到惱怒。	是　否

15. 我會努力避免犯錯或是忘記事情。	是　否
16. 我會刻意避免觀看暴力電影和電視節目。	是　否
17. 當周遭有一堆事在進行時，會弄得我很不高興。	是　否
18. 飢餓會引起我強烈的反應，擾亂我的專注力或心情。	是　否
19. 生活中的變化會讓我感到心煩意亂。	是　否
20. 我會去注意並享受清香的氣味、清淡的味道、柔和的聲音和精緻的藝術品。	是　否
21. 將我的生活安排好，免得發生令人心煩或不知所措的情況，是我優先考慮的事。	是　否
22. 當我必須跟別人競爭或有人緊盯著我做事時，我會變得很緊張或戰戰兢兢，以致於表現得比其他時候糟糕很多。	是　否
23. 當我還小時，我的父母或老師似乎覺得我很敏感或害羞。	是　否
參考強納生．齊克（Jonathan Cheek）的《克服害羞》（*Conquering Shyness*）以及麥凱（M. McKay）、杜維斯（M. Dewis）和芬尼（P. Fanning）合著的《訊息：溝通之書》（*Messages: The Communication Book*）	

為自己打分數

假如你有十二題以上回答「是」，那麼你可能是高敏感族。但是坦白說，沒有一個心理測驗準確到可以當作你生活的依據。假如你只有一、兩題答「是」，卻完全正確的話，那麼稱你為高敏感族，不無道理。

請繼續往下讀，假如你在第一章深入描寫高敏感族的敘述中看到你自己，那麼你要思考自己是否也是其中之一。本書其他章節將幫助你更加了解你自己，並學習在現今這個不太敏感的世界上成長茁壯。

第一章

身為高敏感族的真相

誤以為自身有缺陷

在本章裡，你將學到關於自身特質的基本真相，以及它是如何讓你與眾不同。你也將發現你所遺傳到的其他人格特質，並且認清你的文化是如何看待你的。但是首先，你應該要先認識克莉斯登（Kristen）。

她以為她瘋了

克莉斯登是我在高敏感族研究中的第二十三位會談者。她是一個聰明伶俐、頭腦清晰的大學生。但是進入會談後不久，她的聲音開始顫抖。

「對不起。」她小聲說道，「但是我登記來見你，其實是因為你是一位心理學家，而我必須跟人談談，告訴我……」她停頓了一下。「我瘋了嗎？」我帶著同情端詳她。她顯然感到絕望無助，但是目前為止，她所說的話沒有一句讓我覺得她有精神病。但是當時，我已經聽到好幾個像克莉斯登這樣的人說同樣的話。

她又試了一次，就好像害怕給我時間回答一般。「我覺得我異於常人。我一直這樣覺得。我是說，我的家庭很不錯。我的童年幾乎就像田園詩一般美好，直到我必須上學為止。雖然我媽說我向來就是個壞脾氣的小鬼。」

她深吸一口氣。我說了一些鼓勵的話，但她突然將身子往前傾。「但是在托兒所，我害怕每件事。即使是音樂課時間。當他們分發鍋碗瓢盆給小朋友敲敲打打時，我會用手摀住耳朵並且大哭。」

她把視線移開，現在她的眼睛閃爍著淚光。「在小學時，我一直都是老師的小寶貝。不過他們都說我『神情呆滯』。」

她的「神情呆滯」害她得接受一連串令人頭痛的醫療和心理檢查。第一個是智能障礙檢查。結果，她後來被編入資優班，這點我並不意外。

但是這個訊息仍然是「這孩子有問題」。她接受了聽力測驗。正常。在小學四年級時，她做了腦部斷層掃描，理由是，她的內向可能是因為癲癇的小發作。結果，她的腦部也是正常的。

最後的診斷是什麼？她有「摒除掉刺激的困難」。但是，這是因為一個小孩相信自己有缺陷所致。

特別但被大大地誤解

這個診斷就當時的狀況而言是對的。高敏感族確實會吸納很多被其他人遺漏的所有小細節。但是對於其他人看似普通的事物，像是巨大的樂聲或擁擠的人群，對於高敏感族而言，都可能是高度刺激，因此會備感壓力。

大多數的人會忽略警笛聲、刺眼的光線、怪味、喧囂和混亂，可是高敏感族卻會被這些事物所干擾。

在購物中心或博物館逛了一天之後，大部分的人都會腳痠，但是當你提議晚上辦個派對時，他們還是隨時能從事更多活動。高敏感族在累了一天之後，則必須獨處。他們會覺得神經緊張、情緒被過度激發。

大多數人走進一個房間，可能會注意到傢俱和人——僅此而已。高敏感族則會不自覺地立刻注意到氛圍、友善與敵意、空氣新鮮還是混濁、插花的人是什麼樣的個性等等。

假如你是一位高敏感族，很難意識到你有某種顯著的能力。如何去比較內在經驗呢？其實並不容易。大多時候你會注意到自己似乎無法像其他人一樣忍受那麼多。你忘記自己是屬於常常展現出很棒的創造力、洞察力、熱情以及關懷的一群人——這些全都是社會給予高度評價的特質。

不過，我們是成套交易的。我們的敏感特質意謂著我們也會謹慎、內向，需要更多的時間獨處。因為不具備這種特質的人（亦即大多數的人）並不了解這點，他們會認為我們膽小、害羞、脆弱或是不善交際——這是我們最大的罪過。由於害怕被貼上這些標籤，所以我們嘗試要像其他人一樣。但是那又使得我們變得情緒過度激發和煩憂。於是我們又被冠上神經質或是瘋癲的標籤，一開始是被其他人，然後是被我們自己。

克莉斯登的危險歲月

每個人遲早都會遭遇到有壓力的人生經驗，但是高敏感族對於這類刺激的反應比較大一點。如果你將這個反應看作是某種根本缺陷的一部分，那麼你就加重了原本已經存在於任何生活危機中的壓力。接下來，絕望和一無是處的感覺便會湧上心頭。

舉例來說，克莉斯登上大學那年，就遇到過這樣的危機。她就讀於一所不太有名的私立中學，從來就沒有離家過。突然間，她要跟一群陌生人過生活，跟一群人搶課程和書籍，而且總是被過度刺激。然後她談戀愛了，又快又猛（就像高敏感族會做的事）。沒過多久，她就飛往日本去見她男友的家人，這是一件她原就有理由害怕的事。據她自己形容，在日本時，她完全「失控」了。

克莉斯登從未想過自己是個焦慮的人，但是在日本時，突然間，她害怕到驚慌失措、無法成眠。接著她變得鬱鬱寡歡。她被自己的情緒給嚇壞了，她的自信跌到谷底。她的年輕男友無法應付她的「瘋狂舉動」，因而想結束這段感情。當時她回到學校，但是又害怕學校課業也會被當掉。克莉斯登瀕臨崩潰。

在哭訴完她的故事後，她抬頭看著我。「後來我聽說有這個研究，關於敏感，我就想，我會是這樣的人嗎？但是我知道不是，對不對？」

我告訴她，我當然無法從這麼簡短的對話中去確認，但我認為是的，她的敏感與所有這些壓力加在一起，或許可以充分解釋她的心理狀態。所以，我有幸向克莉斯登解釋她這個人是怎樣的——一個顯然早就該做的解釋。

界定高敏感族——牢記兩個真相

真相一：當每一個人，無論是不是高敏感族，不會太無聊也不會太激動時，感覺最好。

假如一個人的神經系統保持適度的戒備和情緒激發狀態，那麼無論是加入一場對話或是踢超級盃足球賽，他或她在任何一種任務中，都將表現完美。太少情緒激發而使得一個人反應遲鈍時，就會變得沒有效率。為了改變這種激發不足的生理狀態，我們會喝咖啡、打開收音機、打電話給一位朋友、和一個完全陌生的人攀談、換工作跑道等——任何事！

在另一個極端，神經系統太過被激發的情況下，任何人都會變得憂慮、笨拙和困惑。

我們會無法思考；身體會變得不協調；我們會感到失控。再次強調，我們有很多方法可以導正這種情況。偶爾，我們會休息一下。或者讓大腦關機。我們有些人會喝酒或是服用一顆煩寧（Valium）。

最佳的激發量落在中間。事實上，需要和想要「最適當的激發程度」，是心理學最可靠的發現之一——對每一個人皆然，即使是嬰兒；他們不喜歡感到無聊或不知所措。

真相二：每個人在相同情況、相同刺激下，神經系統被激發的程度會相當不同。

差異大多是遺傳而來，而且差異是非常真實和正常的。事實上，在諸如老鼠、貓、狗、馬、猴子、人類等所有的高等動物身上，都能觀察得到，在每一物種當中，對於刺激非常敏感的百分比，通常相差無幾，大約介於15%至20%。就像同一物種，有些體型會比其他的來得大一點，有些則稍微敏感一些。事實上，經由悉心飼養，再將敏感的個體相互配對，便能在短短的幾代之後，創造出一支敏感的血統。簡而言之，在與生俱來的氣質當中，這一項產生了最引人注目、可觀察到的差異。

好消息以及不太好的消息

這種激發程度的差異所代表的意義，就是你會注意到其他人不會注意到的各種程度的刺激。無論我們是在談論細微的聲音、影像、身體的感覺，或諸如痛感皆然。這不是你的聽力、視力或是其他感官比較敏銳（很多的高敏感族都戴眼鏡）。這個差異，似乎是在傳達訊息到大腦的途中或是在大腦內發生，以一種比較謹慎的方式來處理資料。高敏感族對每樣事物都會認真考慮，而且會將事物分類成較精細的區別。就像那些將水果依大小分級的機器一樣——其他人會分成二或三種級別，但我們就會將其分成十種。

這種對於細微末節較敏銳的覺察，通常會讓你有更強烈的直覺，這只不過表示，你會在半知半覺或不知不覺中處理訊息。結果你往往「就是知道」，但卻不了解是如何做到的。此外，這種對細微末節的深處理，會讓你更加思考過去與未來。你「就是知道」事情是如何變成現在的樣貌，或它們將會變成什麼樣子。這就是人們所說的「第六感」。當然，它可能會出錯，就像你的眼睛和耳朵可能會出錯一樣，但是你的直覺往往是正確的，所以，高敏感族通常是願景家、高度直覺的藝術家或是發明家，而且是比較認真負責、小心謹慎及睿智的人。

這種特質的缺點，在刺激比較強烈時，就會顯現出來。對大多數人會造成適度激發反應的事物，對高敏感族卻會造成高度的激發。而對大多數人會造成高度激發的事物，則會使一位高敏感族變得非常疲憊不堪，直到他們達到一個所謂「超限抑制」（transmarginal inhibition）的停損點。超限抑制是在大約本世紀初，由俄國心理學家伊凡．帕夫洛夫（Ivan Pavlov）所提出的，他確信，在人類之中最基本的遺傳差異，就是他們有多快達到這個停損點，而且這種快速的關閉機制，有一個完全不同類型的神經系統。

沒有人喜歡被過度激發，無論是不是高敏感族。當過度激發時，一個人會感覺失控，而且全身都發出警示說，它有麻煩了。過度激發往往意謂著無法讓自己達到最佳表現。當然，它也可能意謂著危險。對於過度激發的恐懼感，甚至可能內建在我們每個人身體中。由於新生兒不能跑、抵抗甚或辨別危險，所以他對於任何新事物、任何會激起反應的事物哭嚎，是最好的方式；這樣，大人就會過來營救它。

高敏感族就像消防局，大多都會去回應假警報。但是，即便我們的敏感只救了一次命，它也是一個有遺傳優勢的特質。所以，是的，當我們的特質導致過度激發時，它會是一件麻煩事。但它是包含許多優點的成套服務的一部分。

深入了解刺激

所謂刺激，就是會喚起神經系統、引起其注意，並且讓神經發射出它們所攜帶的另一輪小小電荷的任何事物。我們經常以為刺激來自於外界，但是它當然也會來自我們的身體

（譬如疼痛、肌肉緊張、飢餓、口渴，或是性慾），或者由回憶、幻想、思緒或計畫而來。

刺激的強度（例如噪音的大小聲）和持續時間不盡相同。有可能因為是新刺激，如一個人被喇叭聲或尖叫聲驚嚇，或因為這刺激較複雜，例如當一個人在派對中同時聽見四段對話外加音樂，而顯得刺激強度較大。

我們常常對於刺激習以為常。但是偶爾我們以為自己已經習慣了，而且不會被干擾，可是突然間又覺得疲憊不堪，而且知道原因為何：縱然某件事把我們磨得精疲力盡，我們卻刻意地在忍受它。即使是一個輕微和常見的刺激，譬如一個工作日，都可能使得高敏感族在晚上時需要安靜。在這種情況下，再多一點「小」刺激，都可能成為最後一根稻草。

由於相同的刺激對於不同的人可能會具有不同意義，因此刺激變得更加複雜。在耶誕節期間，一間門庭若市的購物中心可能會讓某個人聯想到開心的家庭採購之行，並產生溫馨的佳節心情。但是另一個人可能會被迫與其他人一起上街購物，身上的錢不夠還要試著買禮物，而且不知道該買什麼好，他／她以前過節時曾有不愉快的回憶，所以對於在耶誕節逛購物中心感到很痛苦。

有一條通則是：當我們對於刺激無能為力時，它就會更令人心煩，假如我們覺得自己被某個人犧牲掉時，更是如此。雖然我們自己放的音樂悅耳動聽，但如果是從鄰居的音響中傳來，可能就變成惱人的聲音，而且如果我們之前就要求他們將音量放小聲，這就變成

重視你的敏感特質

回想過去是否有某一次或更多次，你的敏感特質曾經救了你或其他人，使得你們不致遭受苦難、損失慘重甚或是死亡（以我自己為例，假如我們家當時所住的老舊木造房屋天花板閃爍第一道火光時，我沒有驚醒的話，我和全家人恐怕早已葬身火窟）。

了帶有敵意的侵犯。當你開始了解到自己是一個弱勢族群，想要少一點刺激的權利經常被忽略時，本書可能會更讓你感到心煩意亂。

假如我們想通了，而且擺脫掉所有這些相關事物，如此一來，就沒有什麼事物會激發我們的反應，顯然這招是有幫助的。難怪會有這麼多高敏感族變得對性靈之路感興趣。

情緒激發與焦慮和恐懼真的不同嗎？

別把情緒激發和恐懼混為一談，是很重要的。恐懼會引起情緒激發，但是很多其他的情緒也會，包括快樂、好奇或憤怒。可是我們也會因為半知半覺的想法，或是不會引發明顯情緒的低度興奮感，而被過度激發。我們往往不會意識到是哪些事物在激發我們的反應，譬如一個新情境、新噪音或是我們眼睛正在看的許多新事物。

事實上，引起情緒激發的方式有好幾種，感覺被激發的方式也有好幾種，而且會視情況而不同以及因人而異。激動時，可能會出現臉紅、震顫、心跳加速、雙手顫抖、思緒紊亂、反胃、肌肉緊張，以及雙手或身體其他部位冒汗等反應。當這些情況發生時，人們往往未意識到以上某些或所有的反應。另一方面，有些人說他們感到被激發，但是那種激發則極少以上述方式呈現。再者，這個詞確實描述了所有這些經驗以及身體狀態的共通之處。就像「壓力」這個字一樣，情緒激發的確傳達出我們每個人都知道的事，即使這件事千變萬化。當然，壓力與情緒激發密切相關：我們對壓力的反應，就是情緒激發。

一旦確實注意到激發的情緒，為了辨識危險，我們會想給它一個名稱，並且知道它的源頭。我們往往以為，我們的情緒激發是因為恐懼。我們並不了解，自己可能會因為全心全力在處理特別大的刺激，而心跳加速。或者其他人看到我們明顯激動的情緒時，會以為我們在害怕，所以我們也如此認為。然後，由於斷定了我們一定是在害怕，所以我們就變得更加激動。雖然繼續置身其中並漸漸習慣它，可能會讓我們冷靜下來，但是我們在未來，還是會去避免這種情況。我們在第五章談到「害羞」時，將再次討論勿把恐懼與情緒激發混淆的重要性。

你的特質真的讓你異於常人

從敏感的特質中，長出了許多果實。你的心理運作與眾不同。請記住，以下所述是一個平均值，沒有人具備所有這些特質。但是跟非高敏感族相較之下，我們大多數的人：

- 擅長挑錯和避免犯錯。
- 相當認真負責。
- 能夠全神貫注（但是若無那些讓人分心的事物的話，我們會做得最好）。
- 特別擅長需要警覺性、準確性、速度以及察覺細微差異的任務。
- 能夠深層處理心理學家所稱的「語意記憶」（semantic memory）的資料。
- 常常思考自己的思維方式。
- 能夠在未意識到已經學會的情況下學習。
- 深受其他人的心情和情緒所影響。

當然，也有許多例外，尤其是對於我們的認真負責。而且我們並不想對此沾沾自喜；許多傷害的發生，可能會以做好事為幌子。說實話，這些果實全都有碰傷的痕跡。我們技術熟練，但是，唉……當有人在看著我們、幫我們計時和評分時，我們往往無法展現出自己的才能。我們對事物的深層處理，可能會讓我們剛開始看起來尚未進入狀況，但是隨著時間的推進，我們會比其他人了解和記得更多。這或許就是為什麼高敏感族學語言學得較好的原因（雖然情緒激發會讓一個人在說話時比其他人來得較不流暢）。

順帶一提，對自己的想法思考得比其他人更多，並非是自我中心。這意謂著，如果被問到心裡在想什麼時，高敏感族比較不可能提到對周遭世界的覺察，而比較可能提及內心的感想或是沉思。但是，也不太可能提及我們對別人的想法。

高敏感族的身體也不同。大多數高敏感族的神經系統，會使得我們：
- 成為精細運動動作（fine motor movements）的專家。
- 擅長於靜止不動。
- 成為「早起的人」（有許多例外）。
- 較容易受到刺激物的影響，例如咖啡因，除非非常習慣了。
- 比較屬於「右腦思考型」（在統合思考中較少線性思考，而較多創意）。
- 對於流行的事物較敏感（沒錯，這表示更容易得到花粉熱和起疹子）。
再次強調，高敏感族的神經系統似乎是用來反應較細微的經驗，而當我們必須回應強烈的刺激時，也會較慢復原。

但是高敏感族並非無時無刻都處於較激動的狀態中。我們並不是在日復一日的生活中或睡覺時「慢性激發」。我們只是比較容易被新的或長時間的刺激激發出反應（身為一位高敏感族並不等同於「神經質」——亦即，沒有明顯的理由也會時常感到焦慮）。

如何思考你的差異性

我希望從現在開始，你可以以正面的角度來看待自己的特質。但是我真心建議，試著將它視為中性的。只有當你進入到某個特殊情況時，它才會變成優點或缺點。由於這項特質存在於所有高等動物身上，因此，在許多情況下，它一定會具有價值。我的感覺是，在所有的高等動物中，有一定比例帶有這項特質，因為，身邊至少有一些人密切注意細微的徵兆，是有幫助的。15%至20%似乎是適當的比例，他們總是密切注意危險、新的食物、年幼者及傷病者的需求，以及其他動物的習性。

當然，在一個團體中，有相當多人對於所有危險以及每一種行動的結果不那麼警戒也不錯。他們不會顧慮太多，就衝出去探索每樣新事物，或是為了團體或領土而奮戰。每個社會都需要這兩種人。或許需要較多不敏感的人，因為他們較容易喪命。當然，這全都是猜測。

不過，我的另一個猜測是，人類會比其他物種從高敏感族中受惠更多。人類之所以不同於與其他動物，高敏感族功不可沒。我們來設想其可能性。人類，尤其是高敏感族，能敏銳地察覺過去與未來。除此之外，如果「需要為發明之母」，那麼高敏感族必須花更多時間努力針對人類的問題構思解決方法，只因為他們對飢餓、寒冷、不安全感、疲累以及疾患更為敏感。

有時候，具有我們這種特質的人，會被說成比較不快樂或不容易高興。當然，我們可能看起來不快樂和悶悶不樂，至少對非高敏感族而言是如此，因為我們花很多時間思考諸如生命與死亡的意義以及每件事有多複雜這類的事——一點都不是非黑即白的思維模式。因為大多數非高敏感族似乎不太喜歡思考這類的事，他們以為我們一定是凡事深思熟慮所以才不快樂。而且既然他們說我們不快樂（根據他們對快樂的定義），我們當然快樂不起來，而且因為我們看似不快樂，所以我們對他們而言是個問題。所有這些責難，都可能讓任何人不開心。

亞里斯多德提出了一個很棒的觀點，據說他曾經問道：「你想當一隻快樂的豬，還是一個不快樂的人？」高敏感族較喜歡有知覺、有人性的良好感受，即使我們覺察到的事並不總是讓人開心。

不過，重點不是說，非高敏感族都是豬！我**知道**有些人會說，我是試圖在我們之間塑造菁英。那種狀況在大多數高敏感族中，只會維持大約五分鐘，因為我們很快就會對於那種優越感覺得愧疚。我只是站出來充分鼓勵我們這群人，讓我們之中更多人能夠感覺像是平等的人。

遺傳與環境

你們有些人可能會想知道，你是否真的遺傳了這項特質，尤其如果你記得你的敏感似乎是何時開始或大幅增進的。

在多數情況下，敏感是遺傳而來的。證據非常明確，主要是來自於同卵雙胞胎的研究，他們從小被分開養育，但是長大後行為舉止卻類似，這點顯示出，行為至少有部分是由遺傳決定的。

另一方面，兩個被分開的雙胞胎並非都能顯示出這項特質，即使他們長得一模一樣。舉例來說，每個雙胞胎通常也會發展出與養育他們的母親極為相似的人格，即使她並不是他們的親生母親。事實上，也許遺傳特質會因為某些足夠的生活經驗而被增強、減少或是完全產生或消除。舉例來說，在家或在學校承受壓力的孩子，只需要天生有一點敏感的傾向，他或她就會退縮。這點可以解釋，為什麼有哥哥姊姊的孩子比較可能變成高敏感族，而這種情況就跟基因無關。同樣地，研究發現，因為與母親分離而心靈受創的猴寶寶，牠們到成年時的行為舉止，就會很像那些天生敏感的猴子。

環境也可能迫使這項特質消失。許多天生就非常敏感的孩子被父母、學校或朋友用力逼迫到了極點。生活在一個吵雜或擁擠的環境中、在大家庭中長大，或者被塑造成四肢比較發達，有時可以降低敏感度，就像經過嚴格訓練的敏感動物，有時會失去牠們原本的一些警戒心，至少對某些人或在特定的情境中是如此。不過，深層的特質要完全消失，似乎是不太可能的事。

那你呢？

對一個特定的成年人而言，你是遺傳了這項特質，還是在你的生活中發展出這項特質，是很難得知的。最好的證據（雖然並不完善）就是，你的父母是否記得從你出生開始是不是就很敏感。如果這點很容易做到，就問問他們或者照顧你的人，請他們聊聊你在出生後半年內的行為表現。

假如你不在一開始就詢問你是否敏感，或許你將得知更多事。只要詢問你在嬰兒時期是什麼樣子就好。往往關於你的故事便述說了一切。之後，詢問關於高敏感寶寶的一些典型表徵。你很難接受改變嗎？例如在洗澡時間將你脫掉衣物並放入水中、嘗試新的食物、聽見噪音等等待的反應。你常常會腹絞痛嗎？你很慢才能入睡嗎？很難安穩沉睡？或者你是睡眠時間短的人，尤其當你過度勞累時？

要記住，如果你的父母沒有養育其他寶寶的經驗，他們可能不會注意到任何在這個年齡不尋常的事，因為他們沒有對象可以跟你做比較。而且，由於父母親要對子女的每個難題負責，所以你的父母或許必須讓你和他們自己相信，在你童年時期一切都很完美。你可以向他們保證，你知道他們已經盡了全力，而且所有寶寶都會表現出一些問題，你只是想知道你出現了哪些問題。

你也可以讓他們看看本書前面所附的問卷。問問你的父母，他們或家中其他人是否具有這項特質。尤其如果你發現父母兩邊的親戚都具有這項特質的話，那麼你的特質是遺傳而來的機率就非常高。

但是萬一不是或者你不確定，該怎麼辦？或許一點兒都無所謂。重要的是，它現在是你的特質。所以，別在這個問題上琢磨太久。下一個主題更重要。

學習我們的文化——你不理解的事將會傷害你

你和我都在學習將高敏感族特質視為一個中性之物——在某些情況下很有用，在其他情況下則否——但是我們的文化，肯定不是將它或任何特質視為中性的。人類學家瑪格麗特．米德（Margaret Mead）解釋得很清楚。雖然一個文化中的新生兒會表現出各式各樣的遺傳氣質，但是只有少數，只有一種特定的類型，會是理想的。米德的說法是，理想的人格包含在「社會結構的每條脈絡中，亦即存在於對年幼子女的照顧、孩子們玩的遊戲、人們唱的歌曲、政治組織、宗教儀式、藝術與哲學中。」其他的特質則是被忽略、被制止，或者如果其他方法皆未能奏效的話，就會被嘲笑。

在我們的文化中，什麼是理想的？電影、廣告、公共空間的設計，全都在告訴我們，應該要像魔鬼終結者一樣不屈不撓，像鐵漢克林・伊斯威特（Clint Eastwood）一樣堅毅，像歌蒂韓（Goldie Hawn）一樣活潑外向。我們被明亮的光線、噪音、一群在酒吧裡閒晃鬧哄哄的傢伙刺激時，應該要心情愉快。假如我們覺得不知所措和敏感，我們可能每次都要吞一顆止痛藥。

假如你只記得本書中唯一的一件事，那麼應該就是下面這個研究。在加拿大安大略省滑鐵盧大學的陳欣銀（Xinyin Chen，音譯）與肯尼斯・魯賓（Kenneth Rubin）以及上海師範大學的孫月蓉（Yuerong Sun，音譯）比較了四百八十名上海學童跟二百九十六在加拿大學童，看看哪些特質在兒童之間最受歡迎。在中國，「害羞」和「敏感」的兒童最常被其他孩童選為朋友或玩伴（在中文裡，害羞或安靜這個詞代表著「乖」或是「有規矩」；敏感則可以被詮釋成「通情達理」，是一個讚美的詞）。在加拿大，「害羞」和「敏感」的兒童最不常被選為朋友或玩伴。很有可能，這就是你成長過程中所要面對到的態度。

思考一下不成為你的文化中理想的人對你的影響。它必定對你有影響——不只是其他人如何對待你，也包括你如何看待自己。

擺脫多數決

1. 你的父母對於你的敏感抱持何種態度？他們希望你保留它還是丟掉它？他們認為敏感是一件不方便的事，就如害羞、缺乏男子氣慨、懦弱、藝術能力的表徵及可愛一樣嗎？你其他的親人、朋友、老師，又抱持何種態度呢？

2. 想想媒體的影響，尤其是童年時期。誰是你的角色模範和偶像？他們看起來像高敏感族嗎？或者他們是你現在認為你永遠無法成為的那種人？

3. 思考你後來的態度。它如何影響你的生涯、戀愛關係、娛樂活動以及友誼？

4. 現在媒體如何看待像你這樣的高敏感族？想想高敏感族的正面與負面形象。哪一種占有優勢？（注意在電影或是書中，當某個人是受害者時，他或她往往被描述成天生敏感、脆弱、過度激動。這對於戲劇效果是加分的，因為受害者會呈現明顯的戰慄和不安，但是對高敏感族卻是減分的，因為「受害者」會跟敏感劃上等號。）

5. 想一想高敏感族是如何貢獻社會的。尋找你個人認識或曾經讀到的例子。或許可以從亞伯拉罕・林肯開始。

6. 想想你自己對社會的貢獻。無論你正在做什麼——雕刻、養育孩子、攻讀物理學、投票——你傾向深層思索問題、處理細節、對未來有願景，而且努力做到認真負責。

心理學的偏見

心理學研究正持續獲得關於人類的重要洞見，本書中有很大部分是以這些研究發現為基礎。但是心理學並非無懈可擊的。它可能只是反應了其所處文化的偏見。我可以接連舉例證明，心理學研究反映出我所稱的高敏感族是比較不快樂、心理較不健康，甚至比較不具創造力和智商較低（前兩項絕對不正確）的偏見。不過，我將把這些例證留起來，重新教育我的同業們。你只要謹慎接受別人給你貼的標籤，譬如「拘謹」、「內向」或「害羞」。隨著我們繼續深入探討，你將會了解，每個詞根本把你貼錯標籤了。一般而言，他們遺漏了這項特質的本質，而賦予它負面的色彩。舉例來說，研究發現，大多數人認為內向與心理不健康有關，這是大大的錯誤。當高敏感族認為自己與這些標籤有關時，他們的自信心就會更低落，而且在人們亂貼標籤，預期高敏感族難相處的情況下，他們的情緒激發也會增加。

它幫助我們了解，在這項特質比較受到重視的文化中，譬如日本、瑞典和中國，這類研究便呈現出不同的基調。例如，日本的心理學家似乎預期他們的敏感受試者表現較佳，而結果也是如此。在壓力研究方面，日本的心理學家發現非敏感族在因應壓力時有較多的缺陷。不過，沒有必要指責我們文化中的心理學或用心良苦的研究人員。他們也盡了最大的努力。

皇室顧問與勇士之王

不論是好是壞，這個世界愈來愈受到強勢文化的控制——他們喜歡往外看、擴張、競爭和獲勝。這是因為當文化相接觸時，比較強勢的一方自然容易占上風。

那麼我們該如何投身在這種情況中呢？我們的世界有一大部分起源於亞洲的大草原，這裡就是印歐文化的發祥地。那些騎在馬背上的遊牧民族，靠著擴展馬群和牛群而生存，主要是藉由竊占別人的牲口與土地來達成。他們大約在七千年前進入歐洲，稍晚又擴及至中東與南亞。在他們的勢力到達之前，幾乎沒有戰事、奴役、君主政治，或是一個階級支配另一個階級的事。外來者從他們所找到的人當中選出奴隸（這些是沒有馬的人），並建造有圍牆的城市，裡頭原本住著愛好和平的居民，接著，他們再著手以戰爭或貿易擴張成更大的王國或帝國。

歷時最久、樂天知命的印歐文化，向來利用兩種階級來治理他們自己——勇士之王以及與之相抗衡的皇室顧問或祭司。而且印歐文化本身發展得很好。有半個世界說的是印歐語言，這表示人們不得不以印歐文化的方式來思考，認為擴張、自由以及名聲都是好的。那些就是勇士之王的價值所在。

不過，為了讓強勢社會存續下去，他們向來也需要教士——審判官——顧問階級。這個階級是用來制衡國王與戰士的（就像美國最高法院制衡總統及其軍隊一般）。這是一群比較深思熟慮的人，往往會挺身而出，制止勇士之王衝動的舉措。由於事實證明，顧問階級往往是正確的，因此這個由參事、歷史學家、教師、學者以及執法人員所組成的階級備受尊敬。舉例來說，他們有先見之明，會去留意一般人民的福祉，因為人民要耕種及養育下一代，社會才得以延續下去。他們會告誡眾人勿草率發動戰爭以及濫用土地。

簡而言之，一個強而有力的皇室顧問階級堅持三思而後行。而且它試著讓社會中非凡、擴張的力量遠離侵略與支配，我認為這點在現代社會中愈來愈成功。將這股力量用在創造發明、探索以及保護地球和無權勢的人，是比較好的做法。

高敏感族通常擔任顧問的角色。我們很多人是作家、歷史學家、哲學家、法官、藝術家、研究人員、神學家、治療師、教師、父母以及認真負責的平凡公民。我們投入這些角色中的，就是試圖思考某個想法之所有可能影響的傾向。為了阻止多數人橫衝直撞，我們往往必須讓自己變得不受歡迎。因此，為了扮演好我們的角色，我們必須對自己感覺非常良好。必須忽略所有來自戰士、說我們不如他們一般優秀的訊息。戰士有他們驍勇善戰的風格，自然有其存在價值。但是我們也有我們的風格，以及有自己重要的貢獻要做。

查爾斯的案例

查爾斯是少數與我會談的高敏感族中，早就知道自己這輩子就是敏感的人，而且一直將敏感視為是一件好事。他不平凡的童年及其結果，清楚證明了自尊的重要性，以及一個人所處文化的影響。

查爾斯結過兩次婚，現在婚姻幸福美滿，而且有一份收入不錯且令人羨慕的學術工作與獎學金。閒暇時，他是一位天賦異稟的鋼琴家。而且他深深覺得，這些天賦綽綽有餘地賦予他人生的意義。在我們會談的一開始聽到這一切，我理所當然會對他的背景感到好奇。

以下是查爾斯最早的記憶（在我的會談中，我總是會問到這點——即使不準確，但回憶的內容通常會為整個人生定出基調或提供出主旋律來）。他正站在人行道上一大群人的後方，這群人正在欣賞某個放滿耶誕裝飾的櫥窗。他大喊：「大家走開，我想要看。」這些人大笑，並讓他走到前面。

多麼有自信啊！這種大膽說出來的勇氣，肯定是從家中開始的。

查爾斯的父母親欣然接受他的敏感特質。在他們的朋友圈中——他們的藝術家、知識份子的次文化中——敏感與特殊智能、好的教養以及精緻的品味有關。他的父母對於他讀很多書但不跟其他男孩玩遊戲，並未感到不悅，反而鼓勵他多讀書。對他們而言，查爾斯是個完美的兒子。

因為這層背景，查爾斯是相信自己的。他知道自己在年紀很小時就吸收了絕佳的美學品味以及道德價值。他並未將自己視為是有缺陷的。他後來確實了解到自己很特別，是少數族群中的一員，但是他所身處的整個次文化都是獨特的，而且他學習到將這個次文化視為優越感，而不是自卑感。他在陌生人之中總是感到自信滿滿，即使當他進入最好的預科學校就讀，接下來攻讀常春藤聯盟的大學，再來取得教授的職位時，皆是如此。

當我詢問查爾斯是否發現這項特質的任何優點時，他毫不遲疑地列舉了許多項。例如，他確定這項物質造就了他的音樂才能，也有助於他在做心理分析的這幾年當中，深化他的自我意識。至於說到這項特質的缺點，以及他如何平常心面對這些缺點時，他說，噪音讓他最感困擾，因此他住在一個寧靜的地區，周圍都是宜人和細微的聲音，包括他後院的溫泉以及美妙的樂音。他深層的情緒可能導致他偶爾會感到憂鬱，但是他會去探索和化解自己的情感。他知道自己太想不開，但是會試著留點餘地。

他的情緒受到過度激發的經驗，主要會是一種強烈的身體反應，其餘波會害他睡不著覺。但是通常在這種時刻，他能透過自我控制來應付，亦即「以某種方式表現自我」。當工作上的事情壓得他喘不過氣來時，一旦不需要他時，他就會離開，並且「出去散散步」或是彈彈琴。因為他的敏感特質，所以他刻意避開商業工作。當他被拔擢到一個讓他感到壓力太大的學術職位時，他就會盡快換職位。

查爾斯會根據自己的特質來安排生活，維持著一種最理想的激發狀態，而且這麼做，一點都不會讓他覺得自己有缺陷。當我如往常般詢問他會給其他人什麼建議時，他說道：「花足夠的時間讓自己融入這個世界——你的敏感不是什麼值得害怕的事。」

深感自豪的理由

第一章或許非常刺激！現在，各種強烈、混亂的感覺，可能會在你身上油然升起。不過，我從經驗得知，當你在閱讀中和讀完本書時，這些感覺將變得愈來愈清晰和正面。

讓我再總結一次，你會注意到其他人所遺漏的細節，所以你自然而然立刻就會到達讓你感到不舒服的情緒激發程度。關於你的第一個真相可能不是真的，除非第二個也是真的。這是一個成套交易，而且是非常好的套裝。

同樣重要的是，你要記住這本書是關於你天生的生理特質，而且是關於你經常不被重視的社會重要性。你天生就是擔任顧問和思想家的料，是你的社會中精神與道德的領導者。你大有理由感到驕傲。

❖重建你對於改變的反應

在某幾章的最後，我將請你從你目前所擁有的知識來「重建」你的經驗。重建是認知心理學的用語，是指以新的方式、在新的脈絡中看事情，並且將它放入一個新框架中。

你的第一個重建工作，就是去思考你清楚記得在你生命中三個重要的改變。高敏感族通常會以抗拒來回應改變。或者我們會嘗試讓自己置身其中，但是仍然痛苦不堪。我們只是沒把改變「做」好，即便是好的改變。那可能是最令人扼腕的事。我記得當我的小說出版時，我必須到英國做宣傳，我終於實現自己多年來的夢想了。想當然地，我生病了，而且幾乎無法享受這趟行程中的每一分每一秒。當時，我認為一定是我的神經質害我失去了值得紀念的時刻。現在，當我了解這項特質之後，我知道這趟行程只是太令人興奮了。

我對於這個經驗的重新理解，正是我所說的「重建」的意思。所以，現在換你了。想想在你生命中三個重要的改變和意想不到的事。

選出一個——一個損失或是結束——在當時似乎是很糟的事。選出一個看似不好也不壞的改變，只是一個重大改變。以及一個好的改變，例如別人為你慶祝或為你做的事，而且是出於一片好意。現在請依照以下步驟來進行：

一、思考你對改變的反應，以及你都是如何看待它的？你是否覺得你的反應「不對」，或者不像其他人會做出的反應？或者持續太久？你斷定自己在某些方面並不好嗎？你是否會嘗試對別人隱藏你的煩躁不安呢？或者其他人是否會發現並告訴你說你太「超過」了呢？

這裡有一個負面改變的例子。喬許（Josh）今年三十歲，但是有超過二十年的時間，他都帶著一種羞愧感。事情發生在他小學三年級期間，他必須轉學到一所新的小學就讀。他在舊學校時，因為他的繪畫能力、幽默感、有趣的衣著搭配等等諸如此類的事，而受到大家的喜愛。在新學校，上述同樣的特質卻讓他成為霸凌和嘲弄的目標。他假裝自己並不在乎，但是在內心深處，他覺得很糟。即使已經三十歲了，在他心底深處，仍想知道自己是否不應該這麼「不受歡迎」。或許他真的太古怪，而且是個軟弱的人。否則他為何沒有更盡力地捍衛自己呢？或許以上皆是。

二、根據你現在對你的身體是如何自動運作之所知，來思考你的反應。

在喬許的例子中，我會說，在新學校的前幾週，他的情緒受到了高度的激發。要想出機智的童言童語、在遊戲和課堂活動中表現優異並不容易，但其他孩子會以此來評價一個新學生。霸凌他的孩子將他視為理所當然的目標，因為喬許讓他們看起來更難管教。其他孩子害怕為他辯護。他喪失自信，而且覺得自己有缺陷，不被人喜歡。當他嘗試新事物而有其他人在旁邊時，便會加劇他的情緒激發。他看起來就無法放鬆和正常。這是一個痛苦的時間，但是沒什麼好羞愧的。

三、思考現在是否必須做任何事。我特別建議你與其他人分享你對於這種情況的新觀點——假如他們會感激的話。或許可以是當時在場的某個人，這個人可以幫助你補充更完整的細節。我也主張把你對這個經驗的新、舊觀點寫下來，並且隨時放在身邊一段時間，當作備忘錄。

第二章

深入挖掘

了解你的特質就是如此

現在讓我們來重新擺設你心中的傢俱，並且讓你不可能去懷疑高敏感族特質之真實性。這是很重要的，因為這項特質在心理學領域中很少被討論。我們將檢視一個個案史以及科學證據，這些證據大多都是從研究兒童氣質中獲得，用來解釋以兩個孩子為主軸的個案史時，格外貼切。

觀察羅柏與羅貝卡

大約在我開始研究高敏感族的當時，我有一位要好的朋友生了一對龍鳳胎——男孩名叫羅柏；女孩叫做羅貝卡。從第一天開始，每個人都能感覺到他們之間的差異，而我正好知道那是什麼。我身體裡的科學家細胞非常開心。我不只可能會看著一個高敏感的孩子長大，而且羅柏還附帶了他自己的「控制組」或對照組——他的妹妹羅貝卡，而這兩個人生在相同的環境中。

從羅柏一出生就認識他的特別好處是，讓我對於這項特質是遺傳而來的疑惑茅塞頓開。雖然他和他妹妹從一開始被對待的方式就不盡相同，是千真萬確的，但是起初大部分是因為他的敏感特質，也就是他帶到這世界來的差異性所致（由於身為不同性別，羅柏與羅貝卡是異卵雙生，而不是同卵雙生，這意謂著他們基因相似的程度與一般的兄妹無異）。

為這位心理學家的蛋糕加上糖霜的是，與敏感相關的性別關聯性被對調了。男孩羅柏是敏感的孩子，而女孩羅貝卡則不是。男孩比女孩身材高大的刻板印象也翻轉了，因為羅柏的體型比羅貝卡小。

當你在讀羅柏的故事時，假如你經歷了一種情緒反應，也別驚訝。我所描述的重點，有些可能也適用在你身上。因此，模糊的記憶，或是你能記得你的情感依附之前的感覺，可能會再回來。你要輕鬆面對這種感覺，只要觀察它們就好。事實上，把它們寫下來可能會有幫助。當你在閱讀以及一步步讀完後續章節時，它將會是有用的資訊。

睡眠困擾

在羅柏與羅貝卡出生後的最初幾天，當小寶寶累了的時候，氣質上的差異最為明顯。羅貝卡很容易入睡，而且中途不會醒來。而羅柏則總是會醒著，而且會哭鬧，特別是因為一些改變而造成的結果——例如當訪客來了或旅遊時。這表示爸爸或媽媽必須抱著他走一走、搖一搖、哼哼歌或是輕拍他，試著讓他進入一種平靜的狀態中。

如果有年齡稍微大一點的敏感孩子，現在都建議把孩子放到床上，讓安靜和黑暗的環境逐漸地緩和過度刺激，因為那才是使得寶寶哭鬧真正的原因。高敏感族知道什麼叫做「累到睡不著」。他們其實是累過頭，所以無法成眠。

不過，大多數父母無法忍受留下一個新生兒高聲哭喊一小時，或許是因為這麼做並非真正聰明的做法。通常動一動，是安撫新生兒最好的方式。在羅柏的例子中，他的父母最後發現電動搖床最能誘使他入睡。

接下來是他入睡後的睡眠問題。在每個人的睡眠循環中，總是會有容易或難以醒來的時點，但是敏感的孩子似乎深層睡眠的時間較短。而且一旦醒來，他們就很難再入睡（請記住，你或許也是如此，無論你記不記得）。對於我們家那個高敏感的孩子，我自己的解決方法是，用毯子蓋住他的嬰兒床。在他小小的帳篷中，一切都很安靜和舒適，尤其當我們讓他躺在一個不熟悉的地方時，更是如此。有時候，敏感的孩子真的會促使他們的父母親變得更具同理心和創意。

一個晚上、兩個孩子

當羅柏與羅貝卡差不多三歲時，他們的小弟弟出生了。因為他們的父母親在醫院裡，所以我和我丈夫當天晚上去他們家，並且睡在他們父母親的床上。我的朋友提醒我，羅柏可能會因為做惡夢而受到驚嚇，至少會醒來一次（他比他妹妹更容易做惡夢——高敏感族經常如此）。

果然不出所料，在凌晨五點時，羅柏迷迷糊糊走進來，輕聲哭泣。當他看見不對的人在他父母親的床上時，他由想睡覺的咿呀聲變成放聲大哭。

我不知道他的心裡出現什麼畫面。或許是「危險！媽媽不在！可怕的東西取代了她的位置！」

大多數父母親都同意，一旦孩子可以聽懂話語時，每件事都會變得較容易。對一位高敏感的孩子而言，更是如此，他們會陷入自己的想像當中。技巧就是，在他啜泣的間隔當中，我快速地插入一些安慰他的話語。

幸好，羅柏有很棒的幽默感。所以我提醒他，最近有天晚上我過來照顧他和他妹妹時，晚餐前我曾給他們吃餅乾當作「開胃菜」。

他深吸了一口氣，眼睛瞪得大大的，然後笑了起來。在他大腦的某個地方，我從「把他媽媽帶走的怪物」分類，變成了傻伊蓮。

我問他想不想跟我們睡，但我知道他其實會選擇自己的床。後來他很快地回到自己的床上，安穩地睡下。

到了早上，羅貝卡走了進來。當看見她的父母親不在時，她微笑地說道：「嗨！伊蓮。嗨！亞特。」然後就走了出去。這就是非敏感族的不同之處。

假如我是那種會對羅柏大吼，要他閉嘴並回到床上去的人，想到會發生什麼結果，就令人難過了。他或許會照做，然後感覺被遺棄在一個危險的世界裡。但是他不會睡著。他直觀式的心理可能會反覆思索這個經驗好幾個小時，包括可能斷定自己該被罵。對於敏感的孩子來說，不需要身體的打擊或創傷，就會讓他們害怕黑暗。

充實我們對羅柏的想像

在一歲時，這對雙胞胎跟他們的父母親在白天外出，墨西哥餐廳裡的街頭樂團讓羅貝卡很著迷，但是卻讓羅柏大哭。在兩歲時，羅貝卡對於海浪、剪髮和旋轉木馬感到高興；羅柏則對這些事感到害怕，至少一開始是如此，就如同他也對第一天上托兒所以及伴隨著每一次生日和假日出現的刺激感到害怕一般。此外，羅柏會害怕松果、印在他床罩上的人物以及牆上的陰影。這種恐懼對我們是莫須有且不切實際的，但是對羅柏而言，肯定是真的。

簡而言之，羅柏的童年對他和他那對有愛心、穩定、能幹的父母親而言，有一點難熬。實際上，不公平的是，當家庭環境健全時，任何氣質上難處理的面向，都會顯現得更多。此外，為了生存，一個嬰兒會竭盡所能地來適應照顧者，於是其氣質會被隱藏起來，之後則會以其他方式浮現，或許是出現與壓力相關的症狀。但是羅柏能自在地做他自己，所以他的敏感是大家有目共睹的。他能夠表達他的感覺，因此，他能知道什麼有用、什麼沒用。

舉例來說，在羅柏四歲前，當他不知所措時，會經常突然生氣大哭。在這些時候，他的父母會耐性地幫助他抑制他的情感，他每個月似乎都有進步，更能不變得驚慌失措。例如，當看一部包含恐怖或悲傷對白的電影時，他會學著對自己說他父母親會說的話：「這只是一部電影。」或者「嗯，但是我知道結局還不錯。」或者，他會閉上眼睛並摀住耳朵，或暫時離開房間一下。

或許因為他比較謹慎小心，所以他在學習一些身體技能時，顯得比較緩慢。跟其他男孩在一起時，他顯得對於較粗野的玩法較不自在。但是他想要像他們一樣，而且願意嘗試，所以其他男孩會接受他。而且因為十分注意自己的調整，所以到目前為止，他都非常喜歡學校生活。

因為該特質的緣故，所以羅柏有些其他表現，亦不令人意外：他有非凡的想像力。他會被所有藝術方面的事物所吸引，尤其是音樂（許多高敏感族皆是如此）。從他三歲開始，他就具備「像律師一般的思維」，很快就注意到細微的重點，並做出詳細的區別。他會關心別人的苦難，並且有禮貌、仁慈以及體貼——或許當他因為接收太多刺激而感到不知所措時除外。另一方面，他妹妹也有她自己許許多多的優點。其中一點就是，她是個性穩定的孩子，因此她是她哥哥生命中的靠山。

是什麼原因讓羅柏與羅貝卡差異如此之大呢？是什麼原因讓你在本書一開始的自我檢測中有這麼多項目回答「是」，但是大多數人卻不會呢？

你真的是一個不同的品種

哈佛的心理學家傑洛姆．凱根（Jerome Kagan）投入了許多心力在高敏感特質的研究上。對他而言，這項特質就像髮色和眼睛顏色一樣，是可以觀察到的。不過，他把它喚做其他名稱——在孩童身上的拘謹、害羞或是怯懦——但我無法同意他的用詞。不過，我了解從外界的眼光來看，而且特別是在實驗室的情境下，他所研究的這群孩子似乎主要是拘謹、害羞或是怯懦的。當我在討論凱根時，千萬記住，敏感是一項真實的特質，而且當一個孩子站著不動在觀察其他人時，在他心裡可能正無拘無束地在處理他或她所看見的小細節。

凱根持續追蹤二十二位有高敏感特質的孩童之發展。他也研究十九名看似非常「狂放不羈」的孩子。根據他們父母親的說法，「拘謹」的孩子在嬰兒時期會比一般的孩子出現更多過敏、失眠、腹絞痛以及便祕的問題。在幼兒階段，第一次在實驗室被看見時，他們的心跳速率通常比較高，而且在壓力之下較不會有太大的改變（假如心跳速率已經很高了，就不會有太大的改變）。而且在壓力之下，他們的瞳孔會較快放大，而且聲帶比較緊，使得他們的聲音變成較高的頻率（許多高敏感族知道為什麼他們的聲音在情緒激動的情況下會變得如此奇怪後，鬆了一口氣）。

敏感孩童的體液（血液、尿液、唾液）顯示出，在他們的腦部會呈現出高濃度的正腎上腺素，尤其是孩童在實驗室中接觸各種形式的壓力之後。正腎上腺素與情緒激發有關；事實上，它是大腦版的腎上腺素。敏感兒童的體液也包含了較多的皮質醇，無論是在壓力下或是在家時皆相同。皮質醇是一種激素，當一個人在情緒持續激發或是戒慎的狀態下就會出現。記住皮質醇；我們會再談到它。

接下來凱根研究嬰兒，看看哪些寶寶長大後會變成「拘謹」的孩子。他發現，當所有的寶寶接觸不同的刺激時，大約有20%的寶寶是「高度反應」。他們會劇烈地舞動四肢，彷彿惱怒般弓起背，或是試著逃離，而且經常哭泣。一年後，這個研究中有三分之二反應較大的寶寶變成「拘謹」的孩子，並且在新的情境中表現出高度的恐懼。只有10%表現出低度的恐懼，所以這項特質大致上從出生開始就可以觀察得到，就像羅柏的案例一樣。

以上所述，都證明我之前所說的——敏感的兒童一出生時，就內建了對外在刺激反應較強烈的傾向。但是凱根和其他人陸陸續續發現了之所以會如此的細節。例如，凱根發現，後來顯現出這項特質的寶寶，在頭部右側的額頭會比較涼一些，這表示大腦右側有較多的活動（血液會從表層流向在活動的部位）。其他的研究也發現，許多高敏感族右半腦的活動較多，尤其是那些從出生到童年時期一直都很敏感的孩子；換言之，他們天生就是如此。

凱根的結論是，有敏感特質或是拘謹的人是特殊品種。雖然他們依然是不折不扣的人類，但是他們在遺傳上相當不同，就像大獵犬和邊境牧羊犬相當不同一樣，即便兩者都絕對是犬類無誤。

我自己的研究也指出敏感的人是一個明顯的遺傳「品種」這個概念。在隨機挑選三百人所進行的電話普查中，我發現了一個截然不同的族群，而且是一個連續體。在一到五的量尺中，大約有20%認為他們「極度」或「非常」敏感。有27%說「中度」敏感。這三種類別加在一起，看起來就像是一個連續體。但是接下來，有一個大幅度的斷層。只有寥寥無幾的8%說他們「不」敏感。而且有高達42%的受訪者說，他們「一點也不」敏感，就好像我們在問北歐的拉普蘭人（Laplanders）有關椰子的問題一般。

從我跟高敏感族的會談中，我感覺到他們其實是一個獨特的族群，與非敏感族相互獨立。然而在他們之間，還可再細分為各種的敏感程度。這可能是因為這項特質有幾種不同的成因，導致不同的敏感種類或「味道」，有些人比其他人更強烈，或者有些人天生就有兩種、三種敏感特質等等。人類有很多方式可以透過經驗或是理性的選擇，來增加或減少他們的敏感特質。這些舉動的影響，可能會使基本上不相關的族群之間變得界線模糊。

羅柏與羅貝卡是兩種不同人類的這個觀念，是不容否認的。你也是與眾不同的。你的差異是貨真價實的。

大腦的兩個系統

許多研究人員認為，大腦有兩個系統，並且是這兩個系統之間的平衡，造成了敏感特質。其中一個系統是「行為活化作用」（或是「前進」或「促進」系統），它連接到大腦中接收從感官傳送來的訊息的部位，並送出指令讓四肢開始運動。這個系統的目的是讓我們接近事物，尤其是新事物。它可能意謂著，讓我們持續渴望尋求生命中美好的事物，譬如新鮮的食物和同伴，任何我們為了求生存而需要的事物。當活化作用系統正在運作時，我們是好奇、大膽和衝動的。

另一個系統被稱為「行為抑制作用」（或是「撤退」或「迴避」系統；你藉由名稱即能分辨在我們的文化中，哪一個是「好」的）。據說這個系統是在使我們遠離事物，使我們留意危險。它會讓我們對於徵兆產生警覺、謹慎以及提防。一點都不令人驚訝的是，這個系統連接到的大腦部位，是凱根注意到在他的研究中「拘謹」的孩子身上比較活躍的。

但是這個系統真正的功能是什麼？它接收了關於某個情境的一切事物，然後自動地將現在與過去一直是正常與常見的情況，以及預期未來應該出現的情況相比較。假如有不協調的情況發生，這個系統就會叫我們停止，並且等到我們了解了新環境為止。對我而言，這是身為有智能的人類非常重要的部分。所以我傾向給它一個比較正面的名稱：自動暫停與檢查系統。

但是現在，想一想，擁有比較活躍的暫停與檢查系統的人會像怎樣。想像有天早上羅柏與羅貝卡來到學校。羅貝卡看到的是相同的教室、老師和兒童，就跟昨天一模一樣。然後她就跑去玩了。可是羅柏會注意到老師心情不太好，其中一個同學看起來正在生氣，還有之前沒有出現過的一些袋子被放在角落。羅柏會猶疑不決，而且可能會判斷需要謹慎小心。因此敏感——感官訊息的細微處理——再次證明是真實存在的差異。請注意心理學如何描述這兩個有相反目的的系統。這跟我在上一章所描述的勇士之王階級與皇室顧問階級的分庭抗禮，有異曲同工之妙。

這種對於敏感的雙系統解釋，也顯示存在著兩個不同類型的高敏感族。有些可能只有一般強度的暫停與檢查系統，但是活化系統偏弱。這種高敏感族可能非常冷靜、安靜，而且對於簡單的生活感到滿足。這就好像由統理整個國家／人民的僧侶擔任的皇室顧問一般。另一種高敏感族可能具有比較強大的暫停與檢查系統，但是活化系統也非常強大——只是後者沒有前者強大。這種高敏感族好奇心強，但是也非常謹慎，大膽但是焦慮不安，容易覺得無聊，可是情緒也容易被過度激發。最理想的情緒激發程度，是窄幅的。我們可以說，在這種人的體內，存在著介於顧問以及容易衝動、喜歡擴張的勇士間不斷的權力鬥爭。

我認為羅柏就是這種類型。然而，其他幼兒被描述成如此安靜和沒有好奇心，因此，他們置身於被忽視和受冷落的危險中。

你是屬於哪一種？你的暫停與檢查／顧問系統是否因為不活躍的激化／勇士之王系統而單獨支配著你？換言之，你是否對於平靜的生活容易感到滿足？或者這兩大分支以不斷衝突的形式在支配著你？也就是說，即使你知道隨後你將會筋疲力盡，卻仍然總是想嘗試新事物？

你不只是基因與系統

別忘了你是一個複雜的生物。某些研究人員，例如奧瑞岡大學的瑪麗．羅絲巴特（Mary Rothbart）即堅稱，當你研究成年人時，氣質是相當不同的事物，因為他們可以推理、做選擇，並且發揮意志力，以堅持他們的選擇。羅絲巴特認為，如果心理學家太偏重研究兒童與動物，他們將忽略人類思考的角色，以及終生的經驗。

讓我們來檢視你和羅柏的發展，就像羅絲巴特所認為的那樣，再看看身為一位敏感族在每個階段會有什麼樣的差異。

當嬰兒一出生時，唯一的反應會是負面的——易怒、不舒服。像你和羅柏這樣敏感的寶寶，主要的差異在於會更易怒和更不適——也就是凱根所稱的「高度反應」。

大約在兩個月時，行為活化作用系統便開始起作用。現在，你表現出對新事物感興趣，假如它們可以滿足你的需求的話。有個新的感覺隨之而來，亦即當你未能得到想要的東西時，會感到憤怒和沮喪。所以正面的情緒和憤怒是可能並存的，而且你的強烈感受會加深你活化系統的強度。羅柏擁有兩個強大的系統，所以他變成一個容易生氣的寶寶。但是擁有低度活化系統的敏感寶寶，在這個年紀則是溫和而且「乖巧」的。

在六個月大時，你超凡的自動暫停與檢查系統開始啟動。你能比較現在與過去的經驗，而且假如現在的經驗讓人心煩意亂，就像過去一樣，那麼你就會體驗到恐懼。但是，你在每一次的經驗中，看見了更多細微的差異。對你而言，有更多不熟悉和可能令人害怕的事物。

在六個月大這個時期，每一次的經驗對於高敏感族都變得非常重要。我們可以發現，當接近新事物時，一些不好的經驗如何能把暫停與檢查系統轉變成暫停與不行動系統——一個真正的抑制系統。避免壞事最好的方法，似乎就是逃避一切。當然，你愈逃避這個世界，一切看來就愈不熟悉。想像這個世界在你看來有多麼可怕。

最後，大約十個月大時，你開始發展出轉移注意力、決定如何體驗某件事、或是停止某個行為等等的能力。只有在此時，你才能開始處理這兩個系統之間的衝突。一個衝突是「我想要嘗試做那件事，但它看起來好奇怪。」（在十個月大時，我們可能不會用這些詞語，但就是會有這種想法）。可是你現在可以選擇要聽從哪些情緒。每個人幾乎都發現羅柏會這麼做：好吧，它看起來很陌生，但是我依然會勇往直前。

假如暫停與檢查系統讓你變得太慢或太常變慢，你或許會有偏好的方法，來棄決這個系統。其中一種方式，就是去模仿這個系統不強的人。雖然你小心翼翼，但是也可以像他們一樣勇往直前，得到一些好的事物。另一種方式，可能是將刺激物重新分門別類，讓它變得不陌生。例如在電影中發出低聲咆哮的野狼「就像一隻大狗」。但是你大部分的協助，或許是來自於其他希望你感到安全而不是感到害怕的人。

藉由社交關係來協助緩和恐懼，跟羅絲巴特認為在成年人中會高度發展的另一個系統有關。也約莫是在十個月時形成。一個孩子會藉由這個系統，開始與其他人產生連結，並且去喜歡他們。假如這些社交經驗是正面而且是支持性的，那麼人類在生物學上另一個預備好的生理系統就會形成。我們可以將它稱為「示愛系統」。它會製造腦內啡（**endorphins**），這是一種「美好感覺」的神經傳導物質。

藉由信任其他人來幫助你，你能克服多少恐懼呢？你身邊有誰是你可以倚賴的？你是否會表現得宛如「媽媽在這裡，所以我會試試」？你是否已學會模仿她讓人安定的言行，將它們應用在你自己身上？「別害怕，不會有事的。」我看到羅柏利用了以上所有的方法。

現在，你可以花點時間想想你自己以及你的童年，我們將在接下來的兩章做更多討論。我知道你未必真的記得，但是從你所具備的真相來研判，第一年可能是什麼情況？你的想法和自我控制現在如何影響你的敏感？有哪些時候你能控制自己的情緒激發？誰教你這麼做的？誰是你的角色典範？你是否認為自己被教導得太過小心翼翼，所以敢做超過你的身體能應付的事？或者看起來你所學到的教訓是，這個世界是不安全的，而且情緒過度激發是無法控制的？

信任如何變成不信任，以及不熟悉如何變成危險

大多數探索氣質的研究人員，都曾研究短時間的情緒激發。它很容易被研究，因為非常顯而易見，例如心跳加速、呼吸急促、冷汗直流、瞳孔放大以及腎上腺素上升。

不過，還有另一個激發情緒的系統，受到激素的影響比較大。它的作用也同樣快速，不過其主要的產物——皮質醇的影響，則在十到二十分鐘後最明顯。重點是，當皮質醇分泌時，比較可能出現短暫的情緒激發反應。換言之，這種長時間的情緒激發形式，讓我們比從前更容易激動、更敏感。

大多數的皮質醇效應，會持續數小時甚或數日。這些作用主要是在血液、唾液或尿液

中被測得，因此，研究長時間的情緒激發比較不方便。但是明尼蘇達大學的心理學家梅根·甘納（Megan Gunnar）認為，暫停與檢查系統整個的重點，或許是要保護一個人不被這種不健康、討人厭、長時間的情緒激發所影響。

研究顯示，當人們第一次遭遇新的以及可能有威脅的事物時，短時間的反應總是先出現。於此同時，我們開始思考我們的資源。我們有哪些能力？關於這種情況，我們從過去的經驗學到什麼？身邊有誰可以幫忙？假如我們認為自己或那些跟我們在一起的人可以應付這個狀況，那麼就不會再將它視為是一個威脅。短時間的警戒消除了，而長時間的驚恐從來就沒有發作過。

甘納以一個有趣的實驗來解釋這個過程。她設置了一個具有威脅的情境，與凱根用來分辨「拘謹的」兒童之情境非常類似。首先，讓九個月大的嬰兒與他們的母親分開半小時。有一半的嬰兒留給一位非常細心的保姆，她對於所有孩童的情緒都有所回應。另一半的嬰兒則留給一位不太細心而且不回應的保姆，除非這個孩子真的緊張不安或大哭。接下來，雖然跟保姆在一起，但是每位九個月大的嬰兒都會接觸到讓他們驚訝的新事物。

這裡的重點是，只有跟不細心的保姆在一起的高敏感寶寶，在他們的唾液中出現較多的皮質醇。就好似跟細心的保姆在一起的寶寶感覺到他們有資源，而且不需要做出長時間的壓力反應一樣。

假設照顧者是你自己的母親呢？觀察寶寶跟自己的母親在一起的心理學家發現一些徵

兆，可以看出一個孩子是否覺得「安全依附」。一個安心的寶寶會放心地去探索，而且新經驗通常不會被視為是一個威脅。其他的徵兆則顯示出，某個孩子是處於「不安全依附」狀態。這些孩子的母親若不是太過保護就是太過疏忽（甚或是太過危險）（第三章和第四章將更進一步討論「依附」的議題）。研究發現，在自己母親的陪伴下，面臨一個新奇、令人訝異的情況的兒童，確實會表現出他們平常、強烈的短時間反應。但是如果一個敏感的孩子安全依附在媽媽身邊，那麼就不會有因為壓力而引起的長時間皮質醇效應產生。然而，若沒有安全的依附，一個讓人訝異的經驗將造成長時間的情緒激發。

由此可見，為什麼對於年幼的高敏感族來說（年長的也是），能融入這個世界、嘗試事物而不退縮，是那麼重要的事了。但是他們對於照顧者的感覺必須是有安全感的，而他們的經驗必須是成功的，不然的話，他們不去接近這個世界的理由，就會被證明是對的了。而這所有的一切，甚至在你會開口說話之前，就已經開始了！

許多聰明、敏銳的父母親，幾乎會自動提供所有必須的經驗。如果羅柏需要的話，他的父母會提供協助，並且不斷地讚美他的成功，也鼓勵他去測試自己的恐懼，看看它們是不是真實存在。隨著時間的推進，他對世界的想法將是：它並不像他在一、兩歲時，他的神經系統告訴他的，這麼令人害怕。他的創意特質和直覺能力，以及所有身為敏感族的優勢，都將茁壯成長。而困難的部分會逐漸消失。

當父母親並未做任何特別的事來幫助一位敏感的孩子感到安全時，這個孩子是否會變成真正的「拘謹」，或許得視活化作用系統及暫停與檢查系統的相對強度而定。但是別忘了，有些父母和環境會讓事情變得更糟。當然，一再出現的可怕經驗，將大大增強其警覺心，尤其是那些無法得到平靜或幫助的經驗、因為積極的探索而受到懲罰的經驗，以及遇到一些本應有幫助但卻變成具有危險性的人的經驗。

另一個重點是，在一個嬰兒體內有愈多皮質醇，這個孩子的睡眠就愈少，睡眠愈少，皮質醇就愈多。在白天裡，分泌愈多皮質醇，就會有愈多恐懼；有愈多恐懼，就會產生愈多皮質醇。夜裡不間斷的睡眠以及適時的打盹，全都可以減少嬰兒身上的皮質醇。而且別忘了，較低的皮質醇也意謂著較少有短時間的驚恐。很容易就可看出這是羅柏一直存在的問題。或許對你也是。

此外，如果從嬰兒時期就開始的睡眠問題未獲得控制，那麼這些問題可能會延續到成年，而且使得一位高敏感的人敏感到幾乎無法承受。所以，好好睡一覺吧！

進入深層

你的特質有另一個層面是在研究或觀察中比較難掌握的——除非當莫名的恐懼和惡夢找上敏感的孩子（或成人）時。為了了解這項特質非常真實的一面，有人離開了實驗室，進入深層心理學家的諮商室裡。

深層心理學家非常重視潛意識以及嵌入在潛意識中的經驗，它們可能是被壓抑的或者只是前語言期的經驗，並且會持續支配我們的成年生活。一點也不令人驚訝的是，高敏感兒童與成人均有睡眠問題，而且會有一些更生動、讓人驚慌、「原型」的夢。隨著黑暗的降臨，細微的聲音及形狀開始主宰想像，而高敏感族更能察覺到它們。也有在大白天裡的奇怪經驗——有些只是隱約感覺，有些則完全被壓抑。它們全都盤繞在心中，只有當我們放鬆表層意識後，才能安然入睡。

入睡、沈睡，以及醒來後復睡，皆需要有撫慰自己、感覺在世界上很安全的能力。

唯一一位明確撰寫關於敏感特質的深層心理學家，也是深層心理運作的創始人之一，榮格所說的話很重要，而且一反常態，格外地正面。

回到佛洛伊德開啟心理治療的時代，各個派別對於內在氣質型塑人格有多大的影響爭論不休，包括情緒問題在內。在佛洛伊德之前，醫療機構強調遺傳體質的差異。佛洛伊德嘗試去證明「精神官能症」（他的專長）是因創傷所造成，尤其是不愉快的性經驗。佛洛伊德的門徒榮格追隨他多年，最後因為以性為中心的議題而與他分道揚鑣。榮格斷定，人格的基本差異就是遺傳來的較高的敏感度。他認為，當高敏感的病患經歷了創傷，無論是性事或其他事，他們就會受到非同小可的影響，因此發展出精神官能症。要注意的是，榮格說的是，童年未受到創傷的高敏感族，並非天生就是神經過敏。這讓我們聯想到甘納的發現：與自己的母親安全依附的敏感兒童，並不會因為新經驗而感覺到受威脅。事實上，榮格對敏感的人評價很高——不過，他自己也是其中一員。

很少人知道榮格發表過有關高敏感族的文章（當我一開始研究這項特質時，我也不知道）。例如，他說「某種與生俱來的敏感特質創造了一個特別的初期階段，這是一種經歷嬰兒期活動的特殊方式」而且「倘若沒有在敏感的人身上留下一些蹤跡，與強烈印象有關的活動就絕對不會順利進行。」後來，榮格開始以類似的方式描述內向與直觀的類型，但是又更正面了。他說他們必須更懂得自我保護——這就是他所謂內向的意思。但是他也說他們是「教育者和文化宣揚者……他們的人生讓我們學習到其他的可能性，亦即在我們的文明世界中極力想要得到的內在生活。」

榮格認為，像這樣的人，自然比較容易受到潛意識的影響，它會提供給他們「極重要」的資訊，一個「先見之明」。對榮格而言，潛意識包含了要學習的重要智慧。過著與潛意識深層交流的人生，會更具有影響力，也更能獲得個人滿足感。

但是，這樣的人生也可能更辛苦，尤其如果在童年時，有太多令人不安的經驗，但是卻沒有安全依附的話。就像你從甘納的研究中所看到的，以及你將在第八章所看到的，榮格的看法完全正確。

所以這是千真萬確的，而且無傷大雅

現在，羅柏、傑洛姆．凱根、梅根．甘納，以及榮格等人應該讓你非常相信，你的特質完全是真的。你是與眾不同的。在下一章，你將思考如果跟自己相當獨特、高敏感的身體良好、和諧地相處的話，你或許必須過著不同於其他人的生活。

目前你可能也看到了一個比較黑暗的畫面——恐懼、怯懦、拘謹以及讓人苦惱的過度激發。只有榮格談到這項特質的優點，即便如此，他還是從我們跟內心深處以及黑暗相關聯的角度來談。但是再次重申，別忘了，這種負面性大致上是我們文化偏見的表徵。我們的文化偏好堅強，所以將我們的特質視為難以忍受、必須被治療的東西。高敏感族主要的不同在於，他們會敏銳地處理細微的刺激。這是你最基本的特質。那才是了解你的特質之正面與正確的方式。

❖你的深層反應

這是現在要做的事。就好像你已經讀完這一章，你的理解力已經吸收了一些想法，但是你的情緒對於你剛剛讀過的內容，可能會有一些更深層的反應。

為了了解這些深層的反應，你必須進入身體、情緒，以及較基本、較本能的意識種類中，比較深層的部位中，也就是榮格稱之為潛意識的地方。這就是你那些被忽視和被遺忘的部分所存在的地方，也是可能因為你正在學習的事物，而感到受威脅、放鬆、興奮或難過的地方。

理解在此所說的一切，然後繼續往前進。一開始，從你的身體中心意識（在你的腹部）非常清楚地呼吸。確定你的橫隔膜有被牽動——剛開始非常用力地從你的嘴巴吐氣，就好像吹氣球一般。當你這麼做時，腹部會緊縮。然後，當你吸氣時，自然而然地將氣息將從胃的高度吸入。你的吸氣應該要自然而輕鬆。只是你的吐氣應該要延長。一旦習慣從你的中心，也就是腹部呼吸，而不是從你的胸腔時，就會變得比較不刻意，而且不再是經由你的嘴巴吐氣。

一旦習慣後，你必須在想像中創造一個安全的空間，裡面所有的事物都是令人愉快的。再來誘導任何的感受進入意識中。它可能是一個身體的感覺——背部的疼痛、喉頭緊縮、胃在翻騰等等。讓感覺產生，並讓它告訴你，那個部位有什麼訊息要傳達給你知道。你或許也會看見一個稍縱即逝的影像，或者聽見一個聲音。或是觀察到一個情緒。或者一連串這類的事物——身體的某個感覺可能會變成一個影像。或者某個聲音可能會表現出你開始感覺到的一種情緒。

在這個寂靜的狀態中，盡你所能地去注意。如果感覺一定要表達出來——如果你必須笑、哭或生氣——你可以嘗試稍微表現出一點點。

然後，當你從這個狀態中脫離時，想想發生了什麼事。請注意是哪些原因攪動了你的感覺——在你閱讀的內容中，那是什麼？當你在閱讀時，在你的想法或記憶中，那是什麼？你的感覺跟身為敏感族有何關聯？

之後，用言語來表達你所學到的東西——思考一下自身的情況、告訴其他人或是把它寫下來。事實上，當你在讀這本書時，把你的感受寫成日記，將會非常有幫助。

第三章

高敏感族的總體健康與生活型態

從你的嬰兒／身體自我去愛與學習

在本章裡，你將學會欣賞你的高敏感身體需求。因為這對高敏感族而言，往往出奇地困難。我曾經透過一個比喻來學習處理它——把自己當作嬰兒般對待你的身體。這是一個很好的比喻法，就像你會看到的，那可能一點都不是難題。

六週大：可能會是什麼樣子？

一場暴風雨逼近。天空變成了鉛灰色。布滿天際的烏雲四分五裂。一片片的天空朝不同的方向飛散開來。四周寂靜無聲，風力增強……世界分崩離析。似乎有事將要發生。不安的感覺愈來愈強烈，從中央擴散開來，然後轉變成痛苦。

以上是一個六週大，名叫喬依（Joey）的虛擬寶寶經歷愈來愈強烈的飢餓感的時刻；這是發展心理學家丹尼爾·史登（Daniel Stern）在他的著作《寶寶日記》（*Diary of a Baby*）中所想像的情景。近期大量關於嬰兒期的研究，在喬依的日記中處處可見。舉例來說，一般認為嬰兒無法區分內在與外在刺激，也無法將不同的感覺予以分類，或是辨別當下與記憶中剛發生過的經驗。他們也不會感覺自己就是經歷這一切的人，發明家某件事就發生在他們身上。

綜合上述，史登發現，天氣對於嬰兒的經驗來說，是一個不錯的類比。事情就是會發生，但是在強度上多半不相同。讓人焦慮不安的就是強度，因為它會引起過度激發的風暴。高敏感族請做筆記：**過度激發是人生中第一個也是最主要的不安經驗。關於我們過度激發的第一堂課，在一出生就開始了。**

以下是史登想像喬依在得到照顧並且緩解飢餓感後的感覺：

一切都翻新了。一個經過改變的世界甦醒了。暴風雨過去了。平靜無風。天空也變柔和了。動線和流量都出現了。它們勾勒出一個和諧的畫面，而且就像變換的光線一般，將每一件事物都變得生機勃勃。

史登認為，嬰兒跟成人一樣，需要適度的情緒激發：

寶寶的神經系統原本就準備好，要立即評估他的其中一個感官所接受到的……任一事物的強度。他對於某件事物感受有多強烈，可能會是他能得到的第一條線索，告訴他該去接近還是遠離。如果某樣事物強度適中……他就會被吸引。那個尚可忍受的強度激發出他的情緒……它增加他的動能，讓他整個人動了起來。

換言之，無聊並不好玩。另一方面，嬰兒/身體自我天生就有遠離所有高強度事物的本能，以避免過度激發的狀態。不過，對有些人而言，比較難做到。

六週與高敏感度

現在我將嘗試親手撰寫嬰兒日記這種新文學體，來描述一個假想的、高度敏感的嬰兒傑斯（Jesse）的經驗。

風一直不停地吹，有時候刮起一陣怒號的強風，有時候又會減弱成尖細、無力的呼嘯聲。在感覺上無窮盡的時間裡，雲朵在各種形狀的刺眼強光和陰森黑暗中旋轉。現在，不祥的幽暗降臨，剎那間，風似乎跟著光線一起消逝。

但是黑暗本身迷失了方向，而且怒號的狂風開始猶疑不定地轉變方向，彷彿它就在龍捲風帶一般。事實上，在這個逐漸擴大的混亂中，風的轉向開始固定成形，彼此汲取能量，直到最後，氣旋式的風暴出現了。一個像夢魘般的颶風，在最深的夜裡發生。

在有些時間和地點，這個可怕的東西會停止，但是卻無法找到一個避風港，因為這種天氣不會往上或往下，也不會往東或往西——它只會一直在身邊圍繞，朝著可怕的中心點前進。

以上的情景，是我想像傑斯跟他的母親和兩個姊姊一起去購物商場，他坐在汽車座椅上，接著坐嬰兒車，然後又坐在汽車座椅上回家之後的寫照。這天是星期六，購物商場擠滿了人。在回家的路上，他的兩個姊姊為了要聽哪個電台而吵鬧不休，每個都把音量愈開愈大聲。路上車流量也相當大，一直走走停停。當他們回到家時，已經晚了，比傑斯平時睡午覺的時間遲了許多。當要餵他喝奶時，他只是哭鬧和煩躁不安，因為太過驚慌而無法顧及他模糊的飢餓感。因此他母親嘗試將他放下來睡覺。這就是當颶風最後襲擊時。

我們不應該忘記，傑斯也餓了。飢餓是另一項刺激，來自於體內。除了會讓一個人情緒更激動外，也會造成神經系統平時以及鎮定作用所需的生化物質減少。我的研究顯示，飢餓會對高敏感族產生一種特別強烈的影響。就像有人會說：「有時候當我覺得疲累時，我彷彿退化到小時候，幾乎可以聽見自己說：『我必須喝牛奶和吃餅乾，立刻就要。』」然而，一旦被過度激發，我們可能就不會注意到飢餓了。所以，好好照顧一個高敏感的身體，就像是去照顧一個嬰孩一樣。

為什麼是嬰兒／身體自我

想一想，嬰兒與身體有哪些共同之處。第一，當兩者未受到過度刺激、疲累和飢餓時，都十分滿足和合作。第二，當寶寶和敏感的身體真的筋疲力竭時，兩者都無力靠自己來調整事物。仍是寶寶的你，會倚賴照顧者來設定限制，並滿足你簡單的基本需求，你的身體現在也會倚賴你做這些事。

這兩者無法用言語來解釋它們的困擾；它們只會用愈來愈大聲的訊號來尋求協助，或是形成一個嚴重到無法忽視的徵兆。聰明的照顧者知道，在求救訊號剛出現時，就要回應嬰兒／身體，才能避免許多苦難。

最後，就如同我在上一章所說的，認為新生兒或身體會被寵壞，而應該「讓它哭」的照顧者是錯的。研究證明，假如一個小嬰兒哭鬧時立即獲得回應（但是當回應只是增加過度刺激的情況除外），寶寶會較少哭鬧，長大一點時也會比較少哭。

嬰兒／身體自我是一位敏感專家。他從出生那天起就很敏感。他知道當時什麼是最困難的，現在什麼是困難的。他知道你缺少什麼、你從你的父母和其他照顧者身上學到如何對待他、他現在需要什麼，以及在未來你可以如何照顧他。我們就以一句古老的諺語來做開場吧——「好的開始就是成功的一半。」

你和你的照顧者

大約有一半或是比一半多一點的寶寶，是由稱職的父母所撫育，因此變成所謂「安全依附」的兒童。這個詞是取自生物學。所有的靈長類新生兒都會緊緊黏著媽媽，而且大多數的媽媽，也會希望她們的寶寶很安全地緊緊抓住他。

隨著寶寶年齡增長，當感覺安全時，他或她就能夠開始探索，並嘗試獨立做事。母親將對此感到高興——她們會隨時戒備並準備好排除困難，但另一方面，又很高興她的小寶貝長大了。不過仍然有一種看不見的依附。在有危險的時刻，寶寶和照顧者的身體會重新結合，並且再次附著。安全了。

有時候，因為通常與母親或父親如何被撫養長大有關的種種原因，一位主要的照顧者可能會給予其他兩種訊息之一，而創造出一種不安全的依附。其中一個是，這個世界好可怕，或者這名照顧者是非常心不在焉或十分脆弱，所以寶寶必須黏得非常、非常緊。這個小孩不敢探索得太多。或許這名照顧者並不想探索，或者如果寶寶沒有緊緊抓住他們的話，他們就會把寶寶拋下。據說這些寶寶對於他們對照顧者的依附感，會感到焦慮不安或是過分關注。

寶寶可能會接收到的另一個訊息是，照顧者是危險的，應該要迴避，或者這名照顧者比較重視一個最不麻煩和非常獨立的孩子。或許這名照顧者壓力太大而無法照顧一個孩子。並且還有那些有時候在憤怒或絕望中，甚至希望寶寶消失或死掉的照顧者。在那種情況下，寶寶會盡力不去依附照顧者。據說，這樣的寶寶個性會變得比較孤僻。當他們與母親或父親分開時，似乎會相當冷漠（當然，有時候一個孩子會只安全依附於父母親其中一人）。

從我們第一次的依附經驗中，我們通常會在心裡發展出一個比較持久的想法，也就是該從某個我們親近以及倚賴的人身上期待什麼。雖然那看似可能導致僵化及失去機會，但是滿足你的第一位照顧者希望你依附的方式，對你的生存來說是很重要的。即使當它不再是生存的問題，這樣的計畫依然存在，而且非常堅定。要堅守行得通的計畫——無論安全型、焦慮型或是逃避型的孩子——以免犯下危險的錯誤。

依附與高敏感身體

記得在上一章中提到的——那些在不熟悉的情境中不會有長時間情緒激發的高敏感兒童嗎？他們是那些跟有回應的照顧者或母親在一起，並跟他們之間有安全關係的寶寶們。這表示在成長過程中感覺到安全依附的高敏感族，知道他們有良好的資源，並且能將過度刺激處理得非常好。最後，你學會為自己做到良好的照顧者曾為你做的事。

同時，你的身體正在學習，當受到每一次的新經驗威脅時，不要做出反應。不做反應的情況下，身體就不會經歷到痛苦和長時間的情緒激發。你發現自己的身體是一位值得信任的朋友。再者，你了解到，你有一個特殊的身體，一個敏感的神經系統。但是你可以藉由學習何時要多督促自己一點、何時要慢慢來、何時要完全迴避、何時要休息，並且之後再嘗試等等方式來處理事情。

不過，就像非敏感族一樣，大約有一半敏感族的父母都不夠理想。想到這點，就讓人覺得難過，我們將慢慢地著手處理這個議題，之後會再回頭討論。但是你真的必須去面對你可能失去的東西。因為你是高敏感族，擁有一位有不合格的父親或母親，對你的影響會更大，你需要的是理解，而這並不是什麼特殊的問題。

童年時期沒有安全感的高敏感族也必須去面對這個事實，如此你才會對自己更有耐性。最重要的是，你必須知道有哪些事還沒做，這樣你才能成為你的嬰兒／身體的另一種父母。很可能，你並未將自己照顧好——無論是忽略你自己的身體或者太過保護和太大驚小怪。幾乎肯定是因為你正在像你不太稱職的第一位照顧者曾經照顧你那樣地對待自己的身體（包括以相反的方式對那個經驗過度反應）。

讓我們來看看對於嬰兒／身體來說，一位好的照顧者和一位不太好的照顧者究竟是什麼樣子。我們從新生兒的照顧切入——或是目前在你生活中，當你的身體感覺像新生兒般渺小以及無助的時刻開始。心理學家盧瑟琳．喬塞爾森（Ruthellen Josselson）對於我們所需要的東西做了很好的描述：

當我們被抱在懷裡時，在我們與這個世界上可能傷害我們或讓我們驚慌的事物之間，便有了一道屏障。在臂彎裡，我們多了一層保護，免受這個世界的傷害。即使我們或許不清楚這類事物的哪一部分是來自於自己，哪一部分來自於外界，但卻能感覺到那股緩衝的力量。

一位夠好的母親會善用她的環抱功能將事情安排妥當，因此她的寶寶不會受到過度刺激。她會覺察到有多少刺激是可以欣然接受而且能夠被容忍的。一個充分環抱的環境，能讓寶寶自由地成長發展；這個小嬰兒不一定總是要反應。在最適當的環抱狀態下，自我就能摒除外界的干擾而開始存在。

當環抱不充分時，當嬰兒／身體被侵擾或被忽略——或者更糟的是，被虐待的話——刺激對於嬰兒／身體自我來說，就會太過強烈。它唯一的辦法，就是不去察覺和避免身在其中，因此發展出一種「隔離」的習慣，以作為防衛。在這個年紀，過度刺激也會妨礙自我發展。所有的能量必須導向不讓世界侵襲它們。整個世界似乎都是危險的。

現在，讓我們來想想年紀再大一點時，如果你覺得安全的話，這時你已準備好要去探索。這就相當於現在的某些時刻，如果你的身體覺得安全的話，你的身體已準備好要去探索以及進入這個世界。在這個階段，對於敏感的嬰兒／身體而言，一位過度保護的照顧者或許會比一位不夠盡心的照顧者，更會是一個嚴重的問題。在嬰兒時期或是當我們感到非常孱弱時，持續的侵擾以及檢視嬰兒／身體，就是過度刺激和恐懼的源頭。在這個階段，焦慮的過度保護，抑制了探索以及獨立的機會。一個不斷被注意的嬰兒／身體，會無法自由和自信地運作。

舉例來說，只要有短暫的時間感覺到飢餓、哭泣或是感覺寒冷以及煩躁，就有助於一個嬰兒／身體了解他或她自己的欲求。如果照顧者在嬰兒／身體飢餓前，就先餵飽了它，那麼它與它的本能便斷了聯繫。而且如果一直不讓嬰兒／身體去探索，它就不會習慣這個世界。照顧者／你正在增加這個世界日益恐怖的印象，而嬰兒／身體無法在這種情況下存活。因為根本沒機會去逃避、處理或是忍受過度的情緒激發。一切依然陌生並且對情緒過度激發。從上一章的角度來看，嬰兒／身體並沒有夠成功的打交道經驗，來平衡強烈、遺傳而來的暫停－檢查系統，而這系統可能會過來接管，並且變得太具抑制性。

假如這是你對待你的嬰兒／身體的方式，那麼你或許會想要溯及源頭。或許你有一個過度保護、很需要你的照顧者，她／他真的想要一個非常倚賴和永遠不能離開的孩子。或者照顧者對於自己的能力或自我價值的觀感必須靠變得更堅強和被需要來支撐。如果你的照顧者有好幾個孩子，那麼其中最敏感的你，便成為最符合這些目的的完美典範。請注意，可能也會有很多時候，這類照顧者真的不適任，無論理由是什麼——像這樣的照顧者，最終都會轉向自己的需求，而不是你的。

所有的重點在於，其他人過去如何照顧嬰兒時期的你，在很大程度上影響了你現在如何照顧你的嬰兒／身體。他們對你的敏感所抱持的態度，則影響了你對你的嬰兒／身體的態度。思考一下。還有誰能夠教你比這更深刻的經驗？他們對你的照顧以及對你身體的態度，直接影響了你的健康、幸福、壽命和對世界的貢獻。因此，除非本章的這個部分讓你感到苦惱，否則，你應該要停下來並花些時間來想想你的嬰兒／身體的第一位照顧者，以及思考在早期被照顧與你現在如何照顧自己之間的相似性。

如果你覺得苦惱，那麼就休息一下。如果你認為在檢視你的不安全依附以及它現在對你的影響時，可能會需要一些專業（或者也許是非專業）的情緒支持與陪伴，那麼儘管去尋求協助。

衝過頭、太壓抑

就像有兩種問題照顧者一樣——保護不足以及過度保護——高敏感族無法適當照顧他們的身體，也有兩種常見的方式。你可能會把自己逼得太過——用太多的工作、冒險或是探索過度來刺激你自己。或者你可能把自己壓抑得太過——當你真的渴望像其他人一樣融入這個世界時，過度保護你自己。

我用「太過」的意思，是指超過你真正想要的、超過感覺良好、超過你的身體可以應付的。別在意其他人說你什麼什麼「太過」。有些高敏感族可能真的幾乎在任何時候（至

你的嬰兒／身體的第一位照顧者以及現在的照顧者

想一想你知道有關於你兩歲前的哪些事，表列出你的父母親可能會用來描述你嬰兒時期的那些用詞或語句。或者你可以問問他們。以下是一些例子：

一個開心果。很難取悅。很難帶。不麻煩。從不睡覺。病懨懨的。愛生氣。容易累。很愛笑。不易餵食。漂亮的。想不起來有關你嬰兒期的任何事情。很早就會走路。幾乎是由好幾位照顧者帶大的。很少留給保姆或托兒所。膽怯。害羞。獨處時最開心。總愛搗蛋。

找出哪一個用詞可用來形容你最明顯的特徵，也就是有機會的話，會刻在你墓誌銘上的字（我的是「她從來不會造成任何人的麻煩」）。找出會讓你情緒波動、困惑、感到內心衝突的用語。或者那些被強調得太過，以至於你仔細思考時，會發現恰恰相反的用語。譬如一個患有氣喘的孩子被描述成「不麻煩」。

現在，想想你的照顧者如何看待你的嬰兒／身體，與你現在的做法有何相似之處。他們對你的描述有哪些真的適用在你身上？有哪些真的是他們的擔憂以及你現在可以擺脫的內心衝突？例如，「病懨懨的」。你依然認為自己病懨懨的嗎？你以前和現在真的比其他人更體弱多病嗎？（如果是，去弄清楚你兒時疾病的細節——你的身體會記得且值得你的同情。）

或是「很早就會走路」。在你的家族中，這是人們會獲得關注的成就和大事嗎？如果你的身體無法讓你滿足，你還是會愛它嗎？

少在生命中的某一段時間裡）都屬於壓抑型或外放型。感覺上那才是對的。當然啦，我指的是你動輒就會做過頭，想要改變卻又做不到的情況。

此外，我並不是意指那些因為與過度保護或經常更換的照顧者在一起而焦慮依附的人，一定會過度保護嬰兒／身體自我。或者那些跟疏忽或虐待孩子的照顧者在一起的人，總是會忽略或是虐待他們的嬰兒／身體自我。沒那麼簡單。首先，我們的心智讓我們能輕易地過度反應或是彌補以及做出相反的事。或者，更可能的是，我們將會在兩個端點之間前後擺盪，或是將他們應用在生活的不同領域中（亦即，在工作上超出負荷、在親密關係中保護太多，忽視心理健康但過分關心身體健康）。最後，你可以克服上述所有問題，而且恰到好處地對待你的身體。

另一方面，安全依附的你，可能會想知道，為什麼你會在這兩個同樣的極端中掙扎。但是我們的環境、文化、次文化或工作文化、朋友以及我們自己其他的特質，全部也都可能讓我們朝任一方向走到極端。

如果你不確定自己屬於哪一種，可以做一做「你衝過頭？還是太壓抑？」專欄中的測驗。

「你衝過頭？還是太壓抑？」
以下每一個句子，如果非常正確，請填 3；有點正確或幾乎正確，請填 2；視情況而定，或者幾乎不正確，請填 1。
___ 1. 我經常遭遇到情緒過度激發、過度刺激，或是壓力的短暫效應——像是臉紅、心跳加速，或是呼吸變得比較急促或微弱，胃部收縮，雙手冒汗或顫抖，或者突然感覺眼淚快要落下或驚慌失措。
___ 2. 我受到長時間情緒激發效應的煩擾——苦惱或焦慮的感覺、消化不良或食慾不振，或者無法入睡或老是沉睡。
___ 3. 我嘗試去面對讓我情緒過度激發的情況。
___ 4. 在過去的某個星期，我待在家的時間比外出的時間還多（花點時間仔細將這些時間計算出來，只加總可利用的時間，並扣除睡眠和更衣、洗澡等時間）。
___ 5. 在過去某個星期，我獨處的時間比跟其他人在一起的時間多（依照上述方式計算）。
___ 6. 我會強迫自己去做讓自己害怕的事。
___ 7. 就算覺得不想出門，我還是會出門。
___ 8. 別人跟我說，我工作過度了。
___ 9. 當我注意到自己在身體上、心理上和情緒上超出負荷時，會立刻停止和休息，並且做一些其他我知道必須為自己做的事。
___ 10. 我添加了東西在我的身體裡——咖啡、酒精、藥物等等——讓自己保持在適當的激發程度。

___	11. 我在昏暗的戲院中和／或在聽演講時會感到昏昏欲睡，除非我相當感興趣。
___	12. 我會在半夜或是非常早的清晨醒來，然後就再也睡不著了。
___	13. 我不會花時間好好吃頓飯或是規律地運動。
	除了第 4、5、9 題外，把你回答所有問題的答案加總起來。然後加總第 4、5、9 題的答案，並把其他題數的總和減去這個數字。最「衝過頭」的分數應該是 27。最「壓抑」的分數是 1。最適宜的分數是 14。尤其如果你得到的分數低於 10，那麼就要反思一下我所說的「壓抑太過的問題」。如果你的分數超過 20，那麼就要認真思考我在下一節所寫的「在外在世界衝過頭」。

壓抑太過的問題

有些高敏感族，或許有時候是我們所有的人，會因為認為一位高敏感族不可能融入社會並且存活，而遭到邊緣化。我們會覺得自己太不同、太脆弱，或許缺點太多。

我十分贊同，你無法以與你自己相較之下屬於非敏感的、較大膽的人的方式來參與世界。但是，有許多高敏感族也找到方法，可以根據自身情況在外在世界中如願以償，做一些有用和開心的事，有充足的時間待在家裡，而且也有豐富、平靜的內在生活。

從你的嬰兒／身體的觀點來思考你的行為，可能會有幫助。假如你的嬰兒／身體想嘗試新事物但是卻會害怕，那麼你必須幫助它，而不是去增加恐懼。否則就是在告訴它，它對於自身的欲望是大錯特錯的，不適合在外頭闖蕩。這個訊息若是傳遞給孩子，將造成嚴重影響。你可能要花點時間努力想想，是誰在你童年時給你這樣的感覺？以及原因為何？他們並不想幫助你走出去，並且學習用自己的方式來做事。

當你學習像父母親般照顧自己的身體時，要了解的第一件事就是，身體避開愈多的刺激，其他刺激就會愈激發你的情緒。一位教冥想的老師曾說過一個故事：有個人想要逃離有壓力的生活，於是他準備終其一生躲在一個山洞裡日夜冥想。但是他很快就跑出洞外，因為被山洞裡的滴水聲搞得心煩意亂，快要發瘋了。這則故事的寓意是，至少在某種程度上，壓力一直都在，因為我們的敏感一直都跟著我們。我們所需要的是與壓力因素共存的新方法。

第二，常見的狀況是，你的身體動得愈多——看看窗外、打保齡球、旅遊、在公開場合說話——愈不容易覺得困難和受到情緒激發。這就叫做習慣性。假如是一種技巧，你也會變得比較擅長。舉例來說，一個人到國外旅行對一位高敏感族而言，似乎是全然令人無法招架的。而且你可能總會選擇避開某些面向。但是你做得愈多，它就變得愈容易，而且也就愈清楚你喜歡什麼和不喜歡什麼。

開始願意忍受，然後歡喜融入世界的方法，就是置身其中。

不過，我並不是輕鬆地在說這件事。在中年以前，我大半時間都在逃避這個世界，當時我多多少少被強烈的內在活動迫使去改變自己。從那時開始，我幾乎每天都必須面對一些恐懼、過度激發，以及不適感。這件事非同小可，而且並不好玩。但是真的可以做得到。走出去、達成目標，對這個世界大喊：「看著我！我也做得到！」這種感覺真的很棒。

在外在世界衝過頭

假如壓抑太過的根源是相信嬰兒／身體有缺陷，那麼，衝過頭的根源，也同樣是負面的。這表示你對孩子的愛太少，讓你寧可忽略和虐待它。你是從什麼地方學到這種態度的？

它不見得全來自於父母親。我們的文化有個追求卓越的競爭觀念，一個不努力攀登高峰的人，感覺像就是個沒有價值、沒有生產力的局外人。這點不只適用於一個人的事業，甚至連休閒時間也是一樣。你的身材夠健美嗎？你的業餘愛好有進展嗎？你是一個技藝精湛的廚子和園丁嗎？還有家庭生活——你的婚姻夠幸福嗎？你的性生活美滿嗎？你是否盡一切所能來養育優秀的孩子？

嬰兒／身體在承受所有這些壓力時會反抗，並顯示出它的苦惱。我們的回應會是找出方法讓它變堅強，或是用藥物來讓它鎮靜。所以，與壓力相關的慢性症狀就會出現，像是消化問題，肌肉緊張、持續疲勞、失眠、偏頭痛；或是免疫系統虛弱，讓我們容易罹患流感和感冒。

要停止虐待，首先需要的就是承認它就是如此。這也有助於去發現哪部分的你是施虐者。這部分的你認同完美的社會腳本嗎？你必須贏過某個手足嗎？你必須證明自己真的不是有缺陷或是「太敏感」嗎？你想贏得你父母親的愛，甚或只要他們瞄你一眼，你就心滿意足？你必須證明自己就像他們所認為的那般天資聰穎嗎？還是說，這個世界如果沒有你就無法運轉了？或者，你能夠控制一切，而且是完美不朽的人？這裡面常常會有一些傲慢自大，即使這種自大，是屬於另一個你。

高敏感族把自己的身體操得太過還有另外一個原因，那就是他們的直覺；直覺給了他們其中一些人源源不絕的創意想法。他們想將這些想法全都表達出來。

猜猜看結果是什麼？你做不到。你必須挑選。什麼都要做是自負的表現，而且是很殘酷地在虐待你的身體。

我曾經做過這樣的夢——一群無頭、發光、無法阻擋的人把我抓住——到了早上，我想起一部迪士尼的動畫〈魔法師的學徒〉（*The Sorcerer's Apprentice*）。在這部動畫中，米老鼠扮成學徒，並且使用魔法讓一支掃帚活了起來，它做好主人要它做的差事：將蓄水池填滿。這不只是偷懶——米奇太自大，牠沒辦法慢慢做事或是在牠的身體極限內慢慢工作。但是米奇開啟了一件牠無法收尾的事。當水溢滿整個房間時，這支掃帚卻停不下來，於是米奇將它折斷，但是很快地，數百支無頭掃帚提著水，淹沒了在實踐自己絕妙想法的米奇。

米奇選擇當學徒是一件好事——牠通常可代表在我們文化中的一般人——樂觀進取、充滿活力。這種活力有它好的一面；它宣揚了一個信念：無論是個人還是一個民族，假如我們工作夠努力而且夠聰明的話，我們可以做任何事。任何人都可以成為總統或有錢人或是名人。但是這項優點的「陰暗面」或危險面向（所有優點都有一個陰暗面）就是：它使得生活變成一種不近人情的競爭。

均衡行動

你融入世界的程度或逃避它的程度多寡，答案因人而異，而且會隨著時間改變。我也了解，對大多數人而言，缺乏時間和金錢使得均衡行動難以達成。我們被迫要去做出選擇並且設定優先順位，但是因為高敏感族非常認真負責，所以往往會把自己放在最後，或者不像其他人那樣會給自己多餘的時間或機會去學習新技能。不過，事實上，我們需要更多時間與機會。

假如你屬於壓抑太過的人，有明顯的證據顯示，這個世界需要你和你細微的敏感度。假如你是衝過頭的人，同樣有明顯的證據顯示，如果你獲得充分的休息和休閒，那麼你會將職責表現地更加出色。

以下是我訪談的一位高敏感族所提供的明智建議：

你必須徹底了解這種敏感特質。只有在你容許的狀態下，它才會是個障礙或藉口。就我自己而言，當我太退縮時，會想要下半輩子都待在家裡。但是那是自我毀滅。所以我走出去接觸不同的世界，然後回來將它吸收消化。有創意的人，需要沒有人打擾的時間。但是他們沒辦法走太遠，當你遺世獨立時，你會失去現實感和適應能力。

年紀增長也可能讓你和現實脫節，導致你失去你的靈活度。你必須隨著年紀增加融入社會的時間。但是，隨著你的年齡增長，你也會散發出你的涵養。你的基本特質會變得更強烈，尤其如果你讓自己全方位發展，而不只是發展你的敏感特質的話。

要跟你的身體協調一致。你身體的敏感特質是很棒的天賦，你可以善用它。它可以引導你，而且你對它抱持開放的態度，會讓它變得更好。當然，敏感的人會想關上通往世界和通往他們身體的門。他們會變得很害怕。但你不能這麼做。自我表現是比較好的方式。

休息

嬰兒需要很多休息，不是嗎？高敏感的身體也是。我們需要各式各樣的休息。

首先，我們需要睡眠。如果你有睡眠困擾，那麼請把睡眠當作你的第一要務。針對長期睡眠缺乏所做的研究發現，當人們可以獲得他們所需要的充足睡眠時，只要花兩週的時間，就能達到不再顯示出睡眠不足徵兆的狀態（可以異常快速或是在任何黑暗的房間裡睡著）。假如你顯現出「睡眠不足」的徵兆，你必須定期規劃一些度假時間，什麼都不要做，想睡多久就睡多久。你將會驚訝地發現，原來你需要的睡眠竟是這麼多。

高敏感族如果是做晚班或混合輪班的工作，會做得比一般人差，而且他們的時差會恢復得比較慢。抱歉，這部分避免不了。所以你最好不要計畫，或者至少不要打算能享受跨越許多時區的短暫旅程。

假如失眠是個問題，你可以從其他地方找到大量的建議。甚至有一些專門治療失眠的機構。但是在此，有一些重點或許特別適用於高敏感族。首先，遵守你的自然韻律，當你一感到昏昏欲睡時，立刻就寢。對一個早起的人來說，這意謂著晚上要早點上床睡覺。而對於問題比較麻煩的夜貓子而言，則意謂著要盡可能晚睡。

睡眠研究人員通常建議人們，只讓自己的床跟睡覺產生關聯，而且如果睡不著的話就起床。但是我發現，如果高敏感族向自己承諾待在床上九個小時，只要閉上眼睛但是不必擔心是不是真的睡著，有時候反而會做得更好。因為有80%的感官刺激是經由眼睛來接收，所以只要閉上眼睛休息，就能讓你暫歇片刻。

不過，躺在床上卻醒著的問題在於，有些人會開始擔心，要不然就是他們的心思和臆想激發了自己的情緒。若是如此，最好的方法就是去閱讀。或者先起床，在你的心裡將問題從頭到尾思考一遍，並寫下你的想法或解決方法，然後再回到床上。在許多領域中，每個人都是獨一無二的，而且必須找出對我們有用的方法，睡眠問題就是其中一項。

不過，我們也需要其他類型的休息。高敏感族通常非常認真負責而且是完美主義者。我們要等到工作中所有的細節皆已完成後，才能「玩樂」。細節就像激發情緒的小針頭般在戳著我們。但那可能會讓我們難以放鬆以及開心起來。嬰兒／身體想要玩樂，而且玩樂會製造腦內啡以及其他好的改變，以消除壓力。如果你感到憂鬱、在其他方面太過情緒化、睡不著，或者顯現出其他失衡的徵兆，那麼你要強迫自己多安排玩樂。

可是什麼叫做樂趣？要小心別讓你世界裡的非高敏感族為你下定義。對許多高敏感族而言，樂趣就是讀一本好書、蒔花弄草、以他們自己的步調做事，或是在家安安靜靜地吃頓飯，慢慢地準備和用餐。尤其，在中午以前壓縮了十幾項活動，或許一點都不會讓你覺得有趣。或者也許在早上可以，但是下午就不行了。因此，你要計畫好一個脫困的方法。假如你跟某個人在一起，千萬要事先提醒他們，這樣當你中途離開時，他們才不會覺得受辱或受傷。

最後，當計畫一個假期時，要從機票或存款的角度來考量花費，以決定你是否想早一點回家或者不再上路，而是在一個地方停留。然後對於支付這筆花費，要提早做好心理準備。

除了睡覺和休閒之外，高敏感族也需要充分的「停工期」，純粹讓心情放鬆以及想想一天中發生的事。有時候，我們可以在從事日常例行事務時，譬如在開車、洗碗、整理花園時，讓自己停工一下。但是如果你發現了一些消除某些例行事務的方法，仍然會需要這個停工期。接受它吧！

然而另一種形式的休息，或許是最重要的，那就是「超然」——超越一切，通常是以冥想、沉思或禱告的形式進行。至少，你的一些超然時間的目的，應該是讓你脫離所有平常的思考，進入純意識、純粹的存在、純粹單一，或者與上帝合而為一的狀態中。即使你的超然達不到這種境界，但是當你回到現實世界中時，在你的生活中將擁有一個更廣大、更新穎的視野。

當然，睡眠也會帶你走出狹隘的思緒狀態，但是當我們在睡覺時，大腦是在一個不同的狀態中。事實上，每一種類型的活動都是在不同的大腦狀態下——睡覺、玩耍、冥想、禱告、做瑜伽——所以，混合是好的。但是務必納入一些冥想，以體驗純意識為目標，而且不包含身體的活動，不需全神貫注或是費力。這種狀態無疑是在心智仍然活躍時，提供最深沉的休息。針對超覺冥想（Transcendental Meditation）所做的研究發現，它的確會產生這種狀態，冥想者比較少表現出在上一章所描述的令人苦惱的長時間情緒激發（冥想者血液中的皮質醇也會下降）。彷彿冥想給了他們一些所需的安全感及內在潛能。

當然，你也要關注你所吃的東西以及是否獲得充足的運動。但是那是非常個人的事，而且有許多其他書籍會建議你做這些事。務必去認識通常能讓你身體平靜或充飢的食物，以幫助自己睡好覺。也要攝取充足的維他命和礦物質——例如鎂——它能影響壓力與過度激發。

假如你已習慣咖啡因，那麼除非攝取了比平常多一點的咖啡因，否則它可能跟激發你的情緒沒有特別的關聯性。不過，這對於高敏感族而言，會是一帖特效藥。如果只是偶爾使用的話，要格外小心，別以為它會提升你的表現，就像你周遭的人那樣。舉例來說，如果你是個早起的人，而且通常不喝含咖啡因的飲料，那麼在某天早上，在一場重要的考試或面試前喝了含咖啡因的飲料的話，它其實可能會因為激發了你的情緒，而使你表現得更糟。

過度激發的策略

一位好的照顧者會發展出許多安撫他／她的寶寶的策略。有些比較是心理上的；有些則是身體上的。任何一種方法都會改變另一種。所以，根據你的直覺來做選擇即可。任何方法都需要採取行動——起身、走到嬰兒身邊、做些事情。

舉例來說，你走進紐約的賓夕凡尼亞火車站，突然間不知所措，而且開始感到害怕。無論在心理上或身體上，你都必須做些事情讓你的嬰兒／身體不會心煩意亂。在這個案例中，在心理上克服恐懼和煩亂，可能會是個好主意：這不是一個充斥著危險陌生人的喧囂地獄。這只是你以前去過的許多火車站的放大版，擠滿了想要前往目的地的正常人，而且只要你開口發問，有很多人都會願意來幫助你。

以下是一些其他的心理學方法，在處理過度激發情緒方面頗有助益：

- 重建情境。
- 透過每天的練習，重複一句話、一句禱告文，或是聖歌，讓你跟深層的內在平靜有所聯繫。
- 目擊你的過度情緒激發。
- 愛上這個情境。
- 愛上你的過度情緒激發。

在重建時，要注意哪些是熟悉和友善的；哪些是你曾經成功處理過，而且是類似的事件。當重複唸誦聖歌或禱告文時，假如你的心思又跑回讓你情緒過度激發的事件上，記住千萬不要氣餒和停止。你還是會比你不做這件事時更平靜。

當目擊時，想像你正站在一旁看著你自己，或許正在跟一位虛構的安慰者談論你自己。「又是小安，她已經受不了，快要崩潰了。我真的了解她的感受。當然，當她處於這種狀態時，無法立即看得更遠。但到了明天，當她休息過後，她又會對工作充滿熱情。她只是現在必須要休息一下，無論看起來有哪些必須完成的事。一旦她休息過後，事情就會變得順利。」

愛上這個情境聽起來相當油腔滑調，但是卻很重要。一個寬大、懂得愛，對整個世界都抱持開放態度的心靈，跟緊緊壓縮、過度激發情緒的心靈恰恰相反。而假如你無法愛上這個情境的話，那麼最至關重要甚至是更要緊的事，就是愛上這個處於無法愛上這個情境之狀態中的你。

最後，別忘了藉由音樂的力量來改變心情（你認為軍隊為什麼要有樂隊和吹號手呢？）但是要注意，大多數高敏感族都會受到音樂強烈的影響，所以正確的選擇很重要。當情緒已經被激發時，你不會想因為充滿情感的音樂或是跟重要回憶有關的事物（在情緒激發不足的情況下，大多數人對這段音樂不會有太大的感覺），而讓自己的心情產生更大的波動。如泣如訴的小提琴聲在這種時候就應該退場。而且，當然，因為任何音樂都會增加刺激，所以只有當它似乎能撫慰你時，才去使用它。聽音樂的目的是要讓你分心。有時候你必須要分散心思；但其他時候，你必須要全神貫注。

但是因為我們正在談論身體，所以嘗試運用身體的方式，或許同樣是一個好主意。以下列出一些純屬身體的策略：

- 逃離該情境！
- 閉上眼睛，排除一些刺激。
- 經常休息。

- 走出戶外。
- 用水將壓力帶走。
- 散步。
- 讓你的呼吸平順。
- 調整你的姿勢，讓你感到較放鬆和有自信。
- 動起來！
- 輕輕地微笑。

讓人驚訝地是，我們往往會忘記，只要採取行動，就能脫離一個情境。或是休息一下。或者把這個情境——任務、討論、爭執——帶到戶外。許多高敏感族發現，大自然能撫慰內心深處。

水對許多方面都有幫助。當情緒被過度激發時，可以持續不斷地喝水——每個鐘頭喝一大杯水。走到水邊，注視它，聆聽它。如果可以的話，走進水裡，洗個澡或游泳。熱水池和溫泉會受歡迎，不是沒有原因的。

散步也是一種簡單的抒壓工具。熟悉的節奏具有鎮靜的效果。緩慢呼吸的律動也是，尤其是從你的腹部呼吸。稍微用力慢慢吐氣，就好像要吹熄蠟燭一般，然後你就能自然地從腹部吸氣。或者只是關注你的呼吸——這個老朋友將讓你平靜下來。

我們的心智常常會去模仿身體。例如，你或許會注意到，你走路時身體有點前傾，就好像急忙衝向未來一樣。以你的身體中心來平衡自己。或者你可能會彎腰駝背、頭垂得低低的，就好像背了重擔一樣。抬頭挺胸，把重擔拋開吧！

把你的頭埋進聳起的兩肩之間，可能是你在睡覺和醒著時最喜歡的姿勢，這是在潛意識中試圖自我保護，以避免刺激的打擊和過度激發的衝擊。相反地，你應該讓自己伸展開來。當站立時，仰起你的頭，將肩膀往後拉，將你的上半身立於軀幹和雙腳的中心，如此一來，其重量毫不費力地就會達到平衡。經由你的雙腳感覺實實在在的土地。膝蓋微彎，並從腹部深呼吸。感覺你身體的強固中心。

試著創造出一些某個人正處於平靜自若狀態的動作和姿勢。後傾、放輕鬆。或者起身走向吸引你的事物。讓「前進系統」啟動。或者像某個憤怒、高傲的人那樣地行動。揮拳。怒目而視。收拾你的東西準備走出去。你的心智將模仿你的身體。

以你想要感覺的方式來克制自己以及行動，是極為重要的。情緒過度激發的高敏感族通常會以「原地不動」取代「戰鬥或逃跑」的反應。放鬆的姿勢以及自由運動，可以破除這種麻木的緊張狀態。或者如果你就是感到慌亂不安的話，那麼，就停止不動。

該笑一笑嗎？或許就只是給自己一個笑容。你為什麼要笑，其實並不重要。

你生命中的容器

另一個了解上述所有建議的方法，就是回想在本章一開頭所說的，你要去領會，你的嬰兒／身體最初而且依然是最基本的需求，就是被環抱和保護，以免受到過度刺激。有了那個強大的後盾，你便可以走出去探索，因為好的照顧者的臂彎，是讓你感覺安全無虞的避風港。

假如你仔細思考，會發現你的生活充滿了這類安全的容器。有些是具體的——你的房子、車子、辦公室、住宅區、一棟鄉間小屋、某個山谷或山頂、一座森林或一段海岸線、某些衣物，或是某些喜愛的公共場合，譬如教堂或圖書館。

有些最重要的容器，則是你生命中寶貴的人：配偶、父母、子女、兄弟姊妹、祖父母、密友、心靈導師或治療師。而且還有比較抽象的容器：你的工作、美好時光的回憶、某些你無法再見到但卻活在你回憶中的人、你內心深處的信仰和人生哲理、祈禱或是冥想的內在世界。

實質的容器似乎可能是最可靠的和最珍貴的，尤其是對嬰兒／身體自我而言。不過，真正最可靠的，其實是抽象的容器。有許多形形色色的人在極大的壓力或危險之下，會藉由躲避到這類容器中，來維持神智清明。不管發生什麼事，沒有任何事物或人，可以從他們身上拿走他們個人所有的愛、信念、創意思考、靈修，或是心靈鍛鍊。逐漸成熟、變得有智慧的一部分，就是將愈來愈多的安全感，從具體容器轉移到抽象容器中。

或許最重要的成長，是我們能將整個宇宙想像成是我們的容器，我們的身體就是這個宇宙的縮影，沒有界限。這點或多或少具有啟發作用。但是我們大多數的人，有一段時間會需要比較有限的容器，即使我們正開始學習在必要時設法應付抽象的容器。事實上，只要我們擁有肉身，無論是否受到啟發，都需要一些具體的安全感，或者至少是恆常的觀念。

最重要的是，如果你失去了一個容器（或者更糟，好幾個），那麼你要接受，你將感到特別脆弱和不知所措，直到你能調適為止。

界限

界限顯然是一個與容器息息相關的概念。界限應該要有彈性，讓你想要的東西進來，不想要的就排除在外。你希望始終一視同仁，避免將任何人拒於千里之外。而且你想克制任何想要融入其他人的衝動。這麼做可能沒什麼不好，但是長期下來，卻是行不通的。你將失去你所有的自主性。

許多高敏感族告訴我，對他們而言，一個很大的問題就是界限不明——被牽扯在一個與他們不太相關或者不是他們的問題的情境中、讓太多人煩擾他們、說太多不想說的話、陷入其他人的麻煩事中、太快或跟不對的人變得太親密。

這裡有一條重要法則：界限需要練習！將設定好界限當作是你的目標。這是你的權利、你的責任、你的自尊心最大的來源。但是當你出差錯時，也別太苦惱。只要留意你進步了多少即可。

擁有好的界限除了其他理由之外，你也可以利用它們來排除刺激。我認識一些高敏感族（尤其是一位從小在過度擁擠的都市住宅計畫中長大的高敏感族），他們可以任意把它們環境中幾乎所有刺激都排除掉。這是相當便利的一個技巧。不過，「任意」是重點。我並不是指非自願的脫離或「隔離」。我說的是，選擇排除人聲以及其他你周圍的聲響，或者至少降低它們對你的影響。

所以，想要練習看看嗎？請坐在一台收音機旁。想像在你周圍有某種界限將你不想要的事物排除在外——或許是燈光、能量，或是有一位可信賴的保護者在場。然後打開收音機，但是不接收收音機傳出來的訊息。你或許仍然會聽到語音，但是拒絕讓它們進入你心裡。過一會兒，關上收音機，然後想一想你剛才的體驗。你能允許自己排除掉廣播聲嗎？你能感覺到界限嗎？如果不行，改天再練習一次。會有所進步的。

嬰兒／身體發出的訊息

1. 請不要叫我處理超過我能力所及的事。當你這麼做時，我會感到無助，而且會遍體鱗傷。拜託、拜託，請保護我。

2. 我天生就是如此，無法改變。我知道，你有時候會認為，一定是某個可怕的東西把我變成這樣，或者至少把我變得「比較糟」，但是這點應該讓你更加同情我。總之，我就是會這樣。不管怎樣，請不要因為我的樣子而責罵我。

3. 我是很棒的——我讓你察覺和感覺到更深層的自己。我真的是你身上最好的部分之一。

4. 請儘量常常來探視我，並且適時地照顧我。那麼，當你做不到時，我相信至少你嘗試過，我也就不會痴痴地等。

5. 假如你一定要讓我等待著休息時間，請客氣地詢問我這樣是否可以。如果你生氣而且試圖強迫我的話，我只會更痛苦和更令人頭痛。

6. 別聽信人們說你寵壞我了。你了解我。應該由你自己決定。沒錯，有時候放我獨自哭泣到睡著，我或許會表現得更好。但是請相信你的直覺。有時候你知道我太過煩躁不安，所以不該留我獨處。我真的需要體貼周到、規律作息，但是我沒那麼容易被寵壞。

7. 當我疲憊時，我需要睡眠。即使我看起來完全清醒。規律的時間表以及在上床之前平和的作息，對我很重要。否則，我會清醒地躺在床上，情緒激動好幾個鐘頭。我需要很多時間待在床上，即使是清醒地躺著。我可能在白天也需要躺下來休息。請讓我好好睡個覺。

8.多了解我一點。譬如，鬧哄哄的餐廳讓我感覺很荒謬——怎麼會有人在這種地方吃飯呢？我對這類事情有很多感受。

9.請給我簡單的玩具和不複雜的生活。千萬別在一週內帶我去參加超過一場以上的派對。

10.或許在經過一段時間後，我會習慣任何事物，但是太多突然的改變，會讓我什麼都做不好。請先計畫一下，即使你身邊其他人可以做得到，而你不想成為累贅。讓我慢慢來。

11.但是我不希望你溺愛我。我尤其不希望你認為我體弱多病或是積弱不振。如果適性而為的話，我會非常聰明又強健。我當然不希望你成天在我上方打轉，擔心我。或是為我找一大堆藉口。我不想被看成是一個麻煩鬼，對你和對其他人都一樣。最重要的是，你是大人，我倚賴你設法做到這些事。

12.請不要忽略我。愛我！

13.還有，喜歡我。原來的我。

❖接收從你的嬰兒／身體自我所發出的第一則建議

選一個你沒有急事要辦，而且不會被打擾的時間，而且你感覺心裡踏實，準備好要自我探索。下列方法可能會帶給你強烈的感覺，所以如果你開始感到不知所措時，就放慢速度或是先就此打住。這些方法也可能會因為一些抗拒，而導致你思緒遊移、身體感到不適或困乏，所以不易做到。若是如此，沒關係，這是正常且挺好的。嘗試一點一點做，並且去體會所發生的任何事。

第一部分

先閱讀下列指示，盡可能記住，那麼當你在進行時，就不必頻頻再回頭看了。

1. 像個嬰兒般蜷縮起來，或是趴睡或仰睡——找出你認為最舒服的姿勢。
2. 從大腦思考轉變成由你的身體去感覺情緒，就像一個嬰兒一樣。為了有助於做到這點，你要從你的身體中心、你的腹部非常有意識地呼吸整整三分鐘。
3. 呼吸完之後，讓自己變成一個小嬰兒。你認為無法記得，但是你的身體會記得。從天氣的畫面開始，就像本章一開頭的例子那樣。大致上是風和日麗，還是狂風暴雨呢？

或者從你有意識的最初記憶開始，即使年齡大一點也沒關係。當一個擁有稍微大一點的孩子之理解力的嬰兒也不錯。例如，這個稍微大一點的孩子可能確知最好不要用哭鬧來尋求協助。獨處是最好的方式。

4.特別注意，你是一個高敏感的嬰兒。

5.留意你最需要的事物。

第二部分

現在或是稍後……再次強調，先閱讀所有的指示，這樣你就不必一直回過頭去重讀，那會讓你分心。

1.想像一個大約六週大的漂亮寶寶。真的很小。欣賞它的可愛和稚嫩。你會發現，自己會願意盡一切所能，來保護這個孩子。

2.現在你意識到，這個美麗的寶寶是你的嬰兒／身體自我。即使這個寶寶比較像你最近看過的某個小嬰兒，但這是你想像出來的寶寶。

3.現在，看著你自己開始啜泣和躁動不安。有點不對勁。問問這個寶寶。「我可以為你做什麼？」並且用心傾聽。這是你的嬰兒／身體在說話。

不必擔心這「只是你虛構出來的」。當然，這是虛構的沒錯，但是你的嬰兒／身體自我也被包含在這個「虛構」中。

4.回應它，開始對話。假如你預見了難以滿足這個嬰兒需求的困難點，就提出來討論。假如你對某件事感到抱歉，就予以道歉。假如你覺得生氣或難過，這對於你了解自己與這個寶寶之間的關係，也是好事。

5.別遲疑重複去做這個練習中的任何一個部分，或是以不同的方式進行。舉例來說，下次只要對你的嬰兒／身體自我敞開心胸，無論在什麼年紀或是在何種情境下，他或她都會想要出現。

第四章

重建你的童年與青少年時期

學習當自己的父母

在本章中，我們將開始重新思考你的童年。當你讀到關於敏感兒童的典型經驗時，你自己的兒時回憶將會回來。但你是透過全新的角度在看它們，因為對自己的特質有了新的認識。

這些經驗很重要。就像一株植物，那種被深埋進土裡的種子——你天生的氣質——只是故事的一部分。土質、水和陽光，也會深深影響長成後的植物，也就是現在的你。假如成長的條件非常糟糕，那麼葉子、花和種子就幾乎不會長成。孩子也是一樣，假如你為了生存必須表現出不同的行為，你就不會把你的敏感特質暴露出來。

當我開始研究時，我發現有「兩種」高敏感族。有些說他們有憂鬱和焦慮的問題，有些則幾乎完全沒提到這些感覺。這兩組的差別相當明顯。之後，我發現憂鬱和焦慮的高敏感族幾乎都有問題童年。有問題童年的非敏感族並未顯現出如此高比例的憂鬱和焦慮。但是有健全童年的高敏感族也沒有。值得注意的是，高敏感族以及一般大眾不該將高敏感與「神經質」混為一談，「神經質」包含了某些類型的極度焦慮、憂鬱、過度依附，或是逃避親密感，而且通常是因為問題童年所致。沒錯，我們有些人一生中會拿到兩副牌——高敏感以及神經質——但這兩件事不能相提並論。將敏感與神經質以及童年創傷的影響混為一談，是對高敏感族產生一些負面刻板印象的原因之一（人們認為我們天生就是焦慮、憂鬱等等）。所以，讓我們一起努力來導正它。

問題童年對高敏感族的影響，之所以會多過對非高敏感族的影響，是很容易理解的。高敏感族比較容易看見一個險惡經驗裡的所有細節和所有意涵。但是童年的影響很容易被低估，因為，有很多重要的事情，都是在我們有記憶之前就發生了。此外，有些重要的事實在太令人苦惱，所以刻意被遺忘了。如果照顧你的人變得憤怒又危險，那麼你的意識心（conscious mind）就會將這則資訊埋藏起來，因為太可怕而不想要承認，甚至同時間你的潛意識也會發展出強烈的不信任態度。

好消息是，我們可以致力扭轉任何負面的影響。我曾經看見高敏感族做到這一點，而且擺脫了大半的憂鬱與焦慮。但是這需要花點時間。

不過，即使你的童年很美好，身為一位高敏感族或許並不輕鬆。你會覺得自己與眾不同。你的父母和老師，即使在許多方面都很優秀，也不知道該如何應付一個敏感的孩子。並沒有太多關於這項特質的資訊，但是他們卻緊張地要把你變「正常」，回到理想狀態。

最後，要記得一個重點：敏感的少年時期和少女時期相當不同。因此，在本章中，我會經常停下來，指出你的經驗可能會隨性別而出現哪些差異。

瑪莎，一個聰明的逃避型小女孩

瑪莎是一位六十多歲的高敏感族，她來找我做心理治療已有好幾年了，她希望了解自己的一些「天分」。她在四十幾歲時，成為一位詩人和攝影師，六十歲時，她的工作贏得相當高的推崇。

雖然她的故事有某部分是痛苦的，但是她的父母親基本上已經盡了最大的努力。而且她將自己的過去處理得很好，並且繼續從中學習，無論是在內心或是透過她的藝術創作。我認為假如你今天去問她，她快樂嗎？她會說「是」。但是最重要的是，她的智慧在穩定增長。

瑪莎家中有六個小孩，她是老么，父母是移民，他們在中西部的一個小鎮上過著僅可餬口的生活。瑪莎的姊姊回憶說，他們的母親每次在知道自己懷孕時，都會啜泣。瑪莎的阿姨們記得她的母親，也就是她們的姊妹，總是處於極度的憂鬱中。但是瑪莎卻不記得她的母親因為悲傷、憂鬱、疲憊或是絕望而慢下腳步。她是一位無懈可擊的德國家庭主婦，而且是一位虔誠的教徒。類似地，瑪莎的父親也總是在「工作、吃飯、睡覺。」

孩子們並不覺得不受疼愛。他們的父母只是沒有時間、精力或是金錢付出關愛、聊天、度假、幫忙做家庭作業、傳授知識，甚或是送禮物。這一窩六隻小雞，就像瑪莎有時候會描述她自己和其他孩子一樣，大部分都是自己照顧自己長大的。

在你上一章讀到的三種依附類型中——安全型、焦慮型和逃避型——瑪莎的幼年要求她逃避。她必須成為一個不需要任何人的小孩，她要儘量少製造麻煩。

小瑪莎、高敏感族、跟大野獸同床共枕

在瑪莎兩歲之前，家裡睡床的安排是把她跟三個哥哥放在同一張床上。唉，結果他們用他們的小娃娃妹妹來做性實驗，就像無人監督的孩子有時會做的事那樣。兩歲後，她搬到姊姊的房間。她只記得「我終於覺得晚上安全一點了。」但是她依然是其中一位哥哥殘酷、公然性騷擾的目標，直到她十二歲為止。

瑪莎的父母親從來沒有注意到這些事，而且她相信，如果她把哥哥們告發出來，她的父親會殺了他們。宰殺是生活中的一部分。似乎有可能發生。瑪莎回想起，自己被家裡平常在後院剁下雞頭的情景，以及家人對於這種生活中之必然事件漫不經心、冷酷無情的態度給震驚了。所以她把家裡的孩子看成是一窩小雞，是有額外的意義的。

除了性的折磨外，瑪莎的哥哥也喜歡戲弄和嚇唬她，就好像她是他們專屬的玩具一

般。不只一次，他們害她嚇到昏厥過去（高敏感族會成為這類好目標，因為我們的反應會非常強烈）。不過，福禍總是相倚的。因為她是哥哥們特別的玩物，所以她也會被帶到一些地方或體驗到自由，這些是在那時候的女孩們通常不會有過的經歷。她的哥哥們非常堅強獨立，她喜歡這點勝過她母親和姊姊們的被動，所以他們是她的角色典範——對一個敏感的小女孩而言，這在某些方面是一個珍貴的經驗。

對瑪莎而言，最佳的依附是跟其中一位姊姊在一起，但是瑪莎十三歲時，這位姊姊就過世了。瑪莎回憶當時她躺在父母的床上，凝望著空中，等待姊姊的消息。她的父母告訴她，如果他們一小時內沒有打電話回家，那就表示她的姊姊過世了。瑪莎回想當時鐘在整點報時之後，她撿起一本書接著讀下去。這裡可以看到另一個切斷依附的課題。

化身小仙女的瑪莎，在雞籠裡的瑪莎

瑪莎的第一個記憶是全身赤裸躺在陽光下看著塵埃，她對這樣的美景感到驚奇——她記得她的敏感是快樂的來源。她的一生中一直都是如此，尤其現在它可以被表現在她的藝術創造中。

要注意的是，在她最早的記憶中，沒有其他人出現。很類似地，她的詩作和攝影作品通常都是關於事物，而不是關於人的。她的作品常常會有房子的畫面——門窗總是緊閉著。在她的一些作品中，揮之不去的空虛感說中了我們每個人不為人知的經歷，尤其是幼年時期教我們要避開親密關係的經歷。

有一張照片是她在治療期間拍攝的，一群雞在畫面的前景，影像十分清晰（讓人想起雞對瑪莎的意義）。細鐵絲養雞網和一個像監獄般的雞籠門框則比較模糊。整張照片中最模糊的，是在雞籠漆黑的門裡，一群衣衫襤褸的孩子們的恐怖畫面。在她的藝術創作中，另一個重要的影像是來自於一個夢境，夢中有一個鮮豔、愛生氣的小仙子，她住在一座祕密花園裡，而且從不讓任何人進入。

瑪莎曾經無法自拔地吞下食物、酒精以及各種藥物——數量在過度的邊緣。但是她夠聰明，不會衝過頭，她有非常務實的性格，而且智商超過135。有次在夢中，她推著一個饑腸轆轆、生氣的小嬰兒經過一間擺滿食物的宴會廳，但是小寶寶卻一個都不想吃。我們發現這個寶寶極度渴望愛與關心。就像飢餓的雞一樣，當無法獲得所需要的食物時，我們就會以能夠找到的食物來餵飽自己。

高敏感族與依附

在前幾章，我們學到了你對照顧者依附的重要性，而那照顧者通常是你的母親。不安全的依附型態將會持續一輩子，除非這個人在成年期與某個人，譬如伴侶或在長期的心理治療中，產生非常安全的依附關係。非治療的關係有時無法承擔消除童年不安全感（逃避親密感或是想融入人群的衝動和害怕被遺棄）的任務。同時，即便你不知不覺走入現實世界尋找渴望已久的安全感，若經驗不足的話，往往會重複同樣的錯誤，一再地選擇那種讓你沒安全感的同樣熟悉的那種人。

雖然我發現，與非高敏感族相較，有較多的高敏感族在成年時稍微傾向展現出某種非安全依附型態，但這並不表示是這項特質製造了這種情況。它有可能是反映出，一個敏感的孩子比較會去留意在任何關係中細微的線索。

身為一位高敏感族，關於另一個人，你最重要的課題之一，就是是否該期待對方幫助你克服過度激發，還是讓你攝取過量。每一天都是一門課。

史登在他的《寶寶日記》（第二章曾提及）中舉了一個例子，說到母親與虛構的喬伊之間有個「臉部二重奏」。媽媽輕柔地對寶寶說話，並把臉湊近，然後後退，喬伊微笑，然後大笑，促使這個遊戲繼續進行。但是最後，遊戲變得太劇烈了。在這些過度激發的時刻，史登筆下虛構的喬伊切斷了眼神接觸，轉移視線，有效地中止情緒激發。史登再度使用天氣的比喻，母親就是在孩子上方吹拂的風。所以，當喬伊不知所措時，史登想像出這段文字：

她接下來的一陣狂風朝我衝過來，泛起了一個空間和聲音。它正對我而來。它襲擊我。我試著迎向這股力量，跟著它跑，但是它把我嚇到骨子裡去了。我在發抖。我的身體動不了。我遲疑了一下，然後轉換方向。我背對著她的風。然後我滑進平靜的水裡，孤單一人。

這段文字對現在的你應該再熟悉不過了——喬伊正在嘗試達到第一章所描述的最佳情緒激發程度。那些照顧寶寶的人通常會察覺到這點。當一個寶寶焦躁不安和無聊時，他們就會發明像「臉部二重奏」這樣的遊戲，或是比較能激發情緒的事物，譬如扮怪臉或是一邊慢慢地靠近這個孩子一邊說：「我要抓到你囉。」開心的尖叫聲對大人是一個很大的回饋。而且大人可能會認為，把小孩逼到極限，對其自信心和適應力會有所助益。不過，當孩子表現出痛苦時，大部分的大人就會停止。

現在來看看我所虛構的高度敏感的傑斯。在玩臉部二重奏時，可能沒有太大的差別，只是比較平靜、比較短暫。傑斯的母親為了讓傑斯保持在舒服的範圍內，所以會調整她的玩法。

但是當其他人的手碰觸傑斯的時候，則又是什麼情況？萬一他的姊姊或是爺爺把這個二重奏遊戲玩得有點劇烈呢？要是當傑斯轉移他的視線時（這是他喘口氣暫時休息的方式），他的姊姊靠得太近，使得他們又再度面對面時該怎麼辦？或者她把傑斯的臉又轉回來呢？

或許傑斯會閉上他的眼睛。

或許他的姊姊會把嘴巴湊近傑斯的耳邊，然後尖叫。

或許爺爺會抱起他並且搔他，癢或是將他拋到空中好幾次。

傑斯對他的激發程度完全失去控制。傑斯每一次的嚎叫都會被合理化為：「他喜歡，他喜歡——他只是有一點害怕。」

令人困惑的問題——你「喜歡」嗎？

你是否曾把自己設想成傑斯？多麼令人困惑的狀況啊！你情緒激發的源頭，竟完全不在你的掌控中。你的直覺告訴你，平時對你有益的另一個人，現在根本沒幫助。然而這個人卻在大笑，很開心，並期待你也是。

這就是為什麼即使到現在，你還是覺得很難知道自己喜歡什麼和不喜歡什麼，以及如何區分這些事和其他人喜歡對你做的事，或是跟你一起做的事，或是認為你應該喜歡做的事。

我記得曾經有一次，我看到兩位狗主人帶著小狗去衝浪，並且把狗扔進深水裡。狗主人張開雙臂等待牠們，即使會一再如此被對待，小狗還是拚命地游向主人。這或許不只是不想溺死的唯一方法，主人的雙臂也提供了牠們一直都知道的所有安全感和食物。所以牠們瘋狂地搖著尾巴，而我猜想，牠們的主人知道牠們想要什麼，而且會認為這兩隻狗喜歡這個「遊戲」。或許不久之後，連這兩隻狗自己都不確定自己是否喜歡了。

另外，有一位高敏感族最早的記憶，是關於在一次家庭聚會中，大夥兒在玩「小餡餅、小餡餅」（patty-cake, patty-cake）的遊戲，而她被當成假想的「生麵團」。雖然她哭著懇求她的父母說她不想玩，但是這個兩歲的小女孩還是被一個接一個的陌生人傳了一圈。當她再次體驗伴隨著這個記憶長期壓抑的感覺時，她領悟到，這件事（以及其他她可能完全壓抑的情況）留給她一個無助的恐懼感，她害怕被選中、害怕身體被以任何方式控制住，以及害怕她的父母親不保護她。

底線就是在幼兒時期，你要不就是學會去信任另一個人，以及一般的外在世界，要不就是沒學會。假如你學會了，你的敏感依然在，但是你幾乎不必擔心會陷入令人苦惱的長期情緒激發中。你知道該如何應付它；它似乎在你的控制之下。假如你要求其他人停止做某件事，他們照做了，那麼你便知道，你可以相信他們會幫助你，而不會讓你負荷不了。另一方面，假如你的早期經驗並未建立出這種信任感，那麼就可能會開始出現長期的害羞、焦慮或是社交逃避。信任不是天生的，而是學習而來的。

這種不是／就是的效應，並非是相當精確的——在某些情況下，你可能會比在其他情況下更能夠學會信任。但可以肯定的是，兒童在兩歲前所適應的整體策略或者對這個世界的心智表徵，可能會相當持久。

有美好童年的高敏感族

順帶一提，有幾個理由，可以預期許多高敏感族擁有超乎尋常的美好童年。印第安納大學的心理學家葛溫．莫特托（Gwynn Mettetal）在研究如何對「可能具有氣質問題的」之孩童的父母提供最佳幫助。她注意到，大多數父母都會努力嘗試去了解他們的孩子，並且以正確的方式來養育他們。一個敏感的孩子對於這些好的意圖的理解，會造成一種比尋常更強烈的被愛感覺。

高敏感兒童的父母親與他們的孩子之間，往往會發展出特別親密的連結。他們的溝通會更細膩，在現實世界中的傑出成就也更具意義。如果某個足球隊員是一位高敏感族，那麼「媽，你看——我踢進一球！」這句話對於父母親和教練而言，便顯現了全新的意義。而且因為這項特質是天生的，你雙親的其中一位很可能會對你非常了解。

位於舊金山的加州大學醫學院所做的研究發現，「對壓力高度敏感」的兒童如果身處於壓力之下，比較容易受傷和生病，但是當不在壓力下時，其實比較少受傷和生病。因為壓力會大大受到兒童對依附的安全感以及家庭生活影響，所以我認為，可以大膽假設，具有安全依附類型的高敏感兒童，身體也非常健康。這點很有趣，不是嗎？

最後，即使你的父母親實行了善意忽略，你還是可以得到足夠的愛，而且也被允許有充足的空間靠自己健康成長。也許虛構的人物、書本裡的角色，或者單是大自然本身，就足以讓你平靜並且給你支持；你的特質可能會讓你比其他孤僻的孩子更加快樂。或者你的直覺以及許多好的本性，可以把你帶到其他更健康的親密關係中，譬如與一位親屬或老師間的關係。跟對的人在一起，即使只有一小段時間，也會讓一切變得不同。

假如你的家庭不是普通的麻煩，你也應該要知道，你的特質可以保護你不會像另一個孩子那樣涉入那麼多，或是被一團混亂搞得七暈八素。而開始自療時，你的直覺在這個過程中將會幫助你。研究依附的人發現，我們多半會把我們有過的相同經歷傳授給孩子，但是絕對會有例外，而例外的，就是那些已治癒自身最嚴重的童年創傷的大人。不可否認過程是痛苦的，但假如你盡力而為，那麼你也可以成為其中一員。我們將在第八章再次討論這個主題。

進入外在世界的新恐懼

當你接近入學年齡時，你的敏感特質就會有新的任務，並且以新的方式幫助你或阻礙你。就像第二章裡的羅柏一樣，接觸到又大又廣的世界，將進一步刺激你的想像力，你會特別注意要如何避開其他人，而且生活中很微小的美好，就會帶給你很大的快樂和讚嘆。當你的敏感遇見一個更大的世界時，也可能產生「不合理」的新恐懼和恐慌症。

在這個年紀，因為種種原因，恐懼可能會增加。首先，有一個簡單的調節作用：當你受到過度激發時，我們身邊任何的事物都會變得跟過度激發有關，而且因此變成你更害怕的事物。其次，你或許已清楚別人對你有多少的期待，對你的遲疑又有多麼不了解。第三，你的敏感式調頻「天線」可偵測到別人身上所有的感覺，即便他們不想讓你或他們自己發現那些情緒。因為那些感覺有些很嚇人（假使你要仰賴這些人維生的話），所以你可能會壓抑你對他們的了解。但是你的恐懼依然存在，而且會表現出更加「不合理」的恐懼。

最後，敏銳察覺到其他人的不舒服、不贊同或是憤怒，可能會讓你盡可能正確無誤地快速遵循每一條規則，以防犯錯。不過，隨時都要保持良好狀態，意謂著要忽略你許多正常人的感覺——惱怒、挫折、自私、暴怒。因為你是如此渴望去取悅他人，所以其他人可能會忽視了你的需求，事實上，你的需求往往比其他人的需求更重要。這只會更激起你的怒氣。但是這樣的感覺或許太嚇人，所以你將它埋藏起來。擔心它們會突然爆發，變成另一個「不合理」的恐懼以及夢魘的源頭。

最後，對許多高敏感族而言，父母親在三歲前對你們的敏感所表現出的耐性，現在會愈來愈薄弱。他們希望它會隨著你的年齡增長而消失。可是當送你入學的時間到來，他們知道這個世界不會對你太親切，於是可能會開始責怪自己過度保護你，並且展開一項行動計畫，要把你逼得更緊一點。或許他們甚至會尋求專業協助，給你一個更強烈的訊息說：你出了問題。上述種種，也可能在這個年紀增加你的焦慮。

敏感小男孩的問題

高敏感族的男女比例似乎一樣多。但是之後，你的文化會把你揪出來。我們的文化強烈認為，不該有太多男性和女性出現這種舉止。

這個議題對我們而言很重要，幾乎到了可笑的地步。有位同事告訴我以下這個非正式的社會心理學實驗：有一位新生兒被留在公園裡跟一位陪伴者在一起，當路人問起時，她聲稱是自己同意跟寶寶坐在一起一會兒，而且並不知道寶寶是男孩還是女孩。每個停下來欣賞寶寶的人都相當苦惱，他們無法辨別寶寶的性別。有些甚至提到要脫下寶寶的衣服察看。有其他研究解釋為什麼性別如此重要：因為人們對待男寶寶和女寶寶的方式，通常會相當不同。

性別與敏感被廣泛地混為一談，是很有趣的事。男人不應該敏感，女人卻應該。而且這個觀念全都從家中開始。研究顯示，「害羞」的小男孩會比較不受到他們的母親喜愛，研究人員的說法是，「可以被解釋成是受母親價值觀體系的影響。」人生竟然是這樣的開始！害羞的男孩也會從其他人身上得到負面反應，尤其如果這個男孩在家中脾氣也很溫和的話。

敏感的小女孩——母親的特別伙伴

跟害羞的男孩相反，被視為害羞的女孩，往往跟她們的母親相處融洽；她們是好孩子。問題是，敏感的女孩可能被過度保護。在一個敏感的女兒身上，一個母親可能會發現她夢寐以求的孩子，也就是將來不會、應該不會而且不能夠離開家的孩子——這些全都削弱了敏感的小女孩想去探索和克服其恐懼的本能欲望。

每個年齡層的女孩都會因為她們母親對待她們的負面態度——批評、拒絕、冷漠——而表現出較多負面的效應（包括離群索居）。這對於敏感的女孩而言，或許更是如此。此外，父親常常忘記要幫助女兒克服恐懼。最後，整體而言，小女孩受到父母親雙方的影響會比較多，好的影響或壞的影響皆有。

讀完上述這些內容，現在該來想想，你要以何種方式成為你自己另一種不同的父母。首先，我們來做「你是如何因應過度激發的威脅」的自我評量。

你是如何應付過度激發的威脅

勾一勾以下的敘述，雖然它們看起來前後矛盾。只要勾選適用在你身上的，每一題的答案都與上一題無關。

當我害怕嘗試某樣新事物、瀕臨過度刺激，或被過度激發時，我通常會

___ 試圖逃離這個情況。

___ 尋找控制該刺激的方法。

___ 期盼能夠以某種方式來忍受它。

___ 感覺到愈來愈強烈的恐懼感，害怕現在每一件事都可能會出錯。

___ 找出某個我可以信任的人來幫助我，或者至少把這個人記在心中。

___ 遠離每個人，這樣至少沒有人會火上加油。

___ 嘗試跟其他人在一起——朋友、家人、一群我熟識的人——或是上教堂、上課、到公共場所走走。

___ 無論我會錯失什麼，我發誓要更加努力嘗試避免這種情況以及類似的每件事。

___ 抱怨、生氣、採取必要行動來揪出罪魁禍首，讓它們不再令我苦惱。

___ 集中精神讓自己平靜下來，並嘗試一次只做一件事。

你自己的方法：______________________________

這些做法都有它們的重要性——即使是恐懼，也能鼓勵我們去行動。但是有些做法顯然比較適合某些情況，而不適合其他情況，所以保持彈性是關鍵。假如你打的勾少於三個，那麼你應該再看一次這張表，並思考採取更多行動。

是誰教你這些方法的？可能發生過哪些事，讓你無法採用更多方法？理解童年對你的應付反應所造成的影響，可以幫助你發現哪些仍然有用，哪些已不需要。

成為你自己另一種不同的父母

有些情況會引起過度刺激的反應，是因為它們太劇烈，或是時間太長。你身體裡的小孩無法承受煙火，無法在嘉年華會中多待一小時。閱讀上一章，應能幫你在你的嬰兒／身體受夠時，認真地對待它。但是有時候，它其實可以做得很好，但是卻害怕即將發生的事，譬如看煙火或是坐摩天輪。當新的情況引起過度刺激時，因為你對它們不熟悉，而且不熟悉的事物在過去曾變得讓你苦惱，那麼很自然地，我們就會拒絕每一樣新事物，而不去嘗試它。那表示我們可能會錯失許多機會。

為了願意嘗試新事物，你需要大量「面對新情況並且做得很好」的經驗。對一位高敏感族而言，在新環境中表現良好，並不是自然發生的。父母親了解自己的高敏感子女，就會發展出一種「循序漸進」的策略。然後孩子自己最終將學會把它應用在自己身上。假如你的父母並未教你一步一步來，那麼現在，你應該要學習教導你自己這種面對陌生事物的方法。

在此，我把艾莉西亞．利柏曼（Alicia Lieberman）所寫的《學步兒的情感生活》（*Emotional Life of the Toddler*）一書中針對「害羞孩童」所提出的一些建議，改寫為成人使用版，當我們感覺害怕進入新情境時，便可以採用。

1.就像父母親不會讓一個學步兒單獨進入一個新情境中一樣，你也不要獨自進入新情境中，而要找其他人跟你一起。

2.就像父母親一開始會跟這個孩子談論這個情境一樣，也對你自己那個害怕的部分說說話。把重點放在熟悉和安全的事物上。

3.就像父母親會向這個孩子承諾，假如他或她變得太緊張不安時可以離開，若有必要，你也要讓自己回家。

4.就像父母親有信心等孩子稍大一些後就會克服一樣，你也要期盼，你自己在害怕的這個部分，在適應所有不熟悉的刺激一段時間後，也會克服。

5.就如父母親小心翼翼地不以超過情境合理範圍的過多擔心來回應孩子的恐懼，假如你那恐懼的部分需要協助，那麼不要以超過你比較勇敢的那部分會認為是合理範圍的焦慮來回應。

別忘了，情緒過度激發可能會被誤以為是焦慮。身為自己的好父母，你可能會說：「這裡確實有很多事在進行中；它讓你的心跳變得劇烈，不是嗎？」

衡量「特殊需求」以及持續挫折的風險

或許最困難的任務，是決定要保護自己到何種程度，你要溫和地把自己往前推進多少。這是所有敏感兒童的父母都要面對的問題。你或許知道如何對自己施壓；你就是按照你父母、老師和朋友的方式在做。少數高敏感族會逃避讓自己成為別人眼中一個開朗大度、正常，或討人喜歡的人的壓力，即使當那些人早就不在身邊了，你還是會繼續嘗試去取悅他們。你會模仿他們對於你特殊需求的無法接受，來作為一種緩衝。沿用上一章的說法，你通常「衝」過頭了。

或者你可能已經仿效了過度保護；當你又害怕又渴望嘗試自己能力所及的事時，它或許對你一點幫助也沒有。在那種情況下，你或許是「壓抑」過頭了。

看著你的朋友享受著某件你太害怕而不敢嘗試的事，心中會有多麼氣餒啊。可別低估了這樣的氣餒。這可能就像在成年時期的現在，你看見朋友能一肩扛起工作、旅遊、遷徙以及你所害怕的關係。然而在你的內心深處，你也知道你有相同或更多的才能、欲望以及潛能。

嫉妒感可以讓我們覺悟到以下兩個事實：我們想要某樣事物，而且在有能力的狀況下最好有所作為，或者我們想要某樣事物，但就是無法擁有。就如同你在第二章中羅絲巴特對我們如何發展的描述中看到的，成年人能夠引導注意力、運用意志力，並決心去克服恐懼。假如你的嫉妒感很強烈，而且你決定要做某件事的話，你或許可以做到。

另外，成長同樣重要的部分，就是不再假裝我們絕對能完成每一件事。人生短暫，而且充滿了限制和責任。每個人都會獲得一塊「好處」可享用，就像每個人都會將那一塊好處貢獻給世界一樣。但是沒有一個人可以獨自擁有全部，或是全部都為別人奉獻。

我注意到，並非所有高敏感族，都會因為無法做到他們同儕所做的每一件事，而感到氣餒。高敏感族不太會去嫉妒。他們了解自己的特質，而且知道這項特質會帶給他們其他人所欠缺的許多好處。我認為氣餒，就像是無法自我緩衝一樣，來自於幼年時期所學習到的態度。

克服挫折永遠不嫌晚

雖然去接受我們無法改變自己的部分，是明智的做法，但是記住，用一點一滴的信心與希望來取代氣餒，永遠都不嫌晚。

小時候，我對於摔倒特別敏感，後來演變成過度激發，而且只要我身在高處或是需倚靠自己的平衡感時，我就會失去協調性。因此，我從未堅持要其他人教我騎腳踏車、滑直排輪，或是溜冰等等——我想，這只是讓我母親鬆一口氣吧。因此，在體能活動中，我總是一位嫉妒的旁觀者，很少是參與者，不過還是有令人欣喜的例外，就像我在加州參加夏至慶典結束時，在喜耶拉山（Sierras）山麓的一座牧場中所發生的事。

在活動中，有各個年齡層的女人。但是某天晚上，當她們發現了一個鞦韆，她們當場變成了一群年輕女孩。這個鞦韆以一條長長的繩子繫住，就在斜坡上擺盪。在暮色中，坐在上頭就好像飛進星空裡一樣——或者她們是這麼說的。每個人都嘗試了，除了我之外。

當其他人漫步進屋時，我站在原地，看著這座鞦韆，覺得自己是個膽小鬼的羞愧感油然升起，即使或許根本沒有人注意到。

後來有一位比我年輕許多的女子出現在我身旁，而且好心地教我怎麼盪這個鞦韆。我說不要，我不想盪。但是她不管。她保證絕對不會把我推到超過我想要的高度。而且她會抓住鞦韆。

我考慮了一下。但是她讓我覺得跟她在一起是安全的，然後我鼓起勇氣像其他人一樣盪進星空中。

我再也沒見到那名女子，但是我將永遠感謝她，不只是因為這次經驗，還有當她教我怎麼做時，她所表現出來的尊重和理解——一次一個輕柔的擺盪。

你的學生時代

瑪莎對於她學生時代的回憶，是高敏感族的典型代表。她在學校表現優秀，當說到要擬定計畫和出主意時，她甚至會是意見領袖。她也會覺得無聊。她在上課時會看課外書，以滿足她源源不絕的想像力。此外，她「不是普通的聰明」。

在她感到無聊的同時，學校的過度刺激總是困擾著她。她記得最清楚的就是噪音。噪音並不會讓她感到害怕，但是如果老師離開教室的話，噪音就會大到讓人無法忍受。他們一家八口擠在一個小房子裡，家裡的吵鬧聲也讓她苦不堪言。好天氣時，她會躲在樹下或是前廊下看書。壞天氣時，她就會學著在閱讀中把一切都拋到九霄雲外。

不過，在學校裡，可能會比較難以避免情緒過度激發。有一天，老師大聲朗讀報紙上關於某些戰俘受到恐怖拷問的描述。瑪莎昏了過去。

當你像瑪莎一樣開始上學後，你會遇到一個更廣大的世界。第一個衝擊可能會是離開家。即使之前你已經上過幼稚園，做了就學準備，但是你的感官並沒有準備好要在一般的小學課堂上度過漫長、吵雜的一天。最好的情況下，你的老師會維持各式各樣適合一般學童最佳激發程度的刺激。但對你而言，刺激幾乎總是太過度。

也許一開始你是以退縮和僅只是觀察的方式來因應學校生活。我清楚記得我兒子上學的第一天。他走到角落，眼睛盯著前方，呆若木雞。但是安靜地注視並不是「正常」的行為。老師說：「其他小朋友都在玩，你怎麼不去玩呢？」與其讓老師不悅或是被視為怪胎，或許你戰勝了自己的不情願。又或者也許你就是沒有辦法。無論是哪一種情況，有愈來愈多的關注朝你而來——正好都是你不需要的。

位於德國慕尼黑的馬克斯普朗克心理學協會（Max Plank Institute for Psychology）的研究人員嚴斯・艾森朵夫（Jens Asendorph）曾經撰文提出，一些孩子比較喜歡獨自玩耍，是很正常的事。在家裡的時候，父母親通常覺得，這種表現只是他們孩子人格中的一部分。但是在學校，情況就不同了。在小學二年級時，獨自玩耍會導致一個孩子被其他小朋友排擠，而且會成為老師們擔心的對象。

對於一些高敏感族而言，所有這些過度激發以及羞愧感，將導致課堂表現不佳。不過，你們大多數的人喜歡閱讀和安靜地學習，在學業表現上都很優秀。但是你的過度激發，卻阻礙了你的社交或身體技能的發展。為了處理這個問題，或許你會找一位要好的朋友一起玩。而且或許你會因為想出最棒的遊戲、寫出最佳的故事，以及畫出最好的圖畫，而聲名大噪。

事實上，假如你懷抱著對自己和你的特質的信心進入學校，就像第一章的查爾斯那樣，那麼你可能會成為一位真正的領導者。如果不是，就如我一位敏感的物理學家朋友所說：「你能想到哪位真的很厲害的人，在學校過得輕鬆自在嗎？」

男學生、女學生

在我的研究中，我發現，到了就學年齡時，大部分的男性高敏感族都是屬於內向型的。這是可以理解的，因為一個敏感的男孩是「不正常的」。他們在團體中或是跟陌生人在一起時，必須小心翼翼，看看自己將如何被對待。

敏感的女孩就如同敏感的男孩一樣，在她們就學期間常常會倚賴一、兩位朋友。但是她們有些人非常外向。跟男孩不一樣的是，假如她們表現出某種過度激發或是情緒反應，那麼她們只是做了其他人意料中的事。這甚至可能有助於她們被其他女孩接受。

不過，這種允許情緒化表現的負面影響或許是，一個敏感女孩從未被迫要武裝自己，但是敏感男孩為了生存卻必須披上這件盔甲。女孩們可能比較少有機會練習情緒控制，而且在面對情緒過度激發時，會感到無助。或者她們可能會利用自己的情緒來操控其他人，包括保護自己不會受到過度激發。「假如我們得再玩一次那個遊戲，我就要哭了。」人們不會期待或是想要從她們身上看到在成人時期所需要的明確自我主張。

天賦異稟

假如你被貼上天才的標籤，你的童年可能會比較輕鬆一點。你的敏感特質會被理解成是較好的特質，比較能被社會所接受。對於關心天才兒童的老師和父母而言，有一些比較好的建議存在。例如，一位研究人員就提醒父母親，不能期望這樣的孩子會與同儕打成一片。假如父母親給這個孩子特殊待遇或是額外的機會，他們就不會製造出一個被寵壞的怪胎。父母和老師都被確切告知，要允許天才兒童做自己。這對於所有特質不符合一般和理想標準的兒童來說，會是很好的建議，但是天賦異稟備受重視，因此可允許孩子偏離常軌。

不過，每件事都有好的一面和壞的一面。父母和老師或許會給你壓力。你的自我價值或許完全取決於你的成就。同時，假如你不是和同樣天賦異稟的同儕在一起，你就會感覺孤單而且可能會被排擠。現在有一些更好的指導方針，可以用來教養天才兒童。我把它們改寫了，以便讓你重新養育你的天才自我。

重新養育你的「天才」自我

1. 欣賞你自己的存在，而不是你做了什麼。
2. 讚賞自己願意冒險以及學習新事物的舉動，而不是讚揚自己的成功；它將幫助你應付失敗。
3. 試著別經常拿自己和其他人比較；它會導致過度競爭。
4. 給自己機會與其他天賦異稟的人互動。
5. 別把時程表排得太滿。要留一些時間思考、做白日夢。
6. 讓自己的期望務實一些。
7. 不要隱藏你的能力。

8. 當你自己的擁護者。支持你做自己的權利。
9. 當你的興趣偏狹時，請接受它。當你興趣廣泛時亦然。

關於最後一點——或許你只想要研究微中子，別無其他。或者你可能只想要閱讀、旅遊、讀書，或是說話，直到你找出人類活在這個地球上的意義為止。這兩種類型的人組成了這個世界（此外，你可能會在人生的另一個階段有所改變）。在第六章中，我們將討論更多關於成人天賦異稟的議題（一個常被忽略的主題）。

高敏感的青少年

青少年時期對每個人而言，都是一段難熬的時期。我的研究發現，大部分高敏感族都說，他們的中學時期是最難熬的階段。因為令人費解的生理改變，以及一個接一個的成人責任接踵而至：開車、選擇職業或大學、適量飲酒和用藥、可能為人父母、在工作中受到小孩的信賴，例如擔任保姆或營隊輔導員，以及管好身分證件、金錢和鑰匙等瑣事。接下來還有一件大事，你對性的感覺被喚醒，以及它所帶來的痛苦的自我意識。敏感的年輕人似乎注定會對媒體暗示他們扮演的性的受害者或侵略者的角色，感到不自在。

然而，把精力和焦慮轉移到性事上，也是有可能的，因為焦慮的真正來源比較難面對。想想，如果你要做一個決定你一生的選擇，卻不知道結果如何，壓力會有多大；你向來都知道你預期自己將會離家，而且很高興或是至少堅決地要去這麼做了；你現在會擔心，當你無法做到預期的轉變，過獨立的生活時，你「致命的缺陷」將會完全暴露出來。

許多敏感的青少年會以摧毀剛萌芽的自我來應付危機，如此一來，他們將不需看見它無法開出「正確」的花，這點並不令人意外。自我毀滅的方式不勝枚舉：結婚或生子使得一個人被囚禁在狹隘、限定的角色中；濫用藥物和酒精；身體和心理均喪失能力；加入某個教派或組織，給你安全感與答案；或是自殺。上述所有行為並非都是因為生性敏感所導致的（或者你的自我雖然像一株堅韌的植物，但因為挺不過一些難關，而無法成為一個大器晚成的人）。但是這些逃遁的方法，所有青少年都接觸得到，一些高敏感族也會去運用它們。

當然，對許多人而言，成年人的責任會延遲到進入大學後才開始（然後還有研究所、博士後研究、實習）。或者有人會找到另一種方式，非常按部就班地承擔起人生的責任。跟逃避正好相反的是，延後是一個很好的策略，這是另一種類型的學習方法，我把它稱為「循序漸進法」。千萬不要覺得使用它一段時間有什麼不好。

或許你延遲了離家的時間。你跟父母親一起住了幾年，為他們工作了一陣子，或是跟家鄉中學時的朋友在外同住。循序漸進地成為一個正常運作的成年人，真的會挺不錯。突然間有一天，你變成大人了，每件事都要自己來，而且你從未注意到自己是如何辦到的。

不過，有時候我們跨出的步伐會太大。大學生活對有些高敏感族可能是如此。我認識許多高敏感族在上完第一學期後（或在他們第一次返家後，通常是在耶誕節假期時）就輟學了。他們自己、他們的父母或輔導老師全都不清楚，真正的問題來自於一個全新生活的過度刺激——新朋友、新想法、新的人生計畫，還有住在一個吵雜的宿舍裡，以及徹夜聊天或開一整晚的派對，再加上可能嘗試性愛、藥物和酒精（或是在你的朋友嘗試之後留下了後遺症，你得照料他們）。

儘管敏感的學生寧可退縮和休息，但是還是有壓力得去要做其他人做的事、要正常、要趕上其他人、交朋友、滿足每個人的期望等等。無論你在大學時期遇到哪些困難，都應該要被重新建構。這並不是某種個人的失敗。

一個好的家庭生活對所有青少年都會有極大幫助，即使是在離家的時候，這點並不令人意外。家庭持續的影響對於高敏感族會特別強烈。在青少年時期之前，你的家人就已教導你很多關於在現實世界中如何能夠以及應該如何舉止得宜的事。

當敏感的男孩與女孩變成男人與女人

當高敏感的青少年變成成年人時，性別之間的差異就會增加。就像在一段旅程開始時一點點方向上的小差異一樣，在教養上的差異，可能會導致男性與女性達到一個非常不同的目的地。

一般而言，男性比女性擁有更強的自尊心。當父母親賞識他們敏感的男孩時，就像第一章中查爾斯的例子那樣，那麼等到小男孩成年時，他將會有比較大的自信心。而在另一個極端，我發現許多心中充滿自我厭惡的高敏感男性，也會給予別人他們曾經歷過的排拒，這是可以理解的。

有一個針對從小就害羞的男性所做的研究（我假定他們大多都是高敏感族）發現，他們比其他男性平均晚了三年才結婚，晚了四年才生第一個孩子，並且晚了三年才有一份穩定的工作，因此相對而言，通常會導致專業成就較低。這點可以反映出對於害羞男性或較無自信的人所存在的文化偏見。它或許也會顯示出這種對於高敏感族來說其實會挺健康的謹慎和延緩，或對於家庭和事業之外的其他事物之重視——也許是精神上或藝術上的目標。無論如何，假如你對於採取這些步驟一直比較緩慢的話，其實你並不孤單。

相反地，同一個研究發現，害羞的女性會在適當的時間經歷傳統的人生階段。一位害羞的女性結婚後，更不可能出去工作或是繼續工作，就好像接受了父系社會的傳統，從她的父親家裡走到她先生家裡，而不需學習養活自己。

然而在中學時，這些女性通常「獨立而內斂，對於知性的事物感興趣，有高度的抱負，以及有主見」。我們只能想像，在這些女性的生活中，因為這種「獨立但而內斂」，希望遵從自己的主見，以及她們覺得對她們而言唯一安全、平靜的綠洲就是傳統婚姻的這兩種聲音，所形成的心理拉鋸。

我所會談過的許多女性都覺得，她們的第一次婚姻是個錯誤，她們試圖透過增加另一個人到她們的生活中，或是假想出一個安全的角色，來處理她們的敏感特質。我不知道她們的離婚率是否比較高，但是她們離婚的理由可能與其他女性不同。她們似乎最終被迫要獨自面對這個世界，同時又要為自己強烈的直覺、創意以及其他的才能找到出口。假如她們的第一段婚姻並未為這樣的成長留下空間，那麼當她們最後準備好時，它就會變成從家庭到更大的獨立之踏腳石。

瑪莎無疑就是這樣的女性。她年紀輕輕就結婚了，但是直到四十多歲時，才發展出在她學生時代就已經表露出的明顯的創造力和智力。對瑪莎（以及大約有三分之一我所會談的女性）而言，會對於這個世界猶疑不定，除了單純的敏感外，可能還有更多其他的原因。這些女性都曾有過令她們苦惱的性經驗，例如瑪莎與她的哥哥之間。即使沒有受到明顯的性侵害，但是大家都知道，年輕女性會在青少女時期經歷一段陷入低自尊的期間，或許是因為她們理解到自己身為性客體的角色。高敏感女孩更能察覺到所有的含意，並將自我保護列為較優先的考量。有些會暴飲暴食，讓自己變得比較不吸引人，有些則會過度用功或是過度訓練，好讓自己沒有空閒時間，有些則會早早挑選一個男孩，並牢牢抓住他，希望得到保護。

瑪莎說，她的領導能力和課堂優異表現，到了初中就結束了，也就是當她的胸部開始發育時（她比一般女孩更為豐滿）。突然間，她經常吸引男孩們的目光，所以她一年四季都穿著大外套上學，而且儘量讓自己變得不引人注意。此外，就像她所說的，現在的領導人物是「愚蠢、只會傻笑的花癡」。她無法或者也不會與她們為伍。

但無論如何，她還是常常被男生搭訕。有一天，兩個男孩子追著她，並偷親了她。她驚恐地跑回家，走進家中，她看見一隻她自己也不知是真的還是幻想中的大老鼠從樓梯上方朝她衝過來。幾年後，只要她跟男孩接吻，就會看到那隻大老鼠冒出來。

十六歲時，她第一次談戀愛，但是當他們似乎變得太親密時，他們就分手了。她到二十三歲時依然維持處女之身，但是在那一年，她遭到約會強暴。從那時起，只要對方堅持，她就會與對方發生關係——「除了我真心喜歡的男孩子之外」。然後接下來，就是那段慘遭暴力對待的婚姻；長時間等待著自己鼓起勇氣與這個男人離婚，然後開始她的藝術家生涯。

總而言之，敏感特質如何被展現出來，是有性別差異的。隨著敏感的男孩變成男人，他們在時機掌握以及生活的本質上，都會無法與其他男人同步。生性敏感對男人而言並非「不正常」。同時，對女性而言，敏感是意料中的事。敏感的女孩發現，遵循傳統價值觀的路線，而不必先學習如何在現實世界中求生存，是非常輕鬆簡單的事。

成長的底線：我們正向高度社會化的世界演化

現在已經來到這一章的尾聲，但是很可能會是人生課題的一個開始：學習根據你的特質來看待自己的童年，並且在必要時，重新當自己的父母。

回想一下，你將注意到本章所談論的高敏感族成長過程，有多少跟你自己以及你與其他人（父母、親屬、同儕、老師、陌生人、朋友、約會對象、配偶等等）的關係有所關聯。人類是非常社會化的動物，即便我們是高敏感族！看來，現在該是轉向高敏感族的社交生活，並且去面對「害羞」這種不斷被提及的心理狀態的時候了。

❖重建你的童年

本章或是本書的中心主旨，就是按照你的敏感特質，重新來建構你的生活。這個任務就是以新的方式來正視你的失敗、傷害、害羞、尷尬時刻，以及其他一切，以一種兼顧沉著、精準和溫暖、富同情心的方式來進行。

列出你記得的童年時期和青少年階段的重大事件，這些記憶型塑了現在的你。這些事件可能是單一時刻，例如某個校園遊戲，或是你的父母親告訴你他們要離婚的那一天。或者也有可能是某一整個類別的，譬如每年學校的開學日，或者每年暑假被送去夏令營。有些回憶是負面的，甚至是關於遭受創傷和悲劇性的，例如被霸凌或戲弄。有些可能是正面的，但或許還是讓你不知所措，像是耶誕節的早晨、家族度假旅遊、成功、榮耀。

選擇一個事件，並完成第一章所介紹的重建步驟：

1.思考你對這個事件的反應，以及你向來怎麼看待這件事。你覺得你反應「失當」或者不像其他人會做的那樣嗎？或者持續太久？你確定是你自己在某些方面不好嗎？你嘗試要對別人隱藏你的緊張不安嗎？或者有其他人發現並告訴你說，你「太過頭了」？

2.根據你現在所知道的、關於你的身體如何自然運作的知識，來思考你的反應。或者想像我，一位作家，正向你解釋這個問題。

3.想想關於這個事件，你現在是否有任何必須要做的事。假如看起來是，那麼就跟另一個人分享你對這個情況的新觀點。甚至可能是當時在場的某個人，她／他可以幫助你繼續填補整個情景的細節。或者寫下你對於這個經驗的新舊觀點，把它放在身邊一段時間作為備忘錄。

假如這個方法管用，那麼再花幾天的時間，重新建構另一個重要的童年事件，直到你完成這張表為止。別急著做完整個過程。每一步驟都花幾天時間來做。一個重要的事件值得花時間去消化、體會。

第五章

社交關係

不知不覺「害羞」起來

「你太害羞了。」你經常聽到這句話嗎？在讀完本章後，你將對這句話改觀，我們將探討害羞通常在什麼場合最常發生：在你不親密的社交關係中（我們將探討親密的社交關係）。你們許多人都有社交的天分，這是事實。但是因為修理一個並未損壞的東西是沒有意義的事，所以我在這裡將著重在一個通常需要修理的問題上——其他人所謂的「害羞」、社交「逃避」、社交「恐懼」。但是我們將以一種非常不同的方式來處理它，以及其他一些高敏感族常見的問題。

我要再次強調，我把重點放在問題上，並非有意暗示高敏感族的社交生活一定會有麻煩。但是甚至連美國總統和英國女王也必定偶爾會擔心其他人對他們的看法。所以，或許你偶爾也會擔心這件事。而擔心會使得我們的情緒被過度激發，這是我們特別的罩門。

同時，別人也常常會告訴我們：「別擔心，

沒有人在評判你。」但是由於生性敏感，你或許會注意到人們其實正在觀察和評斷你；人們通常會這麼做。非敏感族往往幸運地察覺不到這件事。所以，你的人生課題困難多了：那些一掃而過的眼光、未說出口的評價，你都知道，而且還要不讓它們影響你太多。這實在是不容易。

假如你總是認為自己很害羞

大多數人會把敏感和害羞混為一談。那就是為什麼你會聽到「你太害羞了」這句話。假如有些狗、貓或馬真的擁有一個敏感的神經系統（除非牠曾經被虐待；在那種情況下，說牠「害怕」會比較正確），人們就會說牠們生性「害羞」。害羞是擔心其他人不喜歡或不贊同我們。所以說，它是對某種情境的一種反應。這是一種特定狀態，而非總是會存在的特質。害羞，即便是長期以來的害羞，也並非是遺傳而來的。但敏感卻是。而且雖然長期的害羞確實比較常發生在高敏感族身上，但並不是必然的。我曾遇過許多幾乎從來不會害羞的高敏感族。

假如你經常感到害羞，那麼有一種很好的解釋，可以說明你或者任何人（包括非高敏感族在內）為何會產生這種感覺：過去在某個社交場合中（通常一開始就受到過度刺激），你曾經覺得自己表現得很糟。其他人說你做錯了某件事，或者看起來不喜歡你，或者你在這個場合中無法達到你自己的標準。或許你已經被過度激發，已經在利用你超凡的想像力去設想可能會出錯的所有大小事。

通常，一次失敗並不足以讓任何人長期害羞，不過也有可能發生。通常當你下一次身處於相同情境中時就會發生，因為你擔心上一次的歷史重演，所以你的情緒會更加被激發。當你的情緒更加被激發時，就更可能會把事情搞砸。到了第三次時，你變得非常勇敢，但是也不可能再被激發了。你想不出要說什麼話，你表現得不如人，而且別人也這麼對待你等等。你可以看到這個模式一而再、再而三地重複，變成惡性循環。它也可能擴及到其他即使只有一點點類似的情況中，例如一切有人出現的情況中！

高敏感族比較容易被激發，也比較容易陷入這個循環中。但是你並非天生害羞，只是比較敏感而已。

從你的自我概念中擺脫「害羞」

關於接受「害羞」這個標籤，存在著三個問題。首先，它完全是不正確的。它錯失了真正的你、你對細節的敏感度，以及你對於過度激發的難以應付。別忘了，情緒過度激發並不總是因為害怕所致。認為過度激發就是害怕，可能會讓你感到害羞，但其實你並不是害怕，我們稍後會詳加解釋。

有鑑於75%的人口（至少在美國是如此）是屬於非常外向和交際型的，所以把你的特質與稱為「害羞」的心理狀態混為一談，是很自然的事。當他們發現你看起來被過度激發時，他們並不了解這可能是因為太多刺激所導致的。那並不是他們的經驗。他們認為你一定是害怕被拒絕。你很害羞。你害怕被排擠。不然，還有什麼原因讓你不想與人往來呢？

有時候你會害怕被拒絕。怎麼不會呢？畢竟你這類型的人並不是文化中的理想類型。但是身為一位高敏感族，有時候你就是不想要有多餘的激發。當其他人對待你就好像你是害羞和害怕的，他們可能很難了解，你只是選擇獨處，至少一開始是如此。你是拒絕別人的人。你並不是被拒絕（此外，非高敏感族並不了解，因為他們天生就比你需要更多的激發才會覺得輕鬆自在，所以，他們也可能將他們自己害怕被拒絕的心理，投射在你身上——亦即，將他們不想要承認的內心想法歸因於你）。

假如你比較少花時間融入群體或是與陌生人見面，當你真的必須置身在這樣的情境中時，難免會手足無措。這並不是你擅長的事。同樣地，假定你是害羞或害怕的，也是不正確的。當人們著手要幫助你時，他們通常是從一個錯誤的前提出發。例如，他們認為你缺乏自信，並且向你保證你是討人喜歡的。不過，事實上，那是在告訴你，你出了點問題——低自尊。由於他們並不知道你的深層特質，所以他們為你的不擅交際找了個錯誤的理由，而且無法給你許多你應該對自己感覺良好的真正理由。

稱自己害羞是負面的

很遺憾地，害羞這個詞會讓人有某些非常負面的聯想。但是未必如此；害羞也相當於謹慎、自制、體貼和敏感等字詞。研究顯示，大多數人在第一次見到我稱作高敏感族的人時，都會認為他們很害羞，並且把這種害羞看成是焦慮、笨拙、膽小、拘謹和怯懦。甚至連心理健康專家，也多半會以這種方式來評價他們，而且他們在智力、成就以及心理健康方面的分數都偏低，事實上，這些都跟害羞並沒有關聯。只有非常了解害羞一族的人，譬如他們的配偶，才會選擇正面的用詞。另一項研究發現，心理學家用來測量害羞的測驗，也充斥著同樣負面的用詞。假如這些測驗是陳述一種心理狀態，便無傷大雅，但是它們經常被用來鑑別「害羞的人」，於是，他們就被貼上負面的標籤。所以，要留心在害羞這個字背後所隱藏的偏見。

稱自己害羞是自我應驗

有一個跟害羞有關的心理學實驗很吸引人，它是由史丹佛大學的蘇珊．布羅德（Susan Brodt）和菲力普．金巴多（Philip Zimbardo）所進行的研究，證明為什麼你必須知道你並不是害羞，而只是一個可能被過度激發的高敏感族。

布羅德和金巴多找來自認極為「害羞」的女學生（尤其是跟男性在一起時），以及其他「不害羞」的女學生當作對照組。在這個被以為是關於巨大噪音之影響的研究中，研究者安排每位女性與一位年輕男性共處。這名男性並未留意到這名女性是否「害羞」，他只是得到指令說，要跟每個同一類型的女性交談。這個有趣的招數就是，有些害羞的女性被騙了，以為她們的過度激發——她們心跳加速、脈搏加快——是因為巨大的噪音所致。

實驗結果就是，那些認為她們的過度激發是被巨大噪音所引起的「害羞」女性所說的話，跟「不害羞」的女性一樣多。她們甚至會負責主導聊天的主題，跟不害羞的女性一樣主動。另一組害羞的女性，因為沒有其他事物可以讓她們歸咎她們的過度激發，所以她們說的話少很多，並且大多會讓男性主導對話。在做完實驗後，這名年輕男性被詢問猜猜哪些女性是害羞的。結果他無法區分出不害羞的女性，和被引導認為她們的激發是因為噪音所致的害羞女性。

這些害羞女性若認為她們的過度激發沒有社交理由的話，就會變得比較不害羞。她們也說，自己並未感覺到害羞，以及真的喜歡這個經驗。事實上，當被問到下次如果再來參加「噪音轟炸實驗」時，她們是否會比較喜歡獨處時，有三分之二的女性表示她們比較不喜歡獨處，只有14%的害羞女性和25%的不害羞女性持相反意見。顯然，這些害羞女性只因為她們認為自己的過度激發是因為害羞以外的事情所導致，所以聊得特別愉快。

下次當你在社交場合中感到過度激發時，別忘了這個實驗。你的心臟可能會因為與跟你在一起的人無關的種種原因而怦怦跳。可能是因為有太多噪音，或者你可能是在擔心你隱約注意到的、與跟你在一起的人無關的其他事物。所以，勇往直前，別管其他原因（如果可以的話），好好地玩一場吧！

我已經給你三個強而有力的理由，讓你別再稱自己害羞了。這是不正確、負面而且會自我應驗的用詞。而且，也別讓其他人把這個標籤貼在你身上。我們就把消除這種社會偏見，當作是你的公民責任吧。這不只不公平，而且很危險，因為就像第一章所討論的，它會降低高敏感族的自信心，而壓制了他們深思熟慮的想法。

如何思考你的「社交不適」

社交不適（我比較傾向用「害羞」）幾乎總是因為過度激發所引起的，它會讓你的動作、說話，或外表看起來非常不善於社交。或許這就是那種對於你將變得過度激發的恐懼感。你害怕做出一些難為情的事，無法思考該說些什麼。但是，一旦進入這個情境中，恐懼本身通常就足以引起過度激發。

要記住，不適是暫時的，而你是能有所選擇的。假設你覺得冷得要命，你可以忍受它。你可以找一個比較宜人的環境。你可以製造一些熱氣——生火、調高恆溫器——或是要求場地負責人為你做這些事。你可以穿上一件外套。你最不應該做的事，就是責怪自己天生就對寒冷的環境比較敏感。

因為過度激發所導致的暫時性社交不適，同樣也是如此。你可以忍受它、離開這個情境、改變社交氛圍，或是請其他人來做，或者做某件讓你感覺自在一些的事，譬如戴上你的「假面」（我將在稍後討論它）。

在所有這些情況下，你都在有意識地讓自己擺脫不適感。所以，拋開你在社交場合中天生就不自在的想法吧！

在社交場合中處理過度激發的五種方法：

1. 切記，過度激發是不必要的恐懼。
2. 找其他的高敏感族一對一說話。
3. 運用你個人的降低激發技巧。
4. 發展出一個好的「假面」，並且有意識地去使用它。
5. 向其他人解釋你的特質。

就只是向自己承認你被過度激發，而且可能是被與跟你在一起的人無關的事所激發——千萬不要低估了這樣做的力量。假如有人以此評斷你，那麼，這並不是真正的你，而是某個暫時被過度激發給亂了方寸的人。當他們認識了冷靜的你、感覺敏銳的你時，他們將會對你留下很好的印象。你知道此言不虛，因為你擁有一些欣賞你的好友。

當我在中年又回到學校念研究所時，就在第一天，第一個小時，在早餐室裡，我將滿滿的一杯牛奶翻倒在我自己全身、地板，還有我身旁幾個人的身上。沒有人碰撞我，是我自己拿著它撞到某個東西。它就發生在我未來的同學和老師的眾目睽睽下，他們是我最希望給他們留下好印象的人。

這個完全的驚嚇更增加我幾乎已經招架不住的過度激發。但是幸虧我正在做關於高敏感族的研究，所以很清楚自己為什麼會發生這種事。我的身體連拿杯牛奶都做不好，是可以預見的。這天很難熬，但是我並未讓翻倒的牛奶增強我的社交不適。

隨著時間一天天過去，我發現了其他高敏感族，這點有很大的幫助。我們可以說全都是潑灑出來的牛奶。在一般的社交場合中，應該有約20％的人是高敏感族，另外30％覺得自己有點敏感。關於害羞的研究發現，在一份不記名的問卷中，有40％的人稱自己害羞。在一屋子的人裡面，很可能至少有一個人具備和你同樣的特質，或者會感到社交焦慮。當你跌倒之後（不管是真的還是比喻），讓他們注意到你，然後尋找深表同情的眼神，那麼，你馬上就有一個朋友了。

同時，應用第三章中所建議的所有要點，來降低你的情緒激發。休息一下。去散散步。深呼吸。以某種方式運動。思考你的選擇。或許該是離開的時候了。或許有一個更好的地方適合你，例如一個窗戶敞開的窗邊、一個走道或是門邊。以容器的角度來思考，現在有誰或是哪個安靜、熟悉的事物，可以容納得下你？

說到上研究所第一天發生的事，有些時候，我會擔心老師們會不會以為我有嚴重的問題。對於一般的非高敏感族而言，變成這種過度激發的狀態，可能只會顯示出嚴重的內心衝突和不穩定。所以我善用我所有的訣竅——散步、靜坐冥想、在午餐時間開車出校園、打電話回家尋求一些慰藉。而且這樣做非常有用。

我們往往認為，我們的過度激發在別人眼中比實際看來更引人注目。你知道，大多數的社交生活，其實就是跟另一個人碰面時所戴的「假面」，每個人在這層面具下，都不需花費太大力氣。讓自己的言行舉止符合期待，以別人說話的方式來與人交談，即便你並不喜歡這樣，但是如此一來就不會有人為難你，或是作出認為你傲慢、冷淡、心機重等錯誤的結論。例如，研究發現，「害羞」的學生通常會認為自己在社交方面已經盡力而為了，但是他們的室友卻傾向認為他們的努力不夠。這可能是文化中對於高敏感族的不了解所造成的誤會，但是在我們能改變它之前，你可以讓自己的行為表現得更像其他人一些，好讓生活變得輕鬆一點。戴上你的「假面」（persona）吧，persona這個字源自於希臘文中的面具。在面具的後方，你可以成為任何你想成為的人。

另一方面，有時候最佳的策略，就是去解釋你的過度激發。當在一群陌生人面前講話或教學時，我常常這麼做。我告訴他們，我知道我聽起來有點緊張，但是再過幾分鐘，我就沒事了。在一個團體中解釋你的特質，或許可以引起大家交心地討論每個人的社交不適，讓你得以單獨離開但不感到歉疚，或者讓你先喘口氣，當你再回來時也不會受冷落。或許會有一個人能夠減輕你所經歷的刺激，譬如幫你調整光線或音量，或是在介紹成員時跳過你。

一旦提及自己生性高度敏感，你將引起以下兩種刻板印象的其中一種，依你所選用的詞來決定。坦白說，其中一個刻板印象是一個被動的受害者，是個軟弱且麻煩的人。另一種則是在現場表現出天賦異稟、有深度、有影響力的風采。透過你所選擇的字眼來解釋你的需求，以讓別人留下正面的刻板印象，是需要練習的。我們將在第六章做這項練習。

當我必須跟一群人在一起相處一整天或一個週末時，我常常會解釋，我需要充分的時間獨處。往往其他人也是。但是即使我是唯一一個提早回到自己房間以及獨自長時間散步的人，我也已學習到，不要引起同情或憐憫，而是要留下一種神祕的氣氛。「皇室顧問」階級的成員一定也會認為這些事很重要。對於你的高敏感族「公關」，亦要有所防備。

人、情緒激發與內向

到目前為止，我們已經利用擺脫害羞標籤和了解放肆的過度激發是怎麼一回事，來解決了「問題」。同樣重要的是知道，參與社交活動，並不是只有一種適當的方式。

你參與社交活動的方式起因於一個基本的事實：對大部分的人來說，在外在世界裡激發情緒的刺激，大多是由其他人所引起，無論是在家、在工作中，或是在公共場合。我們全都是生活在社會上的人，喜歡而且必須倚賴其他人。但是許多高敏感族會逃避可引起過度刺激的人們——陌生人、大型派對、人群。對大多數高敏感族而言，這是一個聰明的策略。在高度刺激、高要求的世界中，每個人都必須建立優先順位。

當然，沒有人在面對他們選擇要避免的情況時，會是個專家。但是大部分的人可以設法或是學習如何去做。光是設法，就是一個可被接受、聰明的方式，因為你可以省下力氣去做其他對你重要的事。

一些高敏感族會因為過去曾被同儕和團體排擠，而去逃避陌生人、聚會以及其他團體場合，倒也是真的。因為他們並不符合我們偏好外向的文化理想，所以受到嚴厲的批判，而且會去逃避他們無法確信的人。雖然讓人難過，但這似乎是合理的，而且沒有什麼好覺得丟臉的。

整體說來，有70%的高敏感族傾向於社交「內向型」。這並不表示你不喜歡人群。這表示你比較喜歡有幾位要好的朋友，而不喜歡有一大群朋友，而且通常不喜歡大型聚會或是人群。但即使是最內向的人，偶爾也會變得外向，並且喜歡一個陌生人或是一群人。反之亦然，即使是最外向的人，偶爾也會變得內向。

內向的人依然是社會中的一份子。事實上，他們的健康會比外向的人更受到其社會關係所影響。內向的人只是重質不重量。

（不過，假如你現在情緒健康狀況並不好，那麼與某人之間有親密關係，並不總是能解決這個問題。事實上，從最廣泛的意義上而言，很多人除非透過一些心理治療的療癒過程發展出一種更好的健康狀態，否則並無法擁有一段良好的親密關係，如第八章所述。）

外向的高敏感族

我想要強調的是，身為一位高敏感族跟身為一個社交內向型的人，是兩回事。在我的研究中，我發現我們之中有30%是社交外向型。身為一個外向者，你有較大的朋友圈，而且通常喜歡團體和陌生人。或許你是在一個好交際、充滿愛的大家庭，或是安全的住宅區中長大，並學習把人們看成是安全感的來源，而不是防備的理由。

不過，你依然會發現，其他的情緒激發來源相當棘手，像是漫長的工作日或是待在城市中太久。當你被過度激發時，你就會逃避社會化（外向的非高敏感族其實跟身邊的人在一起會更能放鬆）。雖然在此，我們大部分的注意力是放在習慣於內向的人身上，但是外向的人或許也會覺得有所助益。

了解內向型的人

艾薇兒・索恩（Avril Thorne）現任加州大學聖塔克魯斯分校（University of California at Santa Cruz）教授，她坐下來觀察內向者實際上是如何與人互動。她利用測驗鑑別出高度內向和高度外向的女大學生，然後將她們與同類型和相反類型的人配對，再以錄音的方式記錄她們的對話。

高度內向的女性嚴肅而專注。她們對於問題談論較多，而且比較謹慎。她們傾向聆聽、詢問、給予建議；似乎以一種深入的方式，將注意力放在對方身上。

相反地，高度外向的女性說了較多「愉快」的話、尋求較多的共識、尋找背景與經驗的相似之處，並且說了較多恭維的話。她們開朗、豁達，喜歡跟任一種人配對，就好像她們最大的樂趣就是講話。

當外向的人跟某個高度內向的人在一起時，她們知道未必一定要如此興高采烈。而內向的人發現，跟外向的人說話就像「呼吸新鮮空氣」一樣。我們從索恩的研究中得到的概念是：每一類型的人對這個世界的貢獻同等重要。但是有鑑於內向型的人會被輕視，所以花些時間關注內向者的優點，會是好的。

榮格探討內向型人格

榮格將是否內向視為區分人類的基本方法，引起了哲學界與心理學界的大論戰，大部分可歸因於，學者們對於在理解任一情況或主體時，究竟外在的事實比較重要還是內在對這些事實的理解比較重要，各持己見。

榮格將內向與外向視為對人生所持有的態度，這兩者在大多數人身上會交替出現，就像吸氣和吐氣一樣。但是有一些人傾向一直吸氣或一直吐氣。此外，對他而言，這兩種態度跟是否擅長交際並無直接相關。內向只是反觀內心、直指主體、自我，而不是向外直指客體。內向源自於保護內在自我，也就是生活的「主觀」面，更重視它，而且尤其不要讓它被「客觀」世界所淹沒。

以榮格的觀點來看，我們再怎麼強調內向者的重要性也不為過。

他們是我們這個豐富多樣的世界活生生的證明，那些情感洋溢和令人陶醉的生活並非全然是外在的，也存在於他們的內心……他們的人生比他們說的話教給我們更多……。他們的人生讓我們學到其他的可能性，亦即在我們的文明社會中非常欠缺的內心生活。

榮格了解西方文化中對內向者的偏見。當偏見來自於外向者時，他可以忍受。但是他認為，輕視自己的內向者，對於這個世界來說，真是一大損失。

一樣米養百樣人

有時候，我們需要的，確實只是喜愛這個世界本來的樣子，而且很感激那些幫助我們的人，亦即那些能讓即使完全陌生的人都感覺相互連結的外向者。有時候，我們需要一個內在的心錨——亦即那些內向，而且能全神貫注在個人經驗最深刻之細微差別上的人。人生並不只是關於我們都看過的電影和吃過的餐廳。有時候，討論較細微的問題，對心靈是不可或缺的。

資優兒童專家林達．席佛曼（Linda Silverman）發現，愈聰明的孩子，愈可能個性內向。內向的人特別有創造力，即使在簡單的羅夏克墨漬測驗中，他們也有相當多獨特的反應。在某種意義上，他們也比較有彈性，因為他們必須要做外向的人隨時都在做的事，譬如認識陌生人以及參加派對。但有些外向的人可能會避免變得內向、反觀內心。在某些內向的人身上，這種較大的易變性在往後的生活中，亦即當一個人開始發展其所缺乏的部分一直到中年為止的時間，會非常重要。在往後的生活中，自我反省對每個人也變得更加重要。簡而言之，內向的人可能會更得體、成熟。

所以，你並不孤單。別管那些「別那麼嚴肅」這種帶刺的話。對其他人的輕率一笑置之，並且允許自己發揮所長。假如你並不擅長談天說地，那麼你就要對自己的沉默感到自豪。同樣重要的是，當你的心情改變，而且你的外向自我出現時，讓它表現出它該有的笨拙或愚蠢。我們在做自己不擅長的事情時，都是笨手笨腳的。你也擁有一塊「擅長的事」。以為我們每個人都應該面面俱到，是太過自負的想法。

交朋友

因為諸多原因，內向的人比較喜歡親密關係。親近的人最能相互了解和支持對方。一位好朋友或伴侶也可能讓你更加心煩意亂，但那會迫使內心成長，而這往往是高敏感族會擺在優先順位的事。而且，由於你極富直覺，你或許會喜歡談論複雜的事物，譬如哲學、感覺以及內心的掙扎。這些很難跟一位陌生人說，或是在一個派對上談論。最後，內向的人擁有能使他們擅長處理親密關係的特質；跟親密的人在一起，他們可以體驗社交成功。

不過，當外向的人說「一位陌生人只是一個我還不認識的朋友」時，這是沒錯的。你所有最親近的朋友都曾經是陌生人。當那些關係改變時（甚或是結束時），你總是想認識可能變親密的新朋友。所以，你可以回想自己是如何認識你最要好的朋友的。

假面與有禮貌

尤其假如你通常是內向的，那麼請記住，在大多數社交場合中，你至少必須符合最低的社會期待。高敏感族可能會將所有的禮節規範縮減為短短一條：將對方的過度激發減到最低（或者就四個字：和氣待人）。死氣沉沉因為是不被期待的，所以可能會激發另一個人的情緒。但是也有可能變得太過外放，這往往是外向者會犯的錯。你的目標就是說一些令人愉快和不突兀的話語。

沒錯，這可能會使得某些非敏感和喜歡許多刺激的人感到厭煩。但是你會希望在認識一位新朋友時，你的短期性激發能夠先冷靜下來，即便這對其他人並不會造成問題。那麼之後，你就可以隨心所欲地發揮創造力和製造驚喜了（但是在那一刻，你其實是在冒一個精心策劃的險，任何的成功都可以算是加分）。

現在你需要一個關於假面或是社交角色的更進階課程。一個好的假面顯然包括有禮貌，以及預期中、非激發性的行為。但是它也可以根據你的需求，而多了一點專業。一位銀行家會想擁有一個可信賴、務實的假面。假如這裡面包含了一個藝術家，就會被隱藏起來。另一方面，藝術家也會將他們銀行家的敏銳度隱藏得很好，不讓一般人發現。學生會聰明地表現出有點謙虛；老師則必須表現出權威。

假面的觀念與北美文化中對於坦率與真實的推崇背道而馳。歐洲人則比較能體會含蓄、內斂的意義。然而有些人跟他們的假面太過密合。我們全都認識這類型的人。在面具下什麼都沒有，很難說他們是不誠實或是不真實。但是一位高敏感族，則很少會與一個假面過度密合。

假如你仍然認為我是在要求你不真誠，那麼，請把它看作是為某時某地選擇適當程度的坦承。舉例來說，你剛剛認識某個人，他／她想跟你做朋友，但是你卻不想。你或許不會說「我意識到我並不想成為你的好朋友。」來拒絕對方的午餐邀約。你會說「我現在很忙」之類的話來婉拒。

這種反應，在某種程度上是誠實的——假如你有極多時間，你或許真的會考慮至少更進一步發展這段友誼。在我的經驗中，告訴對方為什麼他們被列在你的優先順位表尾端，並不合情理。最好的假面和禮貌關乎這種顧全顏面、富有同情心程度的誠實，尤其是跟你不特別熟的人在一起時。

如何遇見你最要好的朋友

寫下你最要好的朋友之名字，一個名字寫在一張紙上。然後回答以下關於開啟每段友誼的問題。

當時的情境有迫使你開口說話嗎？

是對方先採取主動嗎？

你是否感覺有任何不尋常的事？

那天你特別外向嗎？

你那天如何穿著打扮，或者對你的外表有什麼感覺呢？

地點在哪裡？在學校？工作中？假期中？派對上？

是什麼樣的情況？誰介紹了你？或者你們在某個機緣下被湊在一起？或者你們其中一人剛好跟對方說到某件事？發生了什麼事？

剛開始那一刻、那幾個小時和那幾天的感覺是什麼？

什麼時候以及你如何知道，這段關係會變成一段友誼？

現在，在這當中尋找共同特性。例如，你或許不喜歡派對，但是那卻是你遇到兩個最要好的朋友的場合。這些共同特性，像是到學校讀書或是跟其他人一起工作，現在是不是在你的生活中都不見了？你想要應用你在本書中所學的知識去做哪些事？誓言一個月參加一場派對（或者從現在開始避免參加派對，因為結果顯示它們並不是交朋友的來源）？

學習更多社交技巧

無論包裝成書本、錄音帶、文章、演講或課程，關於社交技巧共有兩類資訊。一類是來自於專門談外向性格、社交技巧、銷售、人事管理以及禮儀的專家。這些人往往機智且樂觀。他們談的是學習而非治療，所以不會暗示你有嚴重問題，從而降低你的自尊。假如你尋求這些專業人士的協助，只要知道你自己的目標並非跟他們一模一樣，而是要去學習一些技巧就好了。你可以留意像「如何贏得眾人支持」和「在每個可能尷尬的時刻要說什麼」之類的標題。

另一類資訊，來自於努力協助人們克服害羞的心理學家。他們的方式是，先讓你感到擔憂以引起你的動機，然後一步步帶領你透過一些相當複雜、經過徹底研究的方法，來改變你的行為。這種方法可能非常有效，但是對高敏感族而言，也有一些問題，即便它看起來可能比較適合你。談論「治療」你的害羞或是「克服你的症狀」，會讓你不禁感到自己有缺陷，而忽略了你的遺傳特質正面的部分。

無論你讀到或聽到哪些建議，千萬記住，你不一定要接受由四分之三外向的人口所定義的社交技巧——博得滿堂彩、總是妙語如珠、絕不容許有「尷尬的」冷場等等。你有你自己的技巧——認真說話、仔細聆聽，容許有一些沉澱時間，讓較深層的想法得以形成。

或許你已經知道這些專家所談的大半內容。所以我擷取主要的重點，將它們製成一份簡短的測驗，讓你看看你確實知道的事，並且教你一些其他的事。

你知道克服社交不適的最新的方法嗎？	
請回答是或否，然後參考第 199-201 頁的答案。	
1. 嘗試克制負面的「自言自語」是有用的，譬如「它可能不會喜歡我」或是「我可能會一如往常地再度失敗」。	是　否
2. 當人們感覺害羞時，對他們身邊的人而言，是顯而易見的。	是　否
3. 你必須預期會有一些被排擠的情況，而且別認為是針對你個人而來的。	是　否
4. 擬定一個計畫來克服你的社交不適，是有幫助的——例如，試著每週認識一位新朋友。	是　否
5. 當你在構思你的計畫時，你跨出的步伐愈大，將愈快達成你的目標。	是　否
6. 最好不要事先演練當你遇到一位新朋友或在一個新場合裡要說的話；這會讓你聽起來很僵硬而且不自然。	是　否
7. 要小心身體語言；它所傳達的訊息愈少愈好。	是　否
8. 當嘗試要打開話匣子或是繼續一段談話時，就問一些有點私人的問題，而且是不能用三言兩語回答的問題。	是　否
9. 表示你正在聆聽的方式就是往後靠坐，手臂和雙腳都交叉，面無表情，而且不要看對方的眼睛。	是　否
10. 絕不碰觸另一個人。	是　否

11. 在前往你與人約見的場合前不要看報紙，這麼做只會讓你心煩氣躁。	是 否
12. 聊天時只談有趣的事就好，自我揭露並不重要。	是 否
13. 好的聽眾會覆誦他們所聽到的話，反映出對方的感覺，然後用他們自己的感覺而非想法來回應。	是 否
14. 別告訴其他人關於你自己的有趣細節；那只會讓他們感到嫉妒。	是 否
15. 為了讓兩個人都覺得談話更深入或讓談話更有趣，有時候分享你自己的缺點或是問題很管用。	是 否
16. 嘗試別去反駁對方的觀點。	是 否
17. 當一段談話讓你感覺想花更多時間跟對方在一起時，最好讓對方知道。	是 否
參考強納生·齊克（Jonathan Cheek）的《克服害羞》（*Conquering Shyness*）（New York: Dell, 1989）以及麥凱（M. McKay）、杜維斯（M. Dewis）和芬尼（P. Fanning）合著的《訊息：溝通之書》（*Messages: The Communication Book*）（Oakland, Calif.: New Harbinger Press, 1983）。	

假如你知道該做什麼，就不要感到內疚，但偶一為之即可

堪薩斯大學的心理學家葛蘭契．希爾（Gretchen Hill）詢問了害羞和不害羞的人，在二十五種社交情境中，何種為適當行為。她發現，害羞的人非常清楚別人對他們的期望，但是卻說自己做不到。她表示，害羞的人缺乏自信——這是我們身上常見的固有缺陷。所以，別人會告訴我們要有自信一點。當然，我們做不到。所以我們又失敗了。但是或許我們有時候缺乏自信是有理由的，因為我們有很多情緒被太過激發而舉止失措的經驗。理所當然，我們有些人會預期自己不能做到知其為社交正確的事。我認為那只是在告訴我們，自己變得更自信根本沒什麼幫助。所以不妨遵守本章的二步驟法：克服過度激發，欣賞你自己的內向風格。

無法實行你所知道的社交技巧的另一原因是，從童年開始的舊思維模式，可能已占主導地位，而我們不得不面對。或者，有些感覺掌控了你的注意力。那是一個確切的信號嗎？你一直在說「我不知道為什麼這麼做，但我比較清楚那並不像我。」或者「雖然我盡了一切努力，但一點用都沒有。」

寶拉的案例

寶拉絕對是天生高敏感的人。她的父母曾說，她打從出生開始就很害羞。她總是發現自己對聲音和混亂的敏感度，比她的朋友們還要高。我第一次跟她會談，是在她三十幾歲時，她在專業上具有超凡的能力，包括在幕後安排重大活動。但是她根本沒有機會往上爬，因為她害怕在公開場合以及一般人面前說話，於是只能管理最小的一組同事。事實上，寶拉的公司有幾次要求她召開員工會議，結果她的生活變得一團亂。為了這些會議，她必須運動好幾個小時並執行各種程序，讓自己在情緒上做好準備。

寶拉曾經看過各式各樣探討克服這類恐懼的書籍，而且曾運用她相當大的意志力來對抗這種感覺。但是她知道，她的恐懼並不尋常。所以她嘗試了一些比較長期、密集的治療。她在這當中發現了一些恐懼的原因，並且開始解決它。

在寶拉的成長過程中，她的父親是個「愛生氣鬼」（他現在是個酒鬼）。他向來是個聰明的人，善於分析事理，會協助他的子女做功課。事實上，他對孩子的事務參與很多，而且其實他對寶拉不像對她的哥哥們那般嚴厲。但是寶拉開始發現，有些關心可能與「性」有關，而且她感到相當困惑。無論如何，他的憤怒對寶拉影響最多。

寶拉的母親對其他人和別人的意見很容易感到緊張，而且相當倚賴她那有著鋼鐵般意志的丈夫。她也有一點像是殉道者，她的人生就是以孩子為中心。但是，她也不喜歡關於養育他們的每一件事。她毫不隱瞞地講述生小孩的恐怖故事，以及不喜歡小嬰兒，使得寶拉一開始的依附看起來根本不安全。之後，她的母親把寶拉當作是閨中密友，跟她說了超過一個孩子所能應付的事，包括各式各樣不喜歡性的理由。事實上，她的父母雙方都把所有關於他們對彼此的感覺告訴了她，包括他們的性關係。

由於這些背景，寶拉「害怕公開說話」與基本上不信任其他人密切相關。她天生敏感，因此情緒容易被過度激發。但是她孩提時期也未得到安全依附，這讓一個孩子更難帶著自信去面對具有威脅的情境。事實上，她的母親教導她一種普遍對人不理性的恐懼感（而不是對別人有信心）。後來，小寶拉試圖說出她自己心中的想法，但是卻遭到她父親的怒火吞噬。

或許她害怕在公開場合說話，最終的原因是她意識到自己知道太多了──關於她父親對她可能有亂倫的情感，以及她父母親的私密生活。

這些並不是容易解決的問題，但是寶拉可以清楚地理解問題所在，並且藉助有能力的治療師來克服難題。最後，害怕說話的聲音終究獲得了自由。之後或許仍然需要社交技巧的特定訓練，但是她最在意的問題終於解決了。

高敏感族的基本社交建議

以下是一些關於常常造成高敏感族社交不適的情境。

當你只是想聊天時。你要判斷你比較想說還是想聽。假如你想要聽，大部分人會樂意說。你可以問一些特定的問題。或是只要問：「所以當你不是在派對時，你都在做什麼？」（或是在會議，婚禮，音樂會等等）。

假如你想說話（這可以讓你有主導權，而且讓你不會感到厭煩），事先計畫安插你喜歡的主題，然後對話就可以不斷地延續下去。譬如：「今天天氣真不好，是吧？但至少我更能待在家裡著手進行我的寫作計畫」。當然，對方將詢問你，你正在寫什麼？或者，「天氣真差——我今天不能訓練了。」或是「天氣真差——我的蛇不喜歡壞天氣。」

記住名字。當你們兩人第一次見面時，你可能會因為分心和被過度激發而忘了對方的名字。假如你聽見一個名字，試著養成習慣，在你下一個句子就用上它。「阿諾，真高興認識你。」然後在兩分鐘內再使用一次。事後再回想一下你遇到的人，也可以讓你記得更久一點。但是記不起名字，是在所難免的事。

提出要求。舉例來說，詢問資訊的小要求，應該是容易做到的。但有時候，我們會把它們放在應做事項表中，而且它們光是靜置在那裡，看起來就又大又困難。如果可能的話，在了解到你必須提出要求時，就要去做。或者當你心情愉快時，把它們集中成一串。對於稍微比較重要的要求，則再把它們拆解成較小的單位。你要為你提出要求的對象考慮，事情要愈快結束愈好，麻煩要愈少愈好。對比較重要的要求，做一張表，寫下你所想要涵蓋的事項。為了達成目的，一開始就要確定你是在跟對的人說話。在做重要請求時，應該先跟某個人演練一下，讓對方能以各種可能的方式來回應你。這麼做不會讓事情變得比較容易，但是你會覺得已經做好準備。

推銷。坦白說，這並不是高敏感族常見的工作。但是即使你不是去販售一個商品，在生活當中也有很多時候我們想販售一個想法、為了獲得一份工作而推銷自己或自己的創意作品。假如你相信某樣事物真的可以幫助一個人或是整個世界的話，你會怎麼做呢？最溫和的推銷形式（或許就是你的方式），就是跟其他人分享你所知道的某件事。一旦他們了解你認為其價值所在為何，就可以讓他們自行做決定。

當說到金錢交換時，高敏感族往往對於他們拿「這麼多」會有罪惡感，以致於可能會什麼都不拿（而且假如我們覺得自己有缺陷，就會懷疑「我真的有價值嗎？」）。通常我們無法而且也不應該把我們自己或我們的商品送人。我們需要金錢以繼續提供我們正在供應的事物。人們了解這點，就好像當你購買某件東西時會做的事一樣。

抱怨。對一位高敏感族而言，這可能是困難的，即使這是合理的。但是很值得練習；果斷能讓一個常常對於做原來的自己感到難堪的人產生力量（好比覺得自己太年輕、太老、太胖、皮膚太黑、太敏感等等）。

不過，你必須要對對方的反應做好準備。憤怒是最容易引起激發的情緒，原因是：它的目的是要讓我們動員起來戰鬥。無論是你的憤怒、他們的憤怒，或者你只是從遠處觀察到某個人的憤怒，都會激發你的情緒。

參加小團體。團體、階級以及委員會等等，對於高敏感族而言，可能是一件複雜的事，因為我們常常會注意到許許多多其他人不會注意到的事。但是由於我們希望不要增加自己的激發程度，所以可能會保持安靜。不過，終究會有人詢問你的想法。這是一個尷尬的時刻，但是對團體而言卻很重要。習慣沉默的高敏感族常常想不到，沉默的人會隨著時間而產生愈來愈多影響力。這個團體除了想給你一個發言的機會之外，可能會不知不覺地擔憂起來。你究竟是不是屬於這個團體？你是坐在那裡評斷他們嗎？你很不開心而且將要離開嗎？假如你離開了，這些擔憂還是在，這就是為什麼安靜的人最後會得到這麼多關注的原因。這或許也是出於禮貌，但恐懼也總是存在著。假如你不以適度的熱忱加入，你將會受到相當大的關注。然後其他人很可能會發現，他們最佳的防禦，就是在你拒絕他們之前，先拒絕你。如果你不相信我說的話，試著在一個新團體中保持沉默，只要一次，所有真相就會攤在你面前。

由於這股力量總是指向沉默的人，所以假如你想要比其他人安靜，必須讓他們安心地知道，你並不是在排斥他們，或是打算要離開這個團體。告訴他們，你只是在場聆聽，就能感覺是該團體的一份子。假如你對該團體有這種正面感受的話，儘管說出你的感覺。告訴他們，當你準備好時，你就會發言。或是要求他們再詢問你一次。

你也可以決定是否要解釋你的敏感特質。但是這表示，你將擁有一個通常會變成自我應驗的標籤。

公開說話或表演。這對高敏感族是一件自然的事——沒錯，正是如此（我讓你自己去思考這對我們而言會比較困難的各種理由）。首先，我們常常會覺得有重要的事要說，而這是被其他人所遺漏的事。當其他人感激我們的貢獻時，我們會感覺有所回報，而下一次會變得更容易些。其次，我們會**預先準備**。在某些情況下，譬如當我們返回家中檢查我們是否有把烤麵包機關掉時，在別人眼中，我們可能看似「有強迫症」，他們不像我們如此意志堅定地想預防所有不必要的意外（像是房屋失火）。但是如果因為旁觀者的緣故，而不為特別大的情緒激發做「過度準備」，那麼每個人都會變成傻瓜。做了萬全的準備，我們就會獲得最大的成功（這兩個原因就是為什麼所有探討害羞的書，能舉出這麼多政治人物、表演者以及喜劇演員為例的兩個原因：他們「戰勝了他們的害羞，所以你也可以」）。

再次強調，關鍵就是：準備、準備、再準備。你或許並不害怕大聲朗讀，所以等到感覺比較自在時，你要確切地準備好你想說的話，然後讀出來。假如這樣做對於這種情境有一些不尋常，那麼你要有自信地解釋，朗讀是有理由的。然後帶有威信地做這件事。

要朗讀好，也需要準備和練習。你要確定自己運用了抑揚頓挫，而且可以符合任何的時間限制，這樣你就能夠慢慢地讀。

之後，你可以逐漸改為做筆記。在一個大團體中，在我舉手說話或發問之前，我總是會做筆記，以免叫到我時，我的腦筋一片空白（在任何會讓我過度激發的情況下，我都是採取相同方式，包括在醫生的診間裡）。

最重要的是，在觀眾面前，你要盡可能地多練習，並且盡可能地複製表演情境。在與表演當天相同的時間，利用相同的房間，穿上你將穿的衣服，設置好音響設備等等，如此一來，這個情況的未知因素將會變得比較少。這是讓情緒激發得到控制的最大祕訣。一旦你做到了，你在那裡可能就會覺得很愉快。

我是藉由教學來克服自己對公開說話的恐懼——這對一位高敏感族是一個好的開始。你在付出，你是被需要的，所以你的意識面占了上風。觀眾不會料到會有娛樂成分，所以只要你能讓這個場合快活一點，觀眾都會心懷感激地領受。而且一旦你敢大膽表達你的見解時，你將發現你已確實擁有真知灼見。

不過，學生有時候可能會冷淡無情。我很幸運地從一所大學開始教書，在那裡，安靜有禮和公開表達感謝是一種慣例。假如你可以建立相同的慣例，那麼這對於在教室裡的每位高敏感族將會很有幫助。你的一些學生也會害怕發言。你們都可以一起學習。

萬一其他人正在看你怎麼辦？他們是真的在看你嗎？或許你已創造了讓你害怕的內在觀眾。你可能會隨時都帶著這樣的觀眾並且加以「投射」（在它不存在的地方看到它，或者至少不是以你想像的那種程度存在）。

假如其他人真的在看你，你可以要求他們不要看嗎？你能夠拒絕被觀看嗎？或者你能夠在他們的觀看中，找到任何樂趣嗎？

以下的故事是關於我所上過的唯一一堂肚皮舞課。在團體中學習任何身體技能，對我而言幾乎都是不可能的事，因為被觀看所引起的過度激發，破壞了我的肢體協調感。很快地，我落後了其他人，甚至表現得每況愈下。

不過這一次，我扮演了一個新角色。我把自己設定為一位可愛、討人喜歡（那部分很重要）又健忘的女教授，腦袋總是天馬行空愛幻想，而且已經完全忘記把自己的身體留在哪裡。女教授被設定在這種滑稽的情況下，嘗試學跳肚皮舞，而且大家因為看她跳得很辛苦費力，而更喜歡這門課。

結果就是，雖然我知道他們正在看我，但是卻變得無所謂了。他們大笑，但在我聽起來，卻感到是在表達關愛。我所得到的任何進步，都讓我獲得極度的讚美和認可。對我來說，這招奏效了。

下一次，當你覺得被觀看時，試著迎向他們的目光，並且以某個你可以樂在其中的事物，來標示你自己。「我們詩人本來就不擅長加法」或是「身為一位天生的機械工人，我畫的圖看起來都像一部壞掉的機器內部。」

有時候，依每個人不同的標準，情況會變得尷尬。所以你只好紅著臉熬過去。這是身而為人的一部分。並不會太常發生。有一次我在一場正式活動中站著排隊，我的三歲兒子不小心把我的裙子扯了下來。你有遇到比我更難為情的例子嗎？事後分享故事，是我們都能做的事。

❖重建你的害羞時刻

想想三種讓你感到社交不適的場合。如果可能的話，選三種比較不同的情況，而且是你能夠回想其中一些細節的情況。重新建構它們，一次一個，用本章的兩個主要重點：(1)害羞並非你的特質——它是任何人都能感覺到的狀態。(2)內向的社交類型跟外向的社交類型一樣有價值。

1.**思考你對於事件的反應，以及你向來都是怎麼看待這件事的。**或許你最近在一個派對上覺得很「害羞」。這是一個星期五的晚上，你今天辛苦工作了一天後，被辦公室的人拖過來，你希望認識某個會成為你真正朋友的人。但是其他人不知去向，結果你站在角落，感覺很突兀，因為你沒有在跟任何人交談。所以你提早離開，之後你花了一整晚評估你整體的個性、你全部的人生，感覺糟糕透了。

2.**根據你現在所知的關於你的神經系統是如何自動運作的，來思量你的反應。**或者想像我在向你解釋它：「嘿，讓你自己喘口氣！在忙碌的一天過後，在這個擁擠、吵雜的房間裡，你的朋友放你獨自一人，加上你過去對於這種派對的經驗——受不了是遲早的事。你喜歡當個內向的人。沒問題，去參加派對，但是你認識人的場合應該是小型派對。否則，不如找一某個看起來跟你一樣敏感而且非常有趣的人，然後盡快結伴離開。這就是高敏感族參加派對的方式。你並不是害羞或不討人喜歡。你肯定會遇到有趣的人，並且擁有親密關係——你只是必須挑選適合你的場合。」

3. **你現在對於社交關係，有沒有想要做的事？**或許你可以打電話給一個朋友，並且安排一些時間與對方共處，以你自己的方式。

你知道克服社交不適最新的方法嗎？答案篇

假如你答對十二題以上，那麼很抱歉讓你覺得無聊。你應該寫一本你自己的書。若否，這些答案提供了很多你必須要知道的事！

1.是。「負面的自言自語」會一直激發你的情緒，而且讓你難以傾聽對方說話。

2.否。你，一位高敏感族，可能會注意到其他人的害羞，但是大多數人不會。

3.是。人們可能會以各式各樣與你無關的理由拒絕你。假如這點讓你感到沮喪的話，難過一下子就好。然後試著讓自己釋懷。

4.是。下定決心每天或每週採取特定、漸進的步驟，無論前幾個步驟讓你感到多麼緊張。

5.否。假如你可以採取那些步驟的話，邁開大步是最好的。但是因為你有一點害怕，而且也害怕失敗，所以必須對你自己害怕的部分承諾你不會走太快，即使你很確定最後將戰勝這個恐懼。

6.否。你演練愈多次，就愈不容易緊張——這表示你將更放鬆和更自然。

7.否。身體語言向來會傳達某些訊息。一個僵硬、靜止不動的身體可能會被以許多方式來解讀，但是大部分都不是正面的。最好讓你的身體動起來，並且表現出一些興趣、關心、熱情或是全然的活躍。

8.是。有一點探人隱私是無傷大雅的。大多數人都喜歡談論自己，而且會喜歡你的關注和一點點膽識。

9. 否。無論站或坐，與人之間的距離都要適度和舒服，身體稍微向前傾。手臂和雙腳不要交叉，而且經常做眼神的接觸。假如眼神接觸會激發太多情緒，那麼看著對方的鼻子或是耳朵也可以——人們分辨不出其中的差別。保持微笑並且利用其他臉部表情（當然，要謹慎小心，切勿傳達超乎你本意的興趣）。

10. 否。當然，這要視情況而定，尤其是參加派對時，稍微碰觸肩膀、手臂或雙手，只是在傳達溫暖。

11. 否。一般而言，看一看報紙可以讓你有一些聊天的話題，並且讓你跟這個世界產生連結。只是要避免去看那些讓人情緒低落的故事。

12. 否。假如你的目標是去感覺到某種連結，而不只是打發時間而已，那麼自我揭露就很重要。這並不表示你必須透露深層的祕密。太快就出現太多自我揭露，會引起過度激發，而且感覺也不恰當。當然，也要確定徵詢過對方的意見。

13. 是。舉例來說，有些人說他們對一個新計畫感到很興奮。你可以說：「哇！我聽說你相當高興。感覺一定很棒。」在詢問有關這個計畫的具體細節之前，先花點時間揣摩這種感覺，然後你就能展現出你最大的資產之一——你對感覺的敏感度。你也激勵了對方透露他或她更多的精神生活，這可能是你比較喜歡談論的。

14. 否。當然，你不想沾沾自喜。但是每個人都想跟某個值得的人交談。花點時間寫出關於你自己最棒和最有趣的事，並思考你可以如何將它們融入到談話中。不要說「我搬來這裡是因為我喜歡山。」而是「我搬來這裡是因為我開了一間登山學校。」或是「我特別喜歡以山為背景來拍攝稀有的猛禽。」

15.是。當第一次見到某個人，你不想透露太多的需求或缺點。你不希望看起來唯唯諾諾輕視自己，或者不知道什麼叫做舉止合宜。但是，如果你可以傳達出你依然對自己感覺良好，那麼承認你的本性，也沒什麼不好。（我個人最喜歡《星際奇航：銀河飛龍》（*Star Trek: The Next Generation*）影集裡畢凱艦長（Captain Picard）說的一句台詞：「我這一生曾經犯過一些好的錯誤。」這句話集合了謙虛、智慧和自信於一身。）當然，假如對方透露了痛苦或是難堪的事，而且如果你也做同樣的事，那麼將會使這段談話的深度大大地增加。

16.否。大多數人可以接受小小的衝突。此外，或許衝突點對你來說相當重要，或者會透露出你應該要知道的、關於對方的某件事。

17.是。當然，花點時間確定你的感受，但是要做好心理準備，你偶爾會被拒絕。

第六章

在工作中成長茁壯

天生我才必有用，讓你的光芒四射

在我的研討會及職業所涵蓋的所有主題中，賺錢謀生以及在工作中求發展，是許多高敏感族最迫切關注的事，這在某種程度上是可想而知的，因為高敏感族並不喜歡長時間、有壓力以及過度刺激的工作環境。但是我認為，高敏感族在工作中會有許多困境，是因為我們並不了解自己的角色、行事風格以及可能的貢獻。因此本章將先處理你的社會地位以及你心目中的職業地位。這些聽起來可能不切實際，但是它們確實具有相當實際的意義。一但你了解自己真正的使命，你的直覺將開始解決你的特定職業問題（沒有一本書可以為你做這件事，因為沒有人能夠處理你獨特的狀況）。

「天職」（vocation）並不是拼錯的「度假」（vacation）

天職，或是感召，最初是指被召喚到宗教生活中。此外，在西方文化中，人們所做的工作，就如大多數文化中一樣：就是他們父母所做的工作。在中古世紀，人們不外乎就是貴族、奴隸、工匠等等。因為在基督教的印歐語系國家裡，第一章所提到的「教士皇室顧問」階級在職務上必須獨身，所以沒有人生來就屬於這個階級。這是唯一人們必須被召喚而從事的工作。

由於文藝復興以及城市裡的中產階級興起，人們能夠比較自由地選擇自己的工作。但是每個人都能有一份適合的工作，卻是一個非常新近的觀念（它約莫與另一個觀念同時出現——每個人都能和適合的人結婚）。值此同時，各式各樣的職業如雨後春筍般崛起，於是讓對的人找到對的工作，就愈形重要和困難了。

所有高敏感族的職業

就如同我第一章所說，世界上比較強勢的文化，包括所有西方社會在內，均源自於將人們區分成兩大階級的原始社會組織，其一是衝動和堅毅的戰士與國王，其二是比較深思熟慮、有學識的教士、審判官以及皇室顧問。我也說過，這兩個階級的平衡，對於此類文化的存續是很重要的，而且大部分高敏感族很自然地就會移往皇室顧問階級。

現在說到職業，我並不是指所有高敏感族都會變成學者、神學家、心理治療師、顧問或法官，雖然這些都是典型的皇室顧問階級的職業。無論高敏感族從事何種職業，可能都不會像一位戰士那樣去積極爭取，反倒會比較像一位教士或皇室顧問那樣——從何種意義來說，都是深思熟慮的。假設在一個社會或組織的最高層級沒有高敏感族的話，戰士型的人會傾向做出缺乏直覺的衝動決定，濫用權力和武力，而且不會考慮到歷史和未來趨勢。這裡沒有侮辱他們的意思；這只是他們的天性（這就是在亞瑟王傳說中梅林角色的整體意義；在大部分印歐史詩中都有類似的人物）。

屬於顧問階級的實質意義之一就是，一位高敏感族很難擁有足夠的教育和經驗（我把經驗加進來，是因為有時候高敏感族會為了追求教育而犧牲經驗）。我們的經驗愈豐富，在合理的範圍之內（若要去飛滑翔翼就免了），我們給的建言就會愈明智。

要證明高敏感族比較平和、較注重細節的行事風格有其價值，教育也很重要。我認為，高敏感族在傳統的專業領域——教學、醫學、法律、藝術、科學、諮商、宗教中，必須要占有一席之地，但這些行業愈來愈成為非敏感族的領域。這意謂著，這些社會需求在戰士型的人身上已獲得了滿足，然而他們只關心擴張和利益。

高敏感族「教士型」的影響力減退，部分是因為我們失去自我尊重。同時，若沒有我們較平和、較有尊嚴的貢獻，職業本身也會愈來愈不受到尊重。

以上的說明並非暗示比較不敏感的人會有一些可怕的陰謀。隨著這個世界變得愈來愈難應付，刺激變得愈來愈多，非敏感族的蓬勃發展是理所當然的，至少一開始是如此。但是，如果沒有我們，他們或許不會成功太久。

天職、個體化，以及高敏感族

現在，來談談你的特殊天命吧！跟隨榮格的思想，我看見，每個生命都是一個個體化的過程（individuation），你被放在這世界上，就是要去發現你要回答的特殊問題。這個問題可能是某個先人尚未完成而留下來的，不過你必須以你自己這一代的方式繼續做下去。但是這個問題並不容易，否則就不需花上一輩子的時間。重點是，解決這個問題，能讓靈魂得到深刻滿足。

這種個體化的過程，就是神話學家喬瑟夫．坎伯（Joseph Campbell）勉勵在工作上遇到瓶頸的學生時所說的：天生我才必有用。他總是明白地說，他的意思並非指當下要做容易或有趣的事；而是指要從事「感覺適合」的工作，彷彿它在召喚你。能擁有這類工作（假如我們非常幸運，也能藉由該工作獲得酬勞），是生命中最大的恩賜之一。

個體化的過程需要極大的敏感度和直覺，這樣才能知道你是以正確的方式在處理正確的問題。身為一位高敏感族，你在這方面的天性，就如賽艇被設計成要去捕風一般。換言之，在一個比較大的意義下，高敏感族的天命就是謹慎地去追尋他或她個人意義上的天職。

工作與天職

現在有個問題，當高敏感族在追尋天賦才能時，誰會付錢給我們？我通常會同意榮格向來堅稱的：在經濟上支持我們這類型的人是個大錯誤。假如一位高敏感族不是被逼著要面對現實，那麼他將與世界上其他的人都斷了聯繫。他將成為一位空談者，沒有人要聽他說話。但是我們要怎麼做，才能兼顧生計，並且仍然從事我們的天職呢？

有個方法，就是尋找一個「交會點」，亦即我們最大的天賦才能引導我們走的路，與這個世界最大的需求所引領的道路之交會處——換言之，人們會願意為了什麼而付費？在這個交叉點上，你將可以做你喜愛的事來獲取報酬。

事實上，一個人的天職與他或她謀生的工作之間的關係，可能會是形形色色的，而且在一生中也會有所變化。有時候你的工作只是為了賺錢；你利用閒暇時間來追尋你的天職。有個很好的例子就是愛因斯坦發明相對論，當時他在一家專利局當小職員，他很開心有這份不需動腦的工作，這樣他才能自由地思考對他有意義的事。在其他時候，我們可以找到或創造一份能夠實現我們的天職的工作，而且酬勞至少差強人意。或許存在著很多這類可能的工作，或著隨著經驗的增加以及使命感變強烈，能達到這個目的的工作也將發生改變。

天職與解放的高敏感族

最重要的是，所謂的個體化，是關於能聽見你內在的聲音，亦即那些經過所有內在與外在雜音後所聽到的聲音。有些高敏感族太過注重其他人的要求；這些要求可能是真的責任，也可能是一般人所認為的成功——金錢、聲望、保障。然後別人可能會為我們帶來壓力，因為我們非常不願意讓任何人不高興。

最後，就算不是大部分，也是有許多高敏感族可能會不得不選擇我所說的「解放」，即使是在下半輩子才會發生。他們關注內心的問題以及內在的聲音，而不是其他人要他們回答的問題。

然而由於殷切地取悅他人，所以高敏感族並不容易解放。我們太關注別人的需要。然而，我們的直覺也注意到了那必須要回答的內在問題。這兩股強大的衝突之流可能會衝擊我們好幾年。不必擔心你朝向解放前進的進度是否緩慢，因為這幾乎是必然的結果。

不過，我並不希望設定一些理想化的畫面，說你一定會變成某種高敏感族。那絕不是解放。所謂的解放，是找到你是誰，而不是你認為別人會希望你變成的那種人。

在你的天職與工作史上重建關鍵時刻

現在或許是一個好時機，讓你暫停一下，做一些重整的工作，就像你在前幾章所做的事。將你主要的職業階段或工作轉換列成一張表。想想你一直以來都是如何理解這些事件的。或許你的父母親希望你成為一位醫師，但是你知道這不適合你。由於沒有更好的解釋，或許你接受了「你太軟弱」或是「缺乏動機」的想法。現在，從你的特質出發，寫下你所了解的事。在這種情況下，大多數高敏感族完全不適合不近人情的壓榨，但不幸地，大多數醫學院都會做此要求。

你的新理解是否有啟發你必須去做某件事？在本例中，如果當事人的父母親仍然堅持他們負面的看法的話，那麼或許必須跟他們討論這種對醫學院的新理解。或者這意謂著，可以去找一間比較人性化的醫學院或是研讀相關科目，譬如生理學或是針灸，以獲得不同類型的專業教育。

了解你自己的天職

有些高敏感族在發現自己的天職方面，可能會遭遇瓶頸，而且對於你的直覺並未幫你太多，而感到有點挫折。唉，直覺也可能會擋住你的路，因為它會讓你察覺到太多內在的聲音，告訴你有太多不同的可能性。沒錯，只想服務別人而不計較自己的物質報酬是令人嚮往的。但是就不可能過著有時間去追尋生活中細緻事物的生活型態了。而且這兩者都會讓我無法實現自己的藝術天賦。而且我總是嚮往寧靜的生活，以家庭為重心。或者，應該將重心放在精神生活上嗎？但是那又太不切實際了，因為我喜歡接近俗世的生活。或許為環保的理念工作，會讓我最快樂。但是話又說回來了，人類的需求實在太多了。

所有的聲音都很強烈。哪一個才是對的？假如你心中充斥著這類聲音，或許在各方面都會難以做出決定；非常直覺型的人通常如此。但是你必須為自己所選擇的職業發展出決策技巧。所以現在，你要將選項刪減到二至三個。也可以將贊成與反對的理由做成一張表。或是假裝你已下定決心走某一條路，然後執行個一、兩天。

非常直覺型和／或內向的高敏感族的另一個問題是，我們對於事實並不十分了解。我們被自己的預感帶著走。我們不喜歡發問。但是對於內向者或是直覺型的人來說，從真實的人們身上蒐集具體資料，也是個體化過程的一部分。

如果你覺得自己「就是不行」，你就洩露了了解你自己的天職的第三個障礙：低自信。在內心深處，你或許知道自己真正想要的是什麼。當然，你或許已經選擇了某個不可能成功的工作，以避免再往前進及盡力而為。但是，也許你仍然疑惑著自己能做什麼和不能做什麼。

身為一位高敏感族，你或許在某些任務上會遇到困難，而這些任務在多數行業中又是成功的關鍵（視你的文化水平而定），例如可能是公開演說或表演，也可能是忍受噪音、開會、拓展人脈、辦公室的權力鬥爭，以及出差等等。但是，現在你知道自己難以應付這些事的特別原因了，而且可以找出很多方法，來迴避它們所引起的過度刺激。所以，假如你找到方法以你自己的方式來做的話，真的沒什麼事是你做不到的。

不過，高敏感族會產生低自信，是非常容易理解的事。許多高敏感族都覺得自己是有缺陷的。你或許曾努力嘗試要去取悅其他人，好像只不過是別人道路上的橋樑，而且一直都是這樣被對待的，就像被人踩在腳底下似的。可是，如果你不曾嘗試過，當你行將就木時，難道不會感到遺憾嗎？

你說你害怕失敗。是哪一個內在的聲音這麼說的？是那個保護你的智者？還是讓你麻木的批評家？為了說明方便，假設批評的聲音是對的，而你真的失敗了。姑且不論那些曾經嘗試過並且成功的人，有許多電影都以此為題。我認識不少嘗試過並且失敗了的人。他們或許花費了大量的金錢和時間，但是還是很高興自己試過了。現在，他們往其他的目標邁進，對於他們所認識的自己和世界更加明白。而且說真的，努力不會完全付諸東流的，所以比起冷眼旁觀時的自己，現在的他們對自己更加有自信了。

最後，在尋找天職的過程中，務必善用關於職業選擇的好書與服務。把你的敏感特質認知為一項重要因素，因為大多數職業諮商師並不會去處理它。

其他高敏感族正在做什麼

聽聽其他高敏感族所選擇的職業，或許會有幫助。當然，我們會將自己的天分應用在各種事情上。例如，在我的電話調查訪談中，我發現當銷售員的高敏感族並不多，但有一位是高檔葡萄酒銷售員。另一位是房仲業，她說，她會利用自己的直覺，將客戶與房屋配對。

當其他的高敏感族說到自己的工作是老師、髮型設計師、房貸經紀人、飛行員、空服員、教授、演員、幼教人員、祕書、醫師、護士、保險經紀人、職業運動員、廚師以及顧問時，我們可以想像他們把這些工作（幾乎是任何的工作）塑造成比較平和、深思熟慮以及認真負責的形象。

其他工作顯然看起來很適合高敏感族：傢俱木工師傅、寵物美容師、心理治療師、牧師、重型設備操作員（環境吵雜，但沒有人）、農夫、作家、藝術家（人數很多）、X光技術人員、氣象學家、伐木工人、科學家、醫藥謄錄員、編輯、人文學科的學者、會計師，以及電工技師等等。

雖然有些研究發現，所謂害羞的人賺的錢比較少，但是我確實發現，有為數眾多的高敏感族擔任聽起來薪資頗豐的職位——行政主管、經理、銀行家。也有其他研究發現，他們所謂害羞的受訪者薪資不高，是因為他們的資料跟我的資料有個類似的巧合：在我的研究中說他們自己是家管或全職父（母）親的高敏感族，是非高敏感族的兩倍（並非都是女性）。假如你把他們當成無給職，當然會拉低了他們這一群人的收入平均值。但是，這些人確實增加了他們家庭的收入，假如他們所從事的服務要收費的話，那可是非常昂貴的。

高敏感族「家管」為自己找到了一個合適的好工作，因為他們可以忽視文化對他們工作價值的低估。事實上，文化也貢獻良多。舉例來說，針對親職所做的研究不斷發現，難以描述的「敏感」特質，是養育健康孩童的關鍵。

將天職變成賺錢的工作

有一些好書的主題，就是在談論如何將你的愛好變成生財之道，所以一如往常，我將著重在與我們特別相關的面向上。把你真正的天職變成一個付費的工作，往往需要創造出一項全新的服務或事業，這可能意謂著開創你自己的事業，或是在你已在工作的地方創造出一項新職務。除非你記得以一位高敏感族的行事方式來做，否則光是去想，就讓人望而卻步。

首先，拋開每個人都在透過人脈完成工作以及認識適合的人等等的畫面。一些人脈關係總是需要的，但是對高敏感族而言，也有一些夠有效而且更愉快的方式——信件、電子郵件、跟某個交遊廣闊的人保持聯繫、一起去吃午餐，並且「聽取」參加每場會議的活潑同事向你「匯報」。

其次，你必須相信自己的一些優點。利用你的直覺，你可以研究趨勢，並且比別人先察覺到需求和市場。假如你對某件事感到興奮，那麼一旦其他人聽到你的理由，很有可能也會跟進。假如你的興趣不是太奇特的話，那麼它應該會符合既有的一些職務。如果你的興趣非常特別，那麼你可能會是領導潮流的專家，然後很快地，某個地方的某個人將會需要你，尤其一旦你分享了自己的觀點。

數年前，有位對電影和影片充滿熱情的高敏感族得到了一份圖書館員的工作，並且說服她的大學說，他們應該要成立一個尖端科技的影視部門。她看到這些媒體將會成為教育中的優勢，尤其是大眾進修教育。現在，每個人都看出了這種趨勢，而且她所掌管的影視圖書館是全國最棒的。

自我僱用（或者在一個較大的組織中被授予完全的自主權）對高敏感族而言，是一條順理成章的路。你自己控制了時間、刺激、你要應付的人，而且不會有跟主管或同事之間的紛擾。而且不像許多小型或是剛起步的企業一樣，你在冒任何險之前，自己都可以認真負責地做研究和規劃。

然而，你也必須留心自己的某些性格傾向。假如你是典型的高敏感族，你可能會是一位容易擔憂的完美主義者。或許你曾遇過的、作風最強硬的經理就是你自己。你可能也必須克服抓不到重點的問題。假如你的創意和直覺在初期某個時間曾給了你一百萬個靈感，那麼你必須放棄大部分的點子，而且必須做出各式各樣困難的決定。

假如你也是個內向的人，你將必須做更多的努力跟你的群眾或市場打交道。你可以請一位活潑外向的人當你的夥伴或助理。事實上，擁有夥伴或是雇用其他人承擔各種多餘的刺激，會是不錯的想法。但是有他們當作你和外在世界的緩衝時，你的直覺將無法接收直接的信息，除非你計畫好要跟那些你所服務的對象做一些實際的接觸。

以藝術為天職

幾乎所有高敏感族都有他們自己喜歡表現的藝術才華。或者他們會深入了解某一種藝術。但是有些高敏感族會把藝術當作是自己的天職，甚或是謀生之道。幾乎所有關於傑出藝術家性格的研究都堅稱，敏感是最重要的部分。遺憾的是，那種敏感也跟心理疾病有關。

我認為困境在於：一般來說，藝術家們都是獨自工作，磨練自己的技藝以及細緻的創意構想。但是任何一種孤僻都會增加敏感度——那就是為什麼藝術家要離群索居的部分原因。所以，當我們要展示自己的作品、表演、解釋、販售、讀相關評論，以及接受拒絕或讚揚時，我們就會變得過度敏感。接下來，當一件重要的作品完成，或者一場表演結束時，隨之而來的就是失落感和困惑。從潛意識裡湧現的川流不息的靈感，再也找不到出口。藝術家比較善於觸動和表達這股力量，但是並不了解其源頭，或是如果起了作用，所將產生的影響。

所以說，藝術家求助於毒品、酒精和藥物以控制他們的情緒激發，或再次喚醒內在自我，一點都不令人意外。但是長期的影響就是，身體會大幅失衡。此外，關於藝術家的一部分迷思或原型就是，任何心理學方面的協助，都會破壞藝術家的創意，因為它會把藝術家變得太正常了。

但是，特別是高度敏感的藝術家，最好深入思考有關藝術家的神話。焦躁、熱切的藝術家在我們的文化中是最浪漫的人物之一，然而現在聖人、亡命之徒以及探險家卻逐漸式微。我記得一位教創意寫作的老師曾把幾乎所有知名作者的名字都寫在黑板上，然後問我們，他們有什麼共通之處？答案是「企圖自殺」。我不確定班上同學是否會認為，他們所選擇的生涯中，悲劇與浪漫的成分一樣多。但是身為一位心理學家和藝術家，我發現一個極為嚴重的情況。一旦藝術家被宣告精神失常或自行結束生命，其作品的價值便會節節上升。雖然帶有藝術色彩的英雄冒險家生活，對於年輕的高敏感族特別具有吸引力，但是，它也可能是過著凡俗生活的人在不知不覺中所設下的一個陷阱；他們沒有騰出時間給自己內在的藝術家，而是希望某個人代他們成為藝術家，以展現出他們所有自我壓抑的狂熱。只要了解為創作而孤立的低刺激，與我先前所說的公開曝光的高刺激交互出現的影響力，敏感的藝術家所受的折磨大多是可以預防的。但是我並不確定這樣的理解是否會被廣泛應用，除非關於不穩定的藝術家之迷思及對這種迷思的需要也被了解了。

以服務他人為天職

高敏感族通常會高度警覺其他人所受的苦難。他們的直覺往往會讓他們清楚知道需要做哪些事。因此，許多高敏感族會選擇服務類的職業，而且很多都會做到「精疲力盡」。但是要幫助他人，並不見得要從事一個讓自己疲倦不堪的工作。許多高敏感族堅持在前線打拚，因此會接收到大部分的刺激。派別人去做對他們來說很繁重的工作而自己待在後方，會讓他們覺得很慚愧。但是現在，我想你可能會發現，事實上有些人十分適合前線工作，而且是熱愛它的。所以，何不滿足他們的熱情呢？在前線的後方，也需要有人從戰場上方的瞭望台上擬定戰略。

換個方式說，有些人喜歡下廚，而有些人喜歡洗碗。多年來，在我開心地享受完我最喜歡的消遣之一——烹飪後，我無法讓其他人承擔清潔的雜務工作。終於有一次，我親耳聽到有人堅持說，他真的喜歡清理工作，而且厭惡下廚。

有一年夏天，我去參觀了綠色和平組織的彩虹勇士號（Rainbow Warrior），並聽到一些水手的冒險故事，像是他們曾在巨大的捕鯨加工船船頭前面被丟下海，而且有一段時間天天都被魚雷和機關槍瞄準。雖然我熱愛鯨魚，但是在上述情況下，我比較可能成為阻力而非助力。但是我知道，我可以用其他方式來支持這項行動。

簡而言之，你不需要從事會製造過度壓力和過度激發的工作。有其他人會去做，而且能在該工作中發揮所長。你無須長時間工作。事實上，從事較短時間的工作是你的義務。最好不要去宣揚它，但是維持自己的健康以及保持在你的適當情緒激發範圍內，是幫助他人的第一要務。

葛瑞格教我們的事

葛瑞格是一位高度敏感的學校老師，相當受到學生與同事們的敬愛。然而他來找我討論為什麼他想辭去教職——這可是他過去唯一渴望的職業；他期盼我證明教書不是適合高敏感族的職業。我同意這份工作並不輕鬆，但是我也認為，對個人和社會而言，敏銳的好老師是製造快樂與進步的推手。我不忍看到這樣一個難能可貴的人離開這個領域。

他跟著我一起思考，並且同意，教學對一個敏感、有愛心的人來說，是一份非常合理的職業。教學工作應該是適合他的，但是事實上，壓力使得高敏感族很難繼續留在教學工作中。他領悟到，他的任務就是要改變工作內容。其實，這是他的道德義務。拒絕工作過度操勞，會比辭去工作來得更有益處。

從隔天開始，葛瑞格過了下午四點就不工作了。所以葛瑞格必須發揮他的許多創意，來找出適當的捷徑。很多事都不完美，而且真的會讓他那認真負責的靈魂感到苦惱。所以他覺得必須隱藏自己的新工作習慣，不要讓他的同事和校長知道，不過時間一久，他們都察覺到了（校長很贊同，他看到葛瑞格將重要的任務做得很好，而且感覺起來快樂多了）。他的一些同事也開始仿效他；有些人會嫉妒他、討厭他，但是卻無法改變他們做事的方式。十年後，葛瑞格仍然是一位極為成功的老師，而且快樂又健康。

真的，即使精疲力盡，你還是會服務他人。你這是在忽略自己最深層的優勢，仿效自我毀滅的行為，折磨自己，並且給了其他人怪罪你的理由。到最後，你就會像葛瑞格一樣想要辭職，或者因為你的身體狀況，而不得不做此決定。

高敏感族與社會責任

上述內容的用意，並非是要更多高敏感族從社會正義與環境健全之戰中逃離。相反地，我們必須挺身而出，但卻是以我們自己的方式。或許政府和政治上所犯的一些錯誤和左派或右派比較無關，而是沒有足夠多的高敏感族讓大家停下來檢視結果。我們曾經放手不管，把事情留給比較衝動、積極的人，而他們正好靠著競爭政治職務而壯大，之後便掌控了一切。

羅馬有一位偉大的將軍叫做辛辛納圖斯（Cincinnatus）。傳說中，他希望平靜地住在他的農莊裡，但是卻兩度被遊說回歸公眾生活，把他的同胞從軍事災難中拯救出來。我們的世界必須勸誘更多這樣的人來擔任政府職務。但是假如沒有人來勸誘我們，我們最好偶爾能主動參與。

商業界中的高敏感族

商業界無疑低估了他們的高敏感族。具有天分和直覺、認真負責而且決心不犯錯的人，應該是要被珍視的員工。但是我們可能會與商業界格格不入，因為，商業成就的象徵，就是鬥爭、拓荒與擴張。

商業也可以被視為一種需要藝術家來進行的藝術工作；一項需要夢想家的預言任務；一種需要審判官的社會責任；一種需要農夫或父母所具有的那些栽培技巧的工作；以及一項需要老師們所擁有的那些技術的教育大眾的挑戰，諸如此類。

每間公司確實差異很大。當你得到一份工作或有機會影響你所在的公司文化時，你都要充分地留意公司文化。聆聽大家在說些什麼，但是也要運用你自己的直覺。誰受到賞識？誰得到獎勵？誰獲得升遷了？誰鼓勵強硬、競爭和不敏感？誰鼓勵創意和遠見？和諧與士氣？對客戶的服務？品質控制？高敏感族理應對上述一切感到不同程度的自在。

職場上的天才高敏感族

我個人認為，因為高敏感族所具備的特質所致，所以個個都是天才。但是有些則更是超乎尋常。事實上，我之所以會提出「解放」高敏感族的概念，理由之一就是，高敏感族似乎是出現在一項項關於天才成人之研究中的諸多特質的怪異混合，這些特質包括：衝動、好奇、對於獨立的強烈需求、精力旺盛，加上內向、直覺、情緒敏感，以及特立獨行等。

不過，在職場上，天賦才能很難掌控。首先，當你在團體中必須提出自己的想法時，你的匠心獨具可能會變成一個特別的問題。許多組織都強調以團體來解決問題，只因為這樣能夠激發像你這種人的想法，並夾雜其他人的想法。當每個人都提出想法，而在你看來你的想法似乎很明顯地比較好時，麻煩就來了。然而其他人看來就是不理解它。當你跟這群人共事時，你覺得對自己不忠實，而且無法對團隊的結果承擔責任。而當你不跟大家合作時，你又會覺得被疏離和被誤解。一位好的經理或是主管會知道這些動態變化，而且將會去保護一位有天賦的員工。否則，你就可以考慮在其他地方貢獻你的天賦才能。

其次，你可能會對你的工作和想法感到極為興奮。你欣喜不已，但在別人眼中，你可能看起來是在冒很大的風險。對你而言，風險並不大，因為結果很是明確的。但是你並非萬無一失，而且其他人可能會對你的失敗幸災樂禍，即使這樣的人不多。此外，不了解這種強烈情感的人會說你是工作狂，而且可能會忿忿不平——你讓他們看起來很壞。但是對你而言，工作就是玩樂。不工作才是工作。假如你是這種人，那麼你可能必須偷偷地長期間工作，可是只要讓你的主管知道就好了。

或者，更好的做法是，試著把即使是最正面的興奮感，都看成是過度激發的狀態，並且努力地去平衡工作與休閒。那麼，對你的工作將會有所幫助。

你的強烈情感的另一個結果是，在你完成上一個計畫的細部之前，你活躍的思緒可能就會驅使你往前進行其他計畫，而其他人可能會收割你所栽種的成果。除非你連這點都計畫好了，但這不是你的行事風格，否則你將必須接受這個結果。

天賦才能的第三個面向——情緒敏感，可能會讓你捲入其他人複雜的私人生活中。尤其在職場上，這並不是一件好事。你還是要有一些職業的界線。尤其在工作上，你必須花較多時間跟較不敏感的人相處，他們對你可能會是一種很大的平衡，而你對他們也是。在工作之外發展比較密切的人際關係，可以把你所在追尋的情緒深度提供給你。

在工作之外所擁有的，應該要是一些能為你的敏感所引起的情緒風暴提供一個避風港的人際關係。切勿在同事之間尋找這種關係——尤其不要從你的主管身上。對他們而言，你太難應付，而且他們或許會斷定「你有問題」。

天才的第四個特質——直覺，對其他人而言，看起來幾乎就像魔術。他們看不到你所看到的東西——「事物表相」與「真正發生的事」之間的對比。所以，由於你有許多奇特的想法，你必須決定是該誠實還是隨波逐流，但你私下會覺得有一點孤獨。

最後，你的天賦才能可能會給你一些魅力。其他人可能會希望由你來引導他們，而不是由他們自己來帶領自己。這是一個讓人感到高興的誘惑，但是你最後可能只是偷走了他們的自由，在某種意義上你便是如此。

從你的立場來看，你可能會發現其他人似乎很少提供回報。隨著最初的分享而來的，可能會是失望的感覺。但是不再相信其他人，又會導致更加疏離，而事實上，你是需要其他人的。

上述種種有個解決方法，就是不要堅持非得在工作上將你的天賦完全表現出來。你可以透過個人的計畫和藝術、對未來的規劃或當個類自營商，以及透過生活本身，來表現你自己。

換言之，除了在工作上生產出最受人矚目的想法之外，你要拓展對自己天賦才能的運用。利用它來獲得更大的自我洞察力，以及有關團體與組織中、人類行為的智慧。當這是你的目標時，袖手旁觀、只是觀察也無妨。所以有時候，你要像一個平凡人而非天才那樣去參與，並且看看那是什麼感覺。

最後，無論在工作上或其他地方，要跟各種其他類型的人保持良好的關係，並且領會到，沒有一個人能跟所有人都相處融洽。事實上，接受伴隨著天賦而來的孤獨，或許是最能解放心靈、最能賦予你力量的步驟。但是相對而言，你不必感到被孤立，因為每個人在某個方面都具有天賦。然後，還有個相對的事實：說到生老病死，沒有一個人能夠免除，包含你自己在內。

務必讓你的特質得到適當重視

現在我希望你可以想像，身為一位高敏感族，有很多方面都可以成為你工作中的一項有利條件，無論你是自營商或是為別人工作。但是我發現，高敏感族得花費相當大的工夫，才能消除過去關於自身特質的負面想法，並真正重視它；如果你不能說服自己，你就不能說服其他人相信其價值。所以，請務必要執行下列步驟。

列出一個可能屬於高敏感族的優點。採用腦力激盪的原則，接受所有的想法，但不要評論。假如非高敏感族有一些相同的優點，也無須擔心。只要高敏感族有更多或是也有這些優點就夠了。而且運用各種策略：從基本特質中合理推論；思考你身為典型高敏感族的鮮明形象；想想你所認識和欣賞的高敏感族；想想你自己；翻閱本書。你的清單應該會很長。在我的督促之下，當高敏感族以團體方式來進行時，清單會列得非常長。所以，堅持下去，直到你的想法變得具體為止。

現在要做兩件事：寫一小篇可以在某個面試中用上的講稿，以及一封比較正式的信函，在這兩者裡面表達你的優點，在內容中融入你的敏感特質，含蓄地讓你的雇主理解它。

以下是部分的草稿範本（如果是信函，可能會有點不正式）：

而且我除了有十年的幼教經驗之外，也有豐富的美術設計以及排版的實務經驗。在這所有的經驗中，我發覺自己的性格與氣質——我是一位極為認真負責、嚴謹而且在乎把工作做好的人——能作出獨特的貢獻。

同時，我認為自己有相當驚人的想像力。我總是被認為有高度的創造力（而且在學校，我獲得了優秀的成績，智商分數也很高）。在工作上，我的直覺一直都是我最大的資產之一，包括能夠發現潛在的麻煩或錯誤。

然而我並不是一個會大驚小怪的人。我喜歡讓周遭的事物保持平靜。事實上，你應該知道，當我感覺平靜時，當周遭的事物都很安靜時，我的工作表現會最好。所以大多數的人發現我特別容易共事，即便我自己獨自工作和與少數人一起工作時一樣快樂。我能夠獨自把工作做好而且是獨力完成，我在這方面的獨立性，一直都是我的另一個優點……。

訓練

訓練情境可能是非常過度激發的，因為，當別人在觀察你，或者以其他方式被過度激發時，你通常會表現得比較差——例如，當別人一次丟了太多資料給你、四周有太多人在說話或拼命學習，以及想到因為無法記得某事而帶來的所有嚴重後果時。

如果可能的話，試著訓練自己。將說明書帶回家，或是下班後留下來一個人工作。或者安排一對一的訓練，最好是由某個讓你感到放鬆的人來做。請對方示範一個步驟給你看，然後留下你一人獨自練習。接下來，讓某個不是主管、不會讓你感覺太緊張的人來看著你做。

在工作中讓身體舒適自在

因為你比較敏感，所以不需要周遭給你多餘的不適或壓力。一個可能向來被認為是安全的情境，仍然可能對你造成壓力。同樣地，螢光燈、低度的機器噪音，或是化學氣味對其他人或許不是問題，但是對你而言卻是。這是非常個人的事，即使在高敏感族之間也是。

假如你真的必須抱怨，要務實地考量自己所面臨的情況。假如你仍然決定要往前進行，那麼要說出你為解決這種情況所做過的努力。要強調你的生產力和成績，以及假如這個問題獲得解決的話，你還可以做得更好（如果切實可行的話）。

在一個組織中力爭上游

針對「害羞」的人所做的研究聲稱，他們通常得到太少的報酬，而且未拿出他們真正的實力來工作。我猜想，對許多高敏感族而言，這是對的，雖然有時候這是我們自己的選擇。但是，假如你想要往上晉升卻沒有下文，或者公司考慮裁員而你不想成為其中一員的話，你就必須注意策略。

高敏感族往往不喜歡「玩弄政治」。但光這件事本身，就會讓我們遭人猜忌。我們在各方面都很容易被人誤解，尤其如果我們花比較少的時間跟工作場所中的其他人相處，或是不跟其他人分享我們的想法的話，更是如此。我們可能看似冷淡、傲慢、古怪。假如我們不是咄咄逼人，可能看起來就是漠不關心或是軟弱。往往，這些完全就是沒有根據的投射。但是，你必須警覺這些動態發展，以及有計畫地去消除這種投射。

在適當時機，你可以輕鬆地（或正式地）讓其他人知道你對他們以及組織的好感。你或許認為你的正面好感是很明顯的，但是假如你很低調，而且其他人又不是非常了解的話，那麼可能就不是你想的那樣。想一想，你是否也必須較公開地談談你認為自己做了哪些貢獻，你希望看到自己最後在組織裡位居什麼職務，以及你願意花多少時間來等待它發生。

同時，當下一次的升遷發布時，你要確定自己將不會被視為理所當然。每週一次寫下你對組織所有新近的貢獻，加上在你的專業或生活中其他部分的成就。一定要非常詳盡。至少你會察覺到它們，而且比較可能提到它們，但是如果可能的話，在你下一次審核時，將這些成就寫成一份摘要，上呈給你的主管看。

假如你抗拒進行這項任務，或者從現在開始一個月後，還沒採取行動，那麼你就要深思原因何在了。是因為感覺像是在自誇嗎？然後想想，你不提醒你的組織和主管看見你的價值的話，是否可能對他們極為不利？遲早，你會覺得不滿意而想要離去，或者你會被競爭對手誘離，或者你會被裁員，但某位能力較差的人卻留下了。你希望在你不需提醒他們的情況下，其他人就會注意到你的價值嗎？這是源自於童年時期常見的盼望，但是在真實世界裡，很少會實現。

或者，你其實成就太少？你在意嗎？或許你必須把對你來說重要的成就給記錄下來——你騎單車走過的路、讀過的書、跟朋友之間的對話。假如工作以外的某件事花掉你大多數的精力，它或許才是你最喜歡做的事。有沒有什麼方法做這件事也能賺到錢？另外，假如你有一份責任在身，例如孩子或是年邁的父母親占據你的時間的話，那麼，你要為能負起這份責任而感到驕傲。將這點也列為一項成就，雖然它無法跟大多數員工分享。

最後，假如你並未更上層樓，或者覺得「有人吃定你」的話，那麼很有可能，你只是不夠世故。

貝蒂遇見馬基維利

貝蒂是一位高敏感族，她來找我做心理治療。她常常跟我提到的問題之一，就是她在工作中的挫折感。治療師永遠都無法確定到底發生了什麼，因為我們只聽到片面之詞。但是聽起來，貝蒂在工作中表現優秀，可是卻從未獲得升遷。

然後，在某次審核時，她的一些做法遭到批評，可是那些做法在我們看來，是大多數主管所重視的。貝蒂感到非常無奈，她開始懷疑她的主管是不是「吃定她」了。這名主管私人生活不太順遂，而且前一任主管曾提醒她，這名主管可能會在她背後中傷她。

其他員工大多跟這位新主管都處得不錯，但是貝蒂的直覺告訴她，他們刻意去討好這位主管是因為怕她。貝蒂的年紀比這位主管大很多，就只是覺得她不夠成熟，但並不會因此感到威脅。但是貝蒂在工作上也很盡心盡力，而且認真負責。她常常得到來賓的讚美，說她是他們在她的部門中遇到的最有能力的人。她認為她沒什麼好怕的，但是卻忽略了她主管的嫉妒。但是當時，貝蒂並不喜歡去想到任何人不好的一面。

最後，貝蒂採取行動，要求某個人事部門的人讓她看看自己的檔案資料（在這家公司這是合宜的舉動），然後她發現，她的主管一直都對她做著不實的記錄，而且貝蒂曾要求主管要納入的、對她有利的那些資料，卻都遺漏了。

貝蒂最後必須承認，她與她的主管在進行一場權力鬥爭，但是她不知道該怎麼做。尤其，她一再表示她不想跟這個強敵一丘之貉。

對我而言，重要的問題在於，幫助貝蒂了解為什麼她會成為目標。事實上，她承認這並不是在她工作生涯中的第一次。我猜想情況至此，這是因為她看起來很冷淡、高高在上，雖然並不是真的，但是卻會對一個沒有安全感的年輕人造成威脅。然而主要原因就是，貝蒂無法，甚至拒絕去看見衝突將至。

無論是在這家公司或過去其他的工作場合，貝蒂都讓自己輕易成為箭靶，因為她偏好「獨來獨往」。就像許多內向的高敏感族一樣，她比較喜歡上班，把工作做好，然後就回家，不想因為社交活動而增加刺激。她常常告訴我：「我不喜歡像其他人一樣聊八卦。」這種行事風格的結果，就是她對於公事外發生的事一概不知情。為了保護自己，她必須戴上假面，並且跟其他人閒話家常、知道發生了什麼事，並且有朋友當靠山。第二個效應就是，就某種意義而言，她正在拒絕其他人，或者令他們這麼覺得。無論如何，他們覺得不想找她幫忙，因此這位主管知道她對抗貝蒂的動作將無後顧之憂。

另一個貝蒂所犯下的可以理解的錯誤，是完全沒察覺到她主管的「陰暗面」，或比較不討人喜歡的一面，這是典型的高敏感族會犯的錯。事實上，貝蒂傾向將上司理想化。她預期主管只會給她善意和保護。在本例中，當她得不到時，她跳過主管去尋求另一個人的幫助。但是這位同事認為，讓她的主管知道貝蒂所做的事「沒什麼不對」。當然，這位主管搶先了一步往更高層告貝蒂的狀。可以預期的是，另一位被過度理想化的當權者，也表現出與一般人沒兩樣的行為。

當我要求貝蒂更世故些、更「政治化」些時，一開始她覺得我是叫她讓自己變得卑劣。但是我知道，這樣的純淨必定會造成深遠的影響，終於，她在夢中遇到了一隻憤怒、圍在柵欄理的山羊，然後是一個難搞的「街頭小霸王」，最後是一位比較世故、老練的商場女強人。在了解這些夢中人物後，每一個角色對貝蒂都有所貢獻——這些是她其實具備，但卻從未使用過的面具，而且因為不能被接受，所以強硬地被壓抑住。它們教導她該如何對每個人至少有一點點懷疑，尤其是那些被她理想化的人（包括我在內）。

隨著貝蒂在自我反省中進步——有很多顯然需要相當大的勇氣與智慧，她承認自己對每個人的動機都有很深的懷疑。但是她總是努力地壓抑這些猜測，好像這是她自己比較令人討厭的一面。藉由察覺到這些猜疑，並且清楚了解後，她發現自己更能夠相信一些人，而不是更不信任，最重要的是，她自己的直覺比較不相互矛盾了。在本章最後，你將有機會遇到你自己內在力量的中間人。

懊悔——可避免與不可避免

在我們一生中，很難去面對所有我們不打算著手去做的事。但是，那就是身為凡人的一部分。假如在人生丟給我們的問題上，能夠有一點點進步，那該有多棒啊！假如我們能找到方法在做這件事時也能獲得酬勞，那就更棒了。而且如果我們能在其他人的陪伴下和睦相處、相互欣賞，共同努力完成這件事，那簡直就是奇蹟了！如果這些是你的福分，務必心懷感激。假如你尚未達成這些目標，我希望你現在知道可以怎麼做。

另一方面，有時你或許必須去接受某個職業，因為你有其他的責任要盡，或因你的文化無法欣賞你。假如你能平心靜氣看待它，那麼你很有可能是我們之中最有智慧的一個。

❖遇見你的馬基維利

馬基維利是文藝復興時期義大利君王的幕僚，他直言不諱地寫下關於如何領先群雄以及保持領先的一些事。他的名字總讓人聯想到（可能多到數不完）操弄、欺騙、背叛，以及在「宮廷裡」所發生的種種陰謀。我並不建議你成為馬基維利，但是我確實主張，你愈憎恨他的特質，你就必須愈注意它們就隱藏在你自己和其他人身上。你愈宣稱你對這類事情一無所知，就愈會被你自己或其他人心中的密謀所困擾。

總之，在你內心某處，有個馬基維利。沒錯，他是一個冷酷無情的操弄者；但是如果缺乏一個像敵人那般冷酷的幕僚的話，沒有一位君王能夠長期掌權，尤其是仁慈的君王。訣竅就在於認真聆聽，但是讓馬基維利保持在原位就好了。

或許你已經認識這部分的自己。但是，讓我們為這個部分賦予血肉之軀。試著想像他或她是什麼樣子、他或她說什麼、他或她的名字（有可能不是馬基維利）。然後聊一聊。讓他或她告訴你關於你所工作的組織裡所有的事。問問有誰為了超越他人，正在做什麼事？有誰吃定你了？問問看你要超越別人的話，可以怎麼做？讓這個聲音多說一點。

之後，你要非常謹慎地將自己的價值觀與好的個性保存完整，想一想你學到了什麼。舉例來說，在這個過程中是否有人告訴你，某人正在使用不公平的招數來傷害你和組織？這個內在的聲音是不是過分猜疑？或者這是你早就知道的事，只是不想承認？你是否有任何明智的舉措來對抗這些事，或者至少去保護你自己？

第七章

親密關係

敏感愛情的挑戰

本章是一篇愛情故事。一開始是講高敏感族如何墜入情網，並發展出愛情。然後，本章將幫助我們以高敏感族的方式付出值得的努力，讓這段戀情持續。

高敏感族的親密關係百百種

寇拉（Cora）今年六十四歲，是一位家庭主婦和童書作家。她已婚，而且是跟她「唯一的性伴侶」結為連理，而且她很堅定地告訴我，她「非常滿意人生中的這部分」。她的丈夫迪克（Dick）「絕對不是一位高敏感族」。但是彼此都很喜歡對方對這段婚姻的貢獻，尤其現在，稜稜角角都磨平了。舉例來說，她花了很多年的時間學習拒絕迪克要她一起共享看冒險電影、高山滑雪以及到超級盃足球賽現場看球賽等休閒娛樂。他現在都跟朋友去。

馬克（Mark）今年五十多歲，是一位教授和詩人，他是研究詩人艾略特（T. S. Eliot）的專家。他未婚，現在住在瑞典，在當地教授英國文學。友誼是馬克生活的重心。他很擅長尋找在世上少數與他類似的靈魂，並且與他們培養出深刻的情誼。我猜想，他們會認為自己非常幸運。

說到愛情，馬克從孩提時代就有刻骨銘心的暗戀。成年後，他的戀愛「次數很少，但是都很強烈。這兩段戀情一直都在。很痛苦。雖然門是關的，但是卻沒有結束。」但是之後，我回想起他的語氣變成嘲諷。「但我有很豐富的幻想生活。」

安（Ann）也回憶，自己在小時候就已談過轟轟烈烈的愛情。「身旁總是有個人；這是一種探索、一個追尋。」她在二十歲的時候結婚，七年內生了三個孩子。錢從來就不夠用，隨著緊張氣氛上升，她丈夫的暴力相向也有增無減。在他把她打成重傷好幾次後，她知道自己必須要離開，必須要成長以及幫助自己。

接下來的數年裡，安生命中出現了其他的男人，但是她並未再婚。五十歲時，她說她對於「神奇的另一半」的追尋終於結束。事實上，當我問她是否有特殊的方法安排自己的生活以調適自身的敏感時，她第一個反應是「我終於把男人趕出我的人生，所以我再也不必深受其苦了。」不過，與女人的親密關係，以及與她孩子和姊妹之間的密切聯繫，給了安相當大的快樂。

第一章提到的那位女學生克莉絲登，同樣也是在童年時期就有刻骨銘心的暗戀經驗。

「每一年我都會挑選一個。但是當我愈長愈大，這種感覺愈來愈嚴重，尤其當我真的跟他們在一起時，我卻希望他們別來煩我。然後就是我跟他一起去日本的那個男孩。他對我是如此重要，但是感謝老天，這一切都結束了。現在我二十歲，我對男孩沒那麼感興趣了。我想先弄清楚自己是個什麼樣的人。」克莉絲登很擔心自己的精神狀態，但是聽起來，她的心智絕對非常健全。

莉莉（Lily）三十歲，為了反抗她那管教嚴厲的中國籍母親，而度過了一段荒唐的青春歲月。但是兩年前，當莉莉因為荒誕不羈的生活而使健康亮紅燈時，她終於了解自己是自討苦吃。在我們的會談中，她甚至開始懷疑，自己選擇這種過度刺激的生活，是否為了要讓自己遠離一個她曾經認為無趣以及缺乏美國人活力的家庭。無論如何，當重獲健康後，她跟一位男子墜入愛河，覺得對方比自己更敏感。剛開始，他們只是朋友；就像她的家人一樣，他似乎很無趣。但是在他們之間有一種溫和的、深思熟慮的情愫在滋長。後來他們兩人同居在一起，但是她並不想匆忙栽進婚姻中。

蓮恩（Lynn）二十多歲，最近與克雷格（Craig）結婚了，她跟這個男人有共同的心路歷程以及深刻、新式的愛情。但是他們之間有個問題，就是他們想要多少的性生活。為了遵循克雷格所信仰的宗教傳統，她在認識他時，就已接受了克雷格一直在禁慾的事實。在我們會談時，他改變心意了，變成想遵守這個傳統並且禁慾的人是她。目前讓兩個人都滿意的妥協就是「不常」做愛（一個月一到兩次），但是「非常特別」。

上述案例說明了高敏感族在滿足人性慾望時，會以非常多樣的形式與其他人產生親密關係。雖然我還沒有大規模的統計資料來確認這點，但是，這是從我的會談中所得到的印象，高敏感族在親密關係領域中所想出來的類型比其他人多，選擇單身者多過一般人；或者是更堅定的一夫一妻制擁護者，或跟朋友及家人有比較密切的關係而非愛情。沒錯，這樣高唱不同的情歌，或許是因為高敏感族不同的個人史與需求所致。但是說實話，「需要為發明之母」。

雖然有這麼多歧異，但是關於高敏感族的親密關係，仍然有一些共同的問題要考量，它們全都源自於我們察覺細微處的特殊能力，以及比較容易被過度激發的傾向。

高敏感族與談戀愛

關於談戀愛，我的研究顯示，高敏感族確實比其他人更難墜入愛河。那可能是件好事。舉例來說，研究顯示，談戀愛容易增加一個人的能力感和這個人全然的自我概念。當談戀愛時，一個人會感覺到自己更大、更好。另一方面，知道我們較難墜入情網的一些原因跟對方無關，是件好事——以免有時候我們寧願不談戀愛。

不過，在開始之前，請你先寫下當你在熱戀中時，在一個或更多場合中發生了什麼事。然後，你就可以看到是否有任何我所描述的事，也在你的情況中發生。

我發覺，有些高敏感族似乎從不談戀愛（他們通常是我先前提過的逃避依附類型）。但是說「我絕不談戀愛」，就像說在沙漠裡從不下雨一樣。了解沙漠的人將告訴你，當真的下雨時，要小心。所以，假如你認為自己從未好好愛過，那麼就好好繼續讀下去吧——以防下雨。

當愛得太熱烈時

在轉向可能發展成美好關係的熱戀或友誼之前，你可能對於不常發生但卻出了名令人難以招架、不可能的愛情較感興趣。它可能發生在任何人身上，但是似乎發生在高敏感族身上多一點。而且因為對雙方而言往往會是一個悲慘的經驗，所以，萬一你無意中跌入這樣的情境中，下面有些資訊可能是有用的。

這種愛情通常得不到相同的回報。無法得到同等的愛，可能正是熱烈的原因。假如可能發展出一段真正的關係，那麼當一個人更了解這個情人，他／她的全部，包括他／她的缺點時，荒謬的理想化就會冷卻下來。但是熱烈也可能會使這段關係因而中止。極端熱烈的愛情往往會被情人拒絕，只因為這樣的要求是如此之高，而且不切實際。被愛的那個人常常會覺得比較有窒息感，也許會覺得這一點都不是真的被愛。事實上，愛人的人似乎並不真的了解被愛的人，只是有一些不可能的完美幻想。同時，愛人的人可能會為了這個美滿幸福的夢想而放棄一切，但其實對方獨自一人就能實現。

這樣的愛情是如何發生的呢？這個問題並沒有標準答案，但是有某些強烈的可能性。榮格認為，習慣性內向（大多數的高敏感族）的人，將他們的能量轉而向內，以保護他們珍貴的內在生活不要被外在世界壓垮。但是他指出，你內向得愈徹底，在你的潛意識中就會建立愈多壓力，來補償這種內心的轉向。這就好像房子裡擠滿了無聊（但是或許是天才）的孩子，最後終於找到後門溜出去。這種被壓抑的能量往往會落在一個人（或地方或事物）身上，而它對於這位可憐、本末倒置的內向者而言，就變得全然重要。你已經陷入熱戀中，但這真的跟對方沒有太大的關係，而是跟你延後多久找到出口比較有關係。

許多電影和小說都曾描繪這種愛情。電影《藍天使》（*Blue Angle*）可能算是經典範例，它是在描述一位教授與一位舞小姐墜入愛河的故事。經典的書籍則是赫曼．赫塞（**Hermann Hesse**）所寫的《荒原狼》（*Steppenwolf*），故事是敘述一位極度內向的老人遇見一個很會挑逗人的年輕舞者以及她那些熱情、性感的舞群朋友。在這兩個故事中，故事的主角都無可救藥地陷入愛、性、藥物、嫉妒以及暴力的世界中——種種刺激以及他們那直覺、內向的自我曾經拒絕，而且一點也不知如何掌控的感官事物。但是女性也會經歷這些，就像在珍．奧斯汀（**Jane Austen**）或夏綠蒂．勃朗特（**Charlotte Brontë**）的一些小說中，一些被控制、內向、愛讀書的女性，也常被愛情沖昏了頭。

無論有多內向，你都是一個社會動物。即使想保護自己的那股矛盾的衝動非常強烈，你還是無法逃避想與別人產生連結的需求，以及自發性的欲望。幸運的是，一旦你在外在世界中一段時間，而且談了好幾次戀愛，你將領悟到，沒有人那麼完美。常言道：天涯何處無芳草。避免愛得太激烈最好的方法，就是多參與這個世界，而不是少參與。一旦你達到平衡，甚至或許會發現有些人其實是在幫助你保持冷靜，並且讓你有安全感。所以說，既然你終究會浸淫，那麼何不現在就跟其他人一起潛入水中呢？

回顧你自己的戀愛故事或是友誼，它是在很長時間的孤寂之後才出現的嗎？

人類的愛與神聖的愛

另一個愛得深刻的方式，就是將自己的心靈渴望投射到另一個人身上。再次強調，如果你可以跟那個人生活一段時間，那麼錯把你的人類愛侶當作是神聖情人的想法，就會被導正回來。但是如果我們不行，那麼這種投射可能會驚人地持續著。

這種愛情的源頭，必定是一件非常大的東西，至少我認為如此。就如同榮格學派的學者所說，每個人內心都有一個賢內助，它的目的就是引導我們進入最深層的內在領域。但是，我們或許並不很熟悉內心的賢內助，或者常常在極度的渴望中錯把他或她投射到其他人身上，以尋找那個我們如此需要的人。我們希望那賢內助是真的，而且當然，雖然完全內在的事物可以是非常真實的，但那卻是一個可能很難學會的概念。

榮格學派的傳統認為，對一個男人而言，內在的賢內助通常是一個女性的靈魂或女性原型的角色；而對一個女人而言，內在的賢內助通常是一個男性的精神導師或男性原型的形象。所以當談戀愛時，我們往往其實是跟那個內在的女性原型或男性原型在交往，這些原型將帶領我們走向我們渴望去的地方，到達天堂。我們在血肉之軀中看到女性原型或男性原型，希望和他們共享一個世俗、感官的天堂（通常包括搭乘在熱帶地區航行的郵輪，或是某個週末在巴西淡水河谷滑雪——廣告商很樂意幫我們把這些原型投射到外在世界中）。但別弄錯我的意思。血肉之軀和感官全都很棒。它們只是無法取代內在的人物或對象。但是你可以看到，當兩個凡人以人類的方式彼此相愛時，神聖的愛可能會造成多大的困惑。

或許這種困惑在一個人生命中的某一段時間、某一個情況下並無大礙。就像小說家查爾斯．威廉斯（Charles Williams）寫道：「除非愛慕是給了最後必然被證明為假的東西，否則到最後，真的東西就不會出現。」

令人不知所措的愛情與不安全的依附

如同先前所討論的，高敏感族跟每一個人和每一件事物的關係，都受到他們童年時與第一位照顧者的依附本質之莫大影響。由於大約只有50％至60％的人口在童年時擁有安全依附（真的是很令人震驚的統計數字），因此，像你這樣對於親密關係非常謹慎小心（逃避型），或者非常熱烈投入（焦慮—猶疑不定型）的高敏感族，仍然可以認為自己相當正常。但是你對於戀情的反應會非常強烈，因為在那個部分有這麼多未竟之事。

往往那些不安全依附類型的人，會為了不受到傷害，而非常努力嘗試逃避愛情。或者也許愛情看起來就只像是在浪費時間，而你會試圖不去思考為什麼你對愛情的看法和世上大多數的人不同。然而無論你多努力地嘗試，有一天，你可能會發現，自己又再次嘗試要把它弄懂。某人出現了，而且看似夠安全，值得冒依附的風險。或者關於對方的某件事，讓你想起某個在你生命中短暫經過、讓你安心的人。或是內心有某樣東西，讓你極度想要冒一次險。你突然就和某個人在一起了，就像艾倫的例子一樣。

雖然艾倫從不覺得跟丈夫之間如他想要地那般親密，但是當她完成第一件大型雕刻作品的當時，她覺得自己的婚姻相當幸福。而在完成了持續一整年的計畫並運送出去後，她發現自己感覺莫名空虛。她極少跟人分享這樣的感覺，有一天，她不知不覺跟一位年紀較大的女人聊心事，這個女人身材矮胖，灰白的頭髮在腦後梳成一個髻。

在那次談話前，艾倫從未注意過這名女子，在艾倫住的社區裡，她被認為是一個性情怪異的傢伙。但是這名年紀稍長的女人剛好曾經接受過諮商師訓練，所以知道如何帶著同理心去傾聽。第二天，艾倫發現自己無時無刻都在想著這個女人。她想要再跟她共處。這個女人對於能與這麼一位有魅力的藝術家做朋友，感到無比榮幸，所以這段關係就開花了。

對艾倫而言，這段關係不止是友誼，而是一種莫名渴望的需求。讓她自己感到驚訝的是，她們兩人的情誼很快地演變成性關係，而艾倫的婚姻日益緊張動盪。為了她的丈夫和孩子，她決定終止這段關係，但是她做不到。這完全是不可能的事。

在經過一年三角關係的感情風暴後，艾倫開始發現在這個女人身上難以忍受的缺點——主要是火爆脾氣。這段關係結束了，艾倫的婚姻也保住了。但是直到數年後接受心理治療，她才了解當時她身上發生了什麼事。

在探索她幼年時期的課程中，艾倫從她的姊姊口中得知，她們忙碌的母親沒有什麼時間或是不太喜歡小寶寶。艾倫是由多名保姆帶大的。艾倫還記得其中一位叫諾斯太太的保姆，之後她成為艾倫第一位主日學的老師。諾斯太太非常親切和溫暖；事實上，小艾倫曾經以為諾斯太太就是上帝。諾斯太太是個身材矮胖，長相平凡的女人，灰白的頭髮在腦後梳成一個髻。

艾倫在成長過程中不知不覺地按照特定方式行事。首先，她被設定要避免依附任何人，因為她的照顧者如此頻繁地更換。但是在她內心深處，她被設定要去尋找一個像諾斯太太那樣的人，然後不顧一切風險地想再次獲得安全感，就像她在嬰兒時期一天會有好幾個小時跟真正的諾斯太太在一起一樣。

我們一出生就以某種方式被設定：取悅和緊抓住第一個親切的人，他或她承諾會愛我們和保護我們；尋找一個完美的父母，並完全地崇拜這個人；極度謹慎地去依附任何人；去依附某個就像一開始就不想要我們的這個人那樣（看看這次我們是否能改變他們），或者堅持我們永遠都不會長大的人；或者只是尋找在孩提時期我們所喜愛的那個人那樣的另一個避風港。

回顧你的愛情史。你可以從你的幼年依附中去了解它嗎？你是否把遺留在童年的強烈需求帶到愛情中呢？為了擁有一些這類殘留的需求，便以「如膠似漆」的成人親密感來補足。但是我們只能從一個和我們一樣的成年人身上要求這麼多。如果有人真的想要一個帶有孩提需求的成年人（例如，從不讓對方離開視線的需求），那麼也是有著尚未解決的過往問題。心理治療是可以讓人們認識到所失去的、為其他人感到遺憾，以及學習控制難以承受的情感的唯一所在。

正常的愛情是什麼樣子？它不是也短暫地讓生活變得美好到不正常嗎？

互愛的兩個要素

在研究了由各個年齡層的人所寫的成千上百個談戀愛（和交朋友）的理由當中，我丈夫（他是一位社會心理學家，我和他針對親密關係共同執行了相當多研究）和我發現兩個最常見的主題。首先，墜入情網的人顯然非常喜歡關於對方的某些事物。但是丘比特的箭，通常也只會在他們發現對方也喜歡他們的那一刻，射穿他們的盔甲。

這兩個因素——喜歡關於對方的某些事物以及發現對方喜歡你——讓我的腦海浮現一個畫面：在這個世上四處走動的人彼此相互欣賞，只是在等待某個人表白愛意。高敏感族在心中記住這個畫面是很重要的，因為在一個人一生中，情緒最受激發的時刻之一，不是告白時，就是收到愛情宣言時。假如我們想親近某個人，我們必須身體力行！我們必須承受親近別人和被人親近的各種風險，包括暢所欲言。大鼻子情聖席哈諾·德貝爾熱拉克（**Cyrano de Bergerac**）學到了這個教訓，迪士尼動畫電影〈風中奇緣〉（*Pocahontas*）裡的約翰·史密斯隊長（**Capt John Smith**）也是。

情緒激發如何讓所有人墜入情網

一個男人在一座高掛在峽谷間、於風中搖晃的殘破吊橋上遇見一位迷人的女子。或者他在距離一條小溪上方一英尺的堅固木橋上遇見同一位女子。這個男人在哪一個地方比較可能被這位女子吸引並產生愛意？根據我丈夫和他的一位同事所做的一項實驗結果顯示（現在這項實驗在社會心理學界非常有名），在吊橋上墜入情網的機會多更多。其他的研究也發現，假如我們以某種方式被激發時，比較可能被某人吸引並滋生愛苗，即使是在原地跑步或是聽一齣喜劇獨白的錄音帶。

有幾個理論可以解釋，為什麼如果有個適合的人在身邊，任何一種激發都能引發吸引力。有個原因可能是，我們總是嘗試將激發歸因於某事，而且如果可以，我們會特別想將它歸因於感覺被吸引。或者也有可能，在我們心裡，那種可忍受的高度情緒激發跟自我擴展和興奮感有關，而這些又反過來跟被某個人吸引有關。這個發現對於高敏感族具有相當有趣的意義。假如我們比其他人更容易被激發，當我們跟某個有吸引力的人在一起時，我們通常會比較可能墜入情網（也可能比較難）。

回顧你自己的愛情史。你是否在遇到某個你喜愛的人之前或在當下，經歷了情緒激發的過程？就這一點而言，在經歷過一些嚴峻的考驗之後，你是否曾感覺你與共同經歷這場考驗的人有強烈的連結？或者對於曾幫助你處理一個危機或痛苦的醫生、治療師、家庭成員或朋友間，有強烈的連結？想想在中學和大學時期就已經建立的友誼，當時每個人都期待這麼多新的、強烈激發的情況。現在你知道原因何在了吧！

高敏感族較容易墜入愛河的兩個其他原因

另一個墜入情網的原因，可能是懷疑個人的自我價值。例如，有個研究發現，自尊心比較低落的女學生（因為在實驗中別人告訴她們的某件事），比起那些絕不讓自尊心受損的女學生，更容易受到潛在的男性伴侶所吸引。同樣地，人們在分手之後，特別可能墜入情網。

就像我所強調的，高敏感族容易傾向低自尊，因為他們並非文化中的理想類型。所以，假如有人想要他們，有時他們就會覺得自己很幸運。但是建立在這個基礎上的愛情，可能會適得其反。之後，你可能會發覺你愛上的那個人非常不如你，或者根本不是你的菜。

回顧你自己的情史。低自尊一直都對你造成影響嗎？

當然，主要的解決方式，就是從你的敏感角度重建自己的生活以建立自信，對於任何會降低你自信的事物做一些內在功課，依照你自己的條件來融入這個世界，並且向自己證明你沒問題。你將會很驚訝，有多少人將深深愛著你，正因為你的敏感。

純粹出於害怕孤單、過度激發，或是面對新的或令人害怕的情況，而進入或是堅守一段親密關係，是人之常情。我認為，這是為什麼研究發現，有三分之一的大學生在他們離開家的第一年就談戀愛的主要原因。我們都是社會動物，在彼此的陪伴中感覺更安全。但是你並不想忍受某個只是因為害怕孤單的人。對方最終會感覺得到，而且會受傷害或者利用你。你們雙方都值得更好的人。

回顧你的情史。你是否曾出於害怕孤單而墜入情海？我相信高敏感族應該會覺得，即便沒有親密、浪漫的關係，他們至少也可以安然度過一段時間。另外，我們並不是隨時在等待一個我們真正喜歡的人。

假如你還無法單獨生活，也沒什麼好覺得丟臉的。很有可能某件事破壞了你對世界的信任感，或是某個人希望你不要發展出這種信任感。但是假如實際可行的話，試著靠自己過生活。萬一看起來太困難，在一位治療師的協助與指導下來解決它——這個人不會虐待或遺棄你，而且只希望看見你自立自強。

你也不見得會完全孤單。還有一些其他很棒的安慰，像是好朋友、挺你到底的家人、碰巧回來、正打算去看電影的室友、善良的狗，以及惹人憐愛的貓。

深化友誼

高敏感族尤其絕不應該低估深厚友誼的優點。它們未必像愛情一樣如此強烈、複雜或排外。有些衝突可以留待它們自己去化解。惱人的特質可以被忽略得久一點，或許在整段關係中皆是如此。在友誼中，如果你被拒絕或決定要拒絕對方，你可以跟對方釐清你們之間哪些事是可能的，而不會做出對彼此長期的傷害。偶爾，一段愛情甚至一開始就是從友誼發展出來的。

為了深化友誼（或是家庭關係），應用一些你現在知道人們談戀愛的健康理由吧。告訴對方，你喜歡他們。而且不要猶豫去分享一個強烈的經驗——一起經歷一個考驗、一起從事一項計畫，組成一個團隊。假如你們只是偶爾一起去吃午餐，是很難變親密的。在你們共享經驗的過程中，也將分享彼此的自我揭露。當雙方能適當地互相交流時，將會是發展出親密感最快速的一條路。

找到適合的另一半

其實，找到我們的人，往往會是非高敏感族。有一段時間，我大部分的朋友都是外向、沒這麼敏感（但是當然親切且有同理心）的人，他們似乎有點自豪發現了我這麼一個孤僻的作家。這些人跟我都是好朋友，帶給我的視野與機會，是我自己從來沒遇到過的。無論如何，因為種種原因，高敏感族也跟一些其他的高敏感族親近，總是好的。

找到其他高敏感族的絕招之一，就是請你的外向朋友把你介紹給他們所認識的、像你這樣的其他人。另外，你可以用志同道合的方式，來尋找一位高敏感族。不去酒吧享樂、不上健身房、不參加雞尾酒派對。縱然會加深刻板印象，但高敏感族或許更可能出現在諸如成人進修班、奧杜邦（Audubon）學會的生態之旅或是喜耶拉山（Sierra）俱樂部的遠足、一神論或貴格教會、天主教徒或猶太教徒的讀書團體（鑽研他們宗教裡較深層或較深奧的面向）、藝術課程、榮格學派心理學的演講、讀詩班、門薩聚會、交響樂、歌劇和芭蕾舞、在這些表演之前的演講，以及各式各樣的心靈靜修中。這張清單應該可以幫助你踏出第一步。

一旦你發現了另一位高敏感族，你們可以談談關於現場的噪音或刺激，於是很容易就打開話匣子了。然後，你們可以協議逃離現場、去散散步、一起找個安靜的地方，這才是你們自己的路。

舞會上的高敏感族

我曾經說過而且要再強調一次，高敏感族需要親密關係，並且非常擅長此道。此外，我們必須密切注意我們想要內向的那一面，以保護自己。我們常常可以在以下這類舞蹈中發現自己：

首先我們想要親密，所以我們發出各種引發親密感的訊息。接著有人回應了。他們希望看見更多的我們、認識我們，或許還碰觸了我們。然後我們退縮了。對方耐性地等待了一會兒，然後也退縮了。我們感覺孤單，所以又再度發出信息。那個人或其他人又再試了一次。有一段時間我們都感到非常開心。接下來，又覺得難以應付了。前進、後退、前進、後退，直到你們都厭倦這支舞為止。

在距離與親密之間取得適當的平衡，看起來似乎不可能。如果你嘗試去取悅他人，你將忘記自己的需求。如果你只是嘗試要取悅自己，你將常常無法表達非常多的愛，而且無法做出這段關係所需要的承諾。

跟像你自己一樣的人往來，是一個解決方法；不過，你們也可能最後兩個人都不聯繫，而變成在舞池兩端各跳各的舞。另一方面，與某個想要更加投入、更多刺激的人交往，可能會使得這支舞變成一種折磨。我不知道你的答案會是什麼。但是我知道，高敏感族一定會留在舞會上，而且既不會放棄也不希望它結束。在最好的情況下，這是一道平衡每一方需求的水流，並且了解這種感覺在上下浮動。隨著時間演進，你會變得更優雅，並且較不容易觸犯他人。所以，讓我們來把你最親密的關係看個仔細吧。

兩個高敏感族之間的親愛關係

與另一位高敏感族親近，應該有很多優點。終於，每一方都覺得被理解了。譬如你們會比較少有多少叫太多、想花時間獨處之類的衝突。你們或許會喜歡類似的休閒娛樂。缺點也許會是，你們會對同一類的任務感到困難，例如跟陌生人問路，或是花一天時間購物。所以，這些事情通常會沒人做。而且，假如你們傾向相互保持距離，那麼不會有人強迫你們兩個更親密一點，去面對自己的不安全感。或許你們兩人覺得一份保持距離的關係也無妨，但可能會出現與一個要求更多親密感的人交往時所不會出現的「無趣感」。但這真的是取決於你們自己。無論流行心理學怎麼說，只要你們兩人開心，並沒有哪一條自然或人訂的法則說為了得到滿足，你們非得親密並且熱切的分享。

最後，在我的印象中，無論何時，當兩個人在交往中時，通常都會有相似的個性；他們對彼此的了解很強烈，而且少有衝突。那可能會是無趣的。但這也可能建立起一個安全、安靜的港灣，讓你們倆可以從這裡出發一起去旅行，無論是走入外在世界或走入內心。再回歸到彼此時，你們可以像親身體驗般分享彼此經驗中的興奮感。

當對方並非高敏感族時

花許多時間在一起的兩個人，任何的差異通常都會愈來愈大。假如你比較會看地圖或銀行對帳單，那麼這些事總會歸你做，並且成為專家。麻煩就是，當獨自一人要看地圖或一家銀行想要知道你的帳戶發生什麼事時，「不會」的那一方就會覺得自己很愚蠢和無助（雖然偶爾人們會很驚訝地發現，因為看過另一方做，所以他或她其實比雙方所認為的知道更多）。

每個人都必須為自己決定，哪些領域因為有個專家搭檔所以裝傻會比較好，而哪些領域當個笨蛋一點都行不通。自我尊重是一個問題，而且我認為，在異性戀伴侶中，性別刻板印象通常會影響深遠。或許你在做同性別的人通常不會做的事時，會感覺不自在。又或者，像我自己和我丈夫，就不習慣依照刻板印象來行事（我想知道如何換輪胎，他想知道如何換尿布）。

這種局限是最有問題的，而且當它出現在心理學的「研究」中時，一不小心就會被忽略了。有一方對於兩人的事感到情緒波動；另一方卻保持冷靜。或者一方只感受到好的感覺，在處理悲傷、恐懼等等的情緒時不會反彈，而對方卻深陷在焦慮與憂鬱中。

當說到你的特質時，比較不敏感的一方，就會為比較敏感的那一方處理任何可能過度激發他們的事情，並成為專家（或者假如你們兩人都敏感，你們可以專精在不同的領域上）。這對雙方而言都有好處。會比較冷靜，而且一方會感覺自己有用，另一方則得到幫助。事實上，比較不敏感的人或許會覺得自己不可或缺，並且發現這一切都太令人安心了。

同時，比較敏感的一方，會盡全力為兩人處理細微末節的事。有些可能看起來比較不重要，譬如想到有創意的新想法、知道為什麼你正活著、深化溝通、欣賞美等等。但是假如兩人之間有強烈的連結，或許是因為比較不敏感的那個人真的需要並且重視比較敏感的一方（你）所做的貢獻。如果沒有這樣的貢獻，那麼，之前所有講求效率所做的事，都將功虧一簣，而且或許也會變得更沒效率。有時候，比較敏感的一方甚至可能會察覺到這一切，並覺得自己不可或缺，而且是太優越了。

在一段維持了許多年的關係中，雙方可能會相當滿意他們特別的工作分配方式。不過，尤其是在後半生，其中一人或兩人可能會變得不太滿意。想要完整、想要經歷自己所不擅長的另外半個人生的渴望，可能會變得比想要有效率或避免失敗，來得更不可抗拒。此外，假如這種局限變得極端，譬如在一段長久的婚姻中，每個人可能會覺得如此倚賴對方，以致於可能會喪失在這段關係中做出選擇的一切能力。就敏感度而言，你們其中一人可能會覺得在外在世界中無法存活；而另一個人則會覺得無法找到通往內心世界的道路。在這種情況下，黏膠就不再是愛情，而是「缺乏選擇」。

解決方法顯而易見，但並不容易做到。雙方都必須同意這種情況必須改變，即使有一段時間，做事會不像以前那麼有效率。比較敏感的一方必須嘗試新事物，多負點責任，有時候需要單打獨鬥。比較不敏感的一方則必須去體驗沒有對方的「精神」扶持，以及靠自己來發覺和接觸細微事物。

假如每一方都能避免干涉和取代對方，那麼每個人都可以是對方的輔導員。另外，最有用的角色，就是待在看台上當一位支持者。或者這個角色也許會是完全忘記對方一段時間，因此那個門外漢得以奮力前進，而不會被品頭論足及對他或她微不足道的努力而感到羞愧。這個門外漢知道要到哪裡去尋找專家，而且如果有需要，也喜歡幫助別人。這仍然是一個很棒的做法。或許在這種情況下，會是最佳的禮物。

最佳激發程度的差異性

我們剛剛只考慮到一種狀況：你和你比較不敏感的伴侶或朋友為你這個「敏感的人」把事情喬得幾乎太輕鬆了。但是也有很多時候，對方並不了解你受到了過度刺激。畢竟，有些時候當你們兩人一直在做同樣的事情時，他或她可能仍然覺得一切都不錯。那你到底是怎麼了？

你如何回應「你就試試看嘛」以及「別掃興」這類善意的邀約呢？根據我自己過去的經驗，這是一個兩難的問題——一開始是我小時候在家裡時，再來是之後跟我丈夫在一起時。如果我說我不能參與，那麼有可能會有其他人因為我的緣故也不去，然後我就會覺得很愧疚；或者他們拋下我自己去時，我又會覺得被遺漏了。好難抉擇呀！由於當時並不了解自己的特質，我的解決方式通常就是去遵循已計畫好的事。有時候有用，有時候很苦惱，而有時候到最後我都生病了。難怪許多高敏感族會跟他們「真實的自我」脫節。

當我兒子還是個小嬰兒時，我們待在歐洲一年，那年夏天，有幾週的時間我們跟朋友一起旅行。出發的第一天，我們開車從巴黎到地中海岸，然後沿著東海岸線進入義大利。我們沒料到會遇到歐洲的度假人潮，所有人都是一個接一個城鎮地蜿蜒前進，車子一輛接一輛，喇叭聲四起，電動腳踏車到處亂竄。我們雖然沒有事先訂位，也沒有很多錢，但我們五個人決定要待在某一個小鎮的旅館中，以實現我們暢遊東海岸的夢想。我的小寶寶把我當成蹦蹦床，開心地玩了好幾個小時，後來他終於累了，開始哭鬧，然後尖叫。在太陽下山前，這趟旅程就一點都不好玩了。

一到飯店房間，我就非常想休息，並讓我兒子躺在床上。當時，我並不了解這是一種特殊的特質；我只知道我們兩個都需要休息。而且就是現在。

我丈夫和我們的朋友正準備要去蒙地卡羅的賭場玩。就像許多高敏感族一樣，我並不喜歡賭博。可是聽起來又很令人嚮往。但是我根本無法忍受去賭場。如果可以安排一個保姆該多好——我就是不喜歡待在屋子裡。

結果我真的待在飯店裡。我兒子睡得很安穩；我躺在床上睡不著，並且覺得很難過、孤單、嫉妒其他人，而且獨自在一個陌生的地方，讓我覺得緊張不安。當然，當其他人興高采烈地回來時，他們講了些有趣的故事來逗我開心，而且說「你應該要一起去的」。我沒去，也沒睡覺，而且因為我很懊惱自己沒睡覺，所以更睡不著了！

我多希望自己當時知道我現在所知道的一切！過度激發很容易轉移成擔憂、懊悔——任何湧上心頭的情緒——而且躺在床上並不表示你就會睡著；你的情緒或許太過激動了。但是這還是一個最好的地方。而且通常還會有機會去玩，即便是去看看蒙地卡羅。最重要的是，一旦你接受家裡有時真的是屬於你的小天地，你就會覺得待在家很棒。

在這些情況中，你的朋友或伴侶真的是處於一個窘境裡。他或她希望你來，而且因為以前有時會奏效，所以盡力說服你、讓你心動。另外，除了希望你一起來，假如他或她去了而你沒去，對方可能會對於拋下你而深感愧疚。

我認為，為了不要讓任何人事後受到責備，高敏感族在這些情況下，必須負起責任。畢竟，你是那個最清楚自己的感受，以及你能夠享受什麼的人。如果你是因為害怕受到過度刺激，而猶豫去做某件事——不是因為你現在疲憊的狀態——那麼你就必須衡量看看，在過度刺激和你可能享受不到樂趣之間孰輕孰重（而且假如你從童年開始就對不熟悉的人、事、物異常害怕，那麼就要在傾向去的那一端多加一些比重）。你必須為自己做決定，並且行動。假如你的行動最後證實是一項錯誤，那麼雖然你就是犯下錯誤的人，但至少你試過了。如果你知道自己受到過度刺激，必須待在家裡，那麼你就平心靜氣地待在家，將你表現出來的懊悔減到最少。鼓勵其他人沒有你，也要玩得開心。

每日的獨處時光

與一位較不敏感的伴侶或朋友的親密關係中，另一個常見的問題是，你對於獨處有比較大的需求，但你只是在思考和整理那一天所發生的事。對方可能會覺得被拒絕，或者只是仍然想要你的陪伴。你要先弄清楚為什麼你需要休息。明白告訴對方你何時有空，並遵守承諾。或者也許你們仍然可以共處，但就是去安靜地休息。

假如你遇到某些人抗拒你對獨處的需求（或是你任何特別的需求），那麼你們必須要更深入地討論這個問題。你有權利擁有不同的經驗和需求。但是你要理解，他們並不是你的伴侶或朋友，也不像他們所認識的大多數人。所以，試著去傾聽並看看對方的感受。或許他或她想要否認你們之間有如此巨大的差異。或者也許擔心你出了什麼問題，有什麼缺陷或是生病了。對方可能會有一種失落感，因為這項特質似乎會讓你們之間變得不可能，這對於對方而言是很冒險的，不管是真實或想像。對方可能會產生憤怒，或者認為你必須要補救這一切。

你不妨溫和且有技巧地提醒對方，因為你的特質，他或她所獲得的好處。而且你必須慎防你不是利用自己的敏感當作藉口，總想按照你的意願來做。你可以忍受高程度的刺激，尤其是當你跟某個能讓你放鬆並讓你感覺安全的人在一起時。有時候，當你誠心誠意努力地附和你的朋友或伴侶，你將得到感激。這可能會進行得很順利。若不行的話，你也將證明你的限度——最好不要說：「我早就跟你說過了。」當你們雙方都認同和尊重對方最適合的激發程度時，你將會很清楚地看到你們通常比較快樂、健康，而且比較少彼此怨懟。你們可鼓勵對方去做必須做的事——到外面的世界開心地玩、待在家中休息——如此才能留在這種舒服自在的範圍中。

當然，當你堅持自己的需求時，其他問題可能浮上檯面。假如這段關係已經搖搖欲墜，那麼，宣告你的特質是你朋友或伴侶必須容忍的一項因素，恐怕會導致大地震。但是，假如斷層帶一直都存在，那麼無論它變成多大的爭執點，你都不要去怪罪你的特質或是你為這項特質所做的的辯解。

害怕坦誠交流

整體說來，敏感特質可能會大大影響親密溝通。你注意到這麼多細微的線索、細微的差異、似是而非的觀點和矛盾心理等等這些潛意識的過程。你知道這種溝通需要耐性。你很忠誠、認真負責，而且你非常了解這段關係的價值，所以你願意付出時間。

一如往常，主要的問題就是過度激發。在那種情況下，我們可能會對周遭的一切事物極度不敏感，包括那些我們所愛的人。我們可能會怪罪於我們的特質——「我只是太累了，太不知所措。」但是，盡己所能以有用的方式來溝通，或是可能的話，事先讓對方知道我們何時無法承擔義務，仍然是我們的責任。

高敏感族或許會因為要避免因不愉快的言語所引起的過度激發，而犯下他們最嚴重的溝通錯誤。我認為大部分的人（高敏感族尤其如此）害怕生氣、對立、眼淚、焦慮、「大吵大鬧」、面對改變（這總是意謂著失去某樣事物）、被要求改變、因為我們犯的錯而被評價或是感到羞愧，或者去評價或羞辱另一個人。

你在理性上知道——從閱讀、經驗、或人際關係諮商中——假如一段關係要保持新鮮和活力，上述種種皆不可少。但是因為某種原因，一旦陷入那些感覺並脫口說出時，就算知道是那樣，也不會有幫助。

此外，你的直覺正在向前躍進。在一個非常真實、激發情緒、半知半覺的想像世界中，你已在體驗這段對話可能會進行的各種方式，而且大部分都是令人苦惱的。

有兩種方式可以處理你的恐懼。首先，你能意識到自己正在想像的事物，而且也去想像其他的可能性——舉例來說，當衝突化解後會是什麼情況，或者假如你不處理這個問題的話，又會是什麼情況。其次，你可以跟你的朋友或伴侶討論你心中正在想像、讓你無法敞開心胸的事物。像下面這樣說，無可避免地是具有操控性的：「我想跟你談談有關這樣那樣的事，但如果你的反應是跟我說這樣那樣的話，就沒辦法了。」但是，這也可能促使你們去觸及關於「如何溝通」這個更深層的議題。

在衝突時需要喊暫停

一對愛侶若其中一人或兩人都是高敏感族，必須為他們最容易激發情緒的溝通，制定一些額外的基本準則，因為，這些溝通通常也就是爭吵。我假定你們已經禁止辱罵對方、不將現在的衝突和過往的問題混為一談，不會把雙方都感到安心和親密時所共享的祕密拿來做文章。但是你們兩人為了控制過度激發，可能也會協議其他規則，其中之一就是喊暫停。

通常，在爭吵當中，其中一方不應該退場（或是提出「永遠結束」的問題）。但是當某一方極度想要離開，那個人便是心裡感到絕望和走投無路了——話語已經無效。有時候，這是因為愧疚，因為已看到某個人內心的自我非常不高興。這種時候，對方應該退一步，並表現出一些同情，不要咄咄逼人及進一步地羞辱伴侶。有時候，被逼到絕路的那一方仍會覺得自己有理但是卻無力反擊。話語來得太快、太尖銳，你無法有力地反駁。熊熊怒火升起，而離開是唯一安全的表達方式。

無論如何，身為一位高敏感族，你可能會發現自己有時候光是爭辯就如此被過度激發，你們的爭吵很快就變成你生活中最糟的時刻。由於你們的關係必定會變得令人失望和疏遠，而不再能偶爾表達合情合理的抱怨，你會希望雙方回想起這些爭吵時，會覺得值得，即使在當時是痛苦的。那意謂著要通情達理。所以，先喊暫停吧。為雙方提供一個安全門，即使只有五分鐘、一小時，或是睡上一個晚上。沒有人退場，只是暫停而已。

等待結束一場爭吵，對你們雙方而言可能是困難的，所以兩個人都必須同意暫停。要事先就討論好，把它當作一條真正有幫助的基本準則，而非開溜的藉口。事實上，你可能會發現它真的很有幫助，未來你將很容易就同意停火。在喊暫停之後，事情常常看起來就不同了。

正面的後設溝通與反應式聆聽的力量

後設溝通是指跳脫當下，談論你如何說話，或者只是你通常如何感覺。負面的後設溝通聽起來就像：「我只是希望你了解，雖然我正在跟你討論這件事，但是我打算做我想做的事。」或者「你是否注意過，每一次當我們吵架時，你就變得不可理喻？」這樣的表達只會將爭吵拉高到新的程度。

正面的後設溝通則是做相反的事，它是把一層安全的天花板放在所造成的傷害上。它們聽起來就像：「我知道現在我們吵得非常兇而且激烈，但我只是希望你知道，我想要解決問題。我在乎你，而且我很感激你跟我一起奮鬥到底。」

正面的後設溝通在人際之間所有氣氛緊張的時刻非常重要。藉由提醒當事人他們真的或能夠在乎彼此，而且事情將可能獲得解決，便能減少激發和焦慮。一對愛侶若其中一人或兩人都是高敏感族，應該要特別確定把正面的後設溝通納入他們親密關係的工具箱中。

我也建議你嘗試「反應式聆聽」。這項重要的工具從一九六〇年代就已經出現，而且你或許知之甚詳。我在這裡提起它，是因為它拯救了我的婚姻兩次，一點都不誇張。我怎麼能漏掉它呢？這是愛情與友情的心肺復甦術（CPR）。

簡單來說，反應式聆聽就是去聽對方說話，尤其是他或她的感覺。為了確定你聽到了，你要再把這些感覺說一次。就這樣。但是聽起來簡單，做起來不易。首先，你會說，這聽起來有點矯揉造作或者「像個治療師」。當你刻意去做時，確實如此。但是這種反應，也可能是因為對於這些感覺感到不自在，至少有部分是你的文化教育你的。相信我，對於得到關注的人而言，它看起來沒那麼虛假。而且，就像好的籃球員有時候必須只投籃或運球，你也必須練習偶爾僅僅是傾聽，那麼，當你需要時，它就像是「一步棋」。所以，至少嘗試一次單獨、純粹的反應式聆聽，最好是跟你親近的人一起進行。

仍然不確定？另一個追隨感覺的理由，就是在現實世界中，感覺很少被聽見。我們希望感覺會受到重視，至少在我們的親密關係中。而且感覺比想法和事實更深層，因為人們往往會渲染、控制和混淆想法與事實。一旦感覺清楚了，想法和事實也就更清楚了。

在你們的關係起衝突時進行反應式聆聽，你將強迫自己聽見你何時是不公平的，何時應該要放棄某些需求和習慣；並且聽見你所造成的負面影響，而不去為自己辯解；坦然接受壞消息，而不受到過度激發以及情緒失控，使得對方一定得去照顧你。這種做法帶領我們去思考一個深刻的主題。

親密關係是一條通往個性化的道路

在第六章，我說明了榮格學派的心理學家所謂的個體化過程，也就是依循個人生命之路的過程，學習傾聽自己內在的聲音。那個過程的另一個層面，就是特地去聆聽這些聲音，或是我們迴避、鄙視、忽略或否定的部分的自己。為了成為一個強壯、完整的人，榮格學派稱為「陰暗面」的那些部分總是需要的，即便我們大半人生都覺得知道它們存在似乎會要了我們的命。

舉例來說，某個人或許深信自己一直都很強，絕不可能承認自己有任何弱點。歷史和小說充滿了關於這種危險盲點的教訓，它最終會讓這個人倒下。我們也都看過相反的情況——有人相信自己向來就很弱，是無辜的受害者，他們放棄個人的力量，但卻認為自己什麼都好，而其他人都不好。有些人否定愛的部分；有些人則否定恨的部分，等等。

處理陰暗面最佳的方式，就是去認識它們，並且跟它們形成聯盟。到現在為止，我一直都對高敏感族抱持樂觀的看法，並且談及我們的認真負責、忠誠、直覺以及洞察力。但是假如我沒說高敏感族也會以同樣多的理由來拒絕和否定部分的自己，那麼我就是在幫倒忙了。有些高敏感族在變得強硬和不敏感時，會否定自己的長處、力量和能力。有些會否定自己不負責任、缺乏愛心的部分。有些則會否定他們需要其他人或者必須獨處，或是否定自己的憤怒——或以上皆是。

了解這些被否定的部分是困難的，因為我們通常有充分的理由去否定它們。而且雖然你認識的朋友或許相當清楚你的陰暗面，但是他們可能會猶豫要不要講出來。可是在一個非常親密的關係中，尤其如果你們同居，或是為了基本生活所需必須相互倚賴，那麼你們將無法去避免看見和討論彼此的陰暗面——有時會是很激烈的。事實上，可以說，除非你們確實認識彼此的陰暗面，並且決定要如何接納和改變它們，那麼親密關係才算真的開始。

把你最糟的一面顯現出來，是痛苦和丟臉的事。那就是為什麼它只發生在當你在你最在乎的人身邊而不得不呈現時；你知道就算說出或擁有這些「可怕」、祕密的部分，你也不會被遺棄。因此，一段親密關係是擁有它們最好的方式，能夠重拾跟著負面能量一起消失的正面能量，在通往智慧與全人的道路上呈現出自己的個性。

反應式聆聽

當我們把它當作一個練習在做時，設定一個時限（最少十分鐘，最多四十五分鐘）。然後角色互換，給對方相同的時間，但是不要立刻互換。等一個小時甚或是一天後。如果討論的主題是你們兩人之間的某個衝突或憤怒，那麼在討論你所說的話之前，也要先等待。你可以把你想說的話先做筆記。在這種情況下，在輪到你做反應式聆聽時再表達你的反應，才是上策。

要做的事：

1.舉止要像個真正在聆聽的人。端正坐好，手臂和雙腳不要交叉。身體稍微往前傾。眼睛注視著對方。不要看錶或時鐘。

2.用言語或聲調，如實地反映出你所表達的真實情感。與事實相關的內容是其次，而且當你們談話時就會水落石出——要有耐性。假如你感覺還有其他的感覺在，那麼就等它們自己在話語中顯現出來，或者從聲調中完全明顯地表現出來。

一開始用有點愚蠢的例子來展現強調情感反射的這個概念，你的伴侶可能會說：「我不喜歡你身上穿的這件外套。」在這個練習中，目標在於強調感覺，於是你就會說：「你**真的不喜歡**這件外套。」而不是說：「你真的不喜歡**這件**外套。」後者強調這件外套，就好像你是在問它有什麼問題一樣。而且你不要說：「你真的不喜歡**我**穿這件外套。」這句話聽起來重點在你自己（通常是帶有防衛的語氣）。

愚蠢的例子可能引發更多的反應。你的伴侶會說：「沒錯，這件外套總是讓我想起去年冬天。」來回應你對這些感覺的反應。到目前為止還沒有太多的感覺。所以，你要等待。

你的伴侶說：「我討厭住在那間房子裡。」你再次強調這種感覺：「住在那裡讓你感覺很不好。」而不是：「為什麼？」也不要說：「只要我做得到，我會努力讓我們兩人搬離那裡。」很快地，你可能會聽到關於去年冬天的事情，而且是你以前從未聽說過的。「是啊，我現在了解到我從未如此孤單，即使你跟我同在一個屋子裡。」這類需要被討論的事情。那就是「反應對方的感覺」可以帶領你們去的地方，跟著重在事實或是你自己的感覺是相反的。

不要做的事：

1.不要問問題。

2.不要給建議。

3.不要提起你自己類似的經驗。

4.不要分析或解釋。

5.不要做任何會分心或是無法反應出對方感情經驗的事。

6.不要陷入漫長的沉默中，讓對方唱獨腳戲。你的沉默是反應式聆聽中「傾聽」的那半部。在適當時機，沉默會給對方往內心更深處探索的空間。你還是要不斷反應對方說的話。運用你的直覺，掌握兩者的時機。

7. 無論對方說什麼，都不要為自己辯解，或提出你自己對這件事的觀點。假如你認為必要的話，可以在事後強調，你的傾聽並不代表你贊同。雖然在感覺背後的假設可能是錯的（我們可能會因為自己的感覺而做錯某件事），但感覺本身並無對錯，如果受到尊重，被對方聽見，通常結果會是減少麻煩，而不是增加麻煩。

親密關係中的自我擴展

人類看似有很強烈的成長與擴展需求——不只是擁有更多的領土、財物或權力，也要擴展知識、意識與認同。我們做這件事的方法之一，就是將其他人包含在我們的自我中。所以，一個人不再是「我」，而變成了更大的概念：「我們」。

當我們第一次談戀愛時，因為將另一個人納入我們的生活中，所以自我擴展迅速。然而，有關婚姻的研究顯示，經過幾年後，這段關係就會變得比較不讓人滿意，但是良好的溝通能減緩這種衰退，而且由於剛剛所提到的個體化過程，這種衰退又會更加緩慢，或是反轉。外子和我做過研究，發現了另一個增加滿意度的方法。在好幾個有關已婚或正在交往的情侶的研究當中，我們發現，如果愛侶一起做他們定義為「興奮」（不只是「愉快」）的事，那麼他們會對他們的關係感到比較滿意。這看起來很合理；假如你不能將與對方有關的新事物擴展成為你自己的一部分，那麼你仍然可以在這段關係中製造一個關聯，以及藉由一起做些新鮮事，來達到自我擴展。

尤其對高敏感族而言，生活看起來已太過刺激，當你回家時，你只想要安靜。但是要留意，別讓你們的關係太過安逸，而一點新鮮事也沒一起去做。或許那樣做了，你們分開的時間就會變得比較沒有壓力。不然你就必須尋找不會過度激發你的情緒，但又能擴展自我的方法，例如一場輕柔但非常美妙的音樂會、討論昨晚做的夢、在火爐邊分享一本新詩集。你們不一定要一起搭雲霄飛車。

假如這段關係是令人感到安慰的來源，那麼它也值得你將它視為繼續成為令人滿意的自我擴展之泉源。

高敏感族與性事

這是一個值得好好研究的主題，可以寫一整本書。我們的文化灌輸給每個人太多關於什麼才是理想、什麼並不正常的資訊。但是那些資訊都來自於80%不是高敏感族的人。對我們而言，什麼是理想和正常的？我無法確切地說，但是假如我們對刺激比較敏感，那麼我們或許對於性方面的刺激也比較敏感，會是合理的。這可能會使我們的性生活更令人滿意。也可能使得我們需要較少的變化。而且當我們因一般的刺激而變得過度激發時，可能會明顯干擾我們的性功能與快感。你現在清楚地知道這項特質，無論在理論還是實務上，可以透徹想想你的性事是如何受到這項特質的影響。假如你生活中的這個領域一直都令你困惑和苦惱，那麼你可以針對自己一些性經驗或感覺，來做重建的練習。

高敏感族與兒童

當兒童的照顧者是敏感的，那麼兒童似乎會長得很健壯。我認識許多高敏感的照顧者，他們都是非常開心地在照料自己或其他人的孩子。我也認識一些人，因為他們的敏感特質，因此沒有孩子，或者限定他們家只能有一個孩子。不令人意外的是，有部分取決於他們過去跟兒童在一起的經驗是愉快的呢？還是讓人受不了？

當考慮到是否想要生兒育女時，你應該記住，你的孩子和未來的家庭要比較適合你，而不是適合其他人。他們將會有你的基因和影響力。有的家庭吵鬧、喧囂，或是爭吵不斷，這往往是因為家庭成員覺得這樣很自在，或至少無所謂。你的家庭生活可以很不一樣。

另一方面，沒有人能否認孩子確實會大大增加生活中的刺激。對一個認真負責的高敏感族而言，他們的責任感和快樂一樣多。在幼兒園、小學、初中、高中階段，你必須跟孩子在同一個世界中。你一定會遇見其他家庭、醫生、牙醫、牙齒矯正醫師、鋼琴老師，諸如此類的事。他們會帶給你一整個寬廣的世界——性、磕藥、開車、升學、就業、尋找伴侶等等的問題。有很多事要處理（我們不能假設在整個過程中，你都會有伴侶在身邊）。你也必須放棄其他事來做這件事——這是毋庸置疑的。

沒有孩子也無妨。我們不可能擁有世上每一樣東西。有時候，了解自己的限制會是明智的。事實上，關於這個主題，我常常會說，沒有孩子是很棒的一件事。有孩子也很棒。每一種選擇都有它美好的一面。

你的敏感豐富了你們的關係

無論你是外向或內向的高敏感族，你最出色的社會實踐，通常會在親密關係中發揮作用。這是每個人學習得最深刻，然而卻獲得最大滿足感的生活領域，而且這是你可以發光發熱的地方。你可以藉由將自己的敏感特質應用在這些關係中，來幫助其他人和自己。

❖我們三人行：你、我和我的（或我們的）敏感特質

下述的討論，是要跟你在親密關係中的另一個人一起進行的。假如你現在沒有可以一起進行的人，那麼就想像跟一個在過去和你有關係的人，或者希望未來能擁有的人一起進行。你仍然可以學到很多。

假如對方確實存在，而且尚未閱讀本書，那麼請他或她讀第一章和本章，至少記下看起來跟你們的關係非常相關的任何事。一起大聲唸出某些部分，可能也會很有價值。然後挪出時間來討論以下問題（如果你們兩人都是高敏感族，那麼先對其中一人做一遍，然後換另一個人做）。

1. 因為你是高敏感族而具有的哪些面向，是對方所重視的？
2. 因為你的敏感所具備的哪些面向，是對方想改變的？記住，這個問題並不是說這些面向「不好」，只是在特殊情況下或是與對方所擁有的特質或習慣有關時，比較難應付。
3. 你們兩人之間有哪些衝突，是因為你是高敏感族所引起的？
4. 討論對方希望你考量自己的敏感特質，並且多保護自己的各種情況。
5. 討論你曾利用自己的敏感特質作為不做某件事的藉口，或者在爭吵時當作武器的各種情

況。假如這個討論變得激烈，那麼就利用你在「反應式聆聽」中所學到的技巧來抑制它。

6.在你們各自的家庭中，有沒有其他人也是高敏感族？那層關係對你們的關係造成何種影響？舉例來說，想像有個高度敏感的女人嫁給一個男人，他的母親也是高敏感族。這個丈夫對於敏感特質已有根深柢固的想法。留意這些想法，可以改善他、他太太，以及他母親三人之間的關係。

7.討論你們各自從特殊化中獲得什麼——你們其中一個比較敏感，另一個比較不敏感。除了效率以及特定的好處外，你們各自都喜歡因自己的天分而被需要嗎？你覺得對方少不了你嗎？當你在做對方做不到的事情時，對自己的感覺很好嗎？

8.討論你們各自從分工當中失去什麼。哪些事是對方現在為你做，但你希望你可以為自己做的？當你在施展自己的專長時，你是否厭倦對方倚賴你？你是否因為自己比較擅長做這類事情，而表現得比較不尊重對方？這種心態是否貶損了對方的自尊心呢？

第八章

治療深層的創傷

高敏感族的不同歷程

懷念從前一位敏感的朋友

我在中學時認識一位名叫德瑞克（Drake）的男孩。當時他是班上的怪胎。但今天，我會說他是位高敏感族。

不過，德瑞克要應付的事簡直多太多了。他一出生就有先天性心臟疾病、癲癇、一堆過敏症狀，以及經不起日曬的白皙皮膚。他無法從事體育活動甚或戶外活動，跟我們文化中正常的少年們格格不入。很自然地，他終日與書為伍，而且到了青春期，他對於思想方面的事情相當熱衷。他對女孩也很熱中，就像這個年齡大部分男孩一樣。

當然，女孩們對他不屑一顧。我想，我們不敢欣然接受他的關注；他想要被接受的需求，讓他的情感太過強烈了。對我們任何一個人而言，接受他無異是社交的終結點。但無論如何，他又害羞又渴望地一個接一個地去愛，結果，讓自己變成了笑柄。那年，最大的事件就是，德瑞克的幾位同班同學拿到他一些被拒絕的情詩，並在校園各處大聲唸出來。

幸好，德瑞克是資優班的學生，而在我們之間，他比較能被接受。我們欣賞他的作文、他在班上所做的評論。所以當他得到一所頂尖大學的全額獎學金時，我們為他感到相當驕傲。

他肯定比我們其他人更害怕離家去上大學。這表示，他日夜都要跟其他同年齡的人相處，也就是那些讓他過去的生活不愉快的人。當然，他不可能拒絕這份榮耀。但是，上大學對他會有什麼影響呢？離開為他遮風擋雨的家和醫療協助，會是什麼感覺？

在第一年的耶誕假期之後，有了答案。在回到宿舍的第一個晚上，德瑞克上吊自殺了。

高敏感族與心理創傷的治療

我不是存心要用這樣的故事來嚇唬你——我要再次強調，德瑞克有很多難題。高敏感族的生活很少有這麼令人遺憾的結局。但是如果本章要對你有幫助，它就必須要作為一個警示以及安慰。我的研究結果清楚說明，高敏感族在面對童年和青少年時期的極度困境時，出現焦慮、憂鬱和自殺的風險，將高於一般人，除非他們了解自己的過去和特質，並開始療癒自己的創傷。目前有嚴重問題的高敏感族，也必須給自己特別的考量。非高敏感族就是不會把這些情境中這麼多細微、令人不安的面向給吸收進來。你的特質本身並沒有錯；但是就像一部微調的工具或機器，或是一隻活蹦亂跳、精心培育的動物，你確實需要特別的處理。而且你們很多人在小時候曾受到惡劣甚或有傷害的照顧。

在本章中，我將討論處理過去與當前困境的多種方法，並且主要是透過最廣義的心理治療。我將討論沒有重大問題的高敏感族對於心理治療所抱持的正反兩方意見、不同的取向、如何選擇一位治療師等等。但是一開始，我將從童年創傷的問題切入。

我們應該把多少重心放在童年？

我並不認為，我們的心理生活全都可以簡化為成長過程中發生在我們身上的事。還有當下——那些影響我們的人、我們的身體健康、我們的環境——以及在我們內在召喚我們前進的那股力量。就如同第六章談天職時所說的，我真的相信，每個人至少都要為我們這一代的問題作出一小部分的解答，為我們時代的進步做一點點貢獻。雖然有艱難的過去，似乎一開始會阻礙我們活出人生目標，但有時它也會為達成這個目標而效力。或者它**就是**我們的目標——去完全體驗與了解人類的某種問題。

我也要強調一下許多心理治療師常犯的錯誤——這些人還不了解高敏感族。很自然地，這些治療師會在一位高敏感族的童年裡尋找某樣東西，來解釋對高敏感族而言可能屬於正常範圍的「症狀」。他們可能會認為高敏感族「太過」退縮，表示自己有「莫名的」解離感，有「過度」和「神經質」的焦慮，而且在工作上、親密關係中或性事方面有「奇特」的問題。找出一種解釋，對於治療師和案主而言總是一種寬慰，即使這是某人對我們做了不好的事，而我們後來又把它遺忘或低估了。

我發現，那些真正難題源自於本身特質的人（也許是誤解或管理不當），當他們了解到關於敏感的一些基本事實時，會大大地鬆一口氣和進步神速。在治療中，仍然可能會有重要的工作要做，例如去重建經驗以及學習如何接納自身特質，但是那重點，則理所當然地改變了。

我也認為，那些說：「喔，少來了！童年對每個人來說都是難熬的。沒有一個家庭是完美的。每個人都有不願外揚的家醜。人們不斷接受好幾年的治療，根本就是幼稚的行徑。看看他們的兄弟姊妹——同樣的問題——他們也沒小題大做。**他們**就是過著自己的生活。」的人，簡直是一派胡言。

所有的童年都不相同。有些真的很恐怖。在同一個家庭裡，也可能每個孩子都有不一樣的童年。針對家庭環境對於同一家庭中不同孩子的影響所做的統計分析顯示，每個人並不一樣。你的兄弟姊妹過著完全不同的童年。你們在家裡有不同的地位，不同的幼年經驗，甚至從某種意義而言，你們有不同的父母，因為成人會隨著環境與年紀而改變。最後一點，你是高敏感的。

天生高敏感的人比較容易受到每一件事的影響。此外，家中最敏感的那個人，往往會變成焦點。尤其在一個動盪不安的家庭中，舉例來說，他或她就會變成家裡的先知或和事佬、神童、箭靶、受難者、病患、父母，或者如果是體弱的孩子，保護他或她，就會變成某個人的人生目標。同時，敏感孩子的額外需求，譬如學習去感覺外在世界的安全感，則是被忽略的。

總而言之，如果一個「相同」或「尚可」的童年對你而言，似乎比家中其他人或有類似過去的其他人更難熬的話，那麼就相信它吧。而且，如果你認為你需要接受治療來療癒童年創傷，那麼就去做吧。每個童年都是一篇自己的故事，都值得被聽見。

阿丹（Dan）如何度過難關？

剛開始，阿丹對於我的問題的回答，就是極度典型的高敏感族風格。他認為自己相當內向，總是需要很多時間獨處。他不喜歡任何形式的暴力。他告訴我，他在一家大型非營利機構負責管理會計部門，他認為在機構裡，大家很欣賞他的親切及圓滑。他發現大多數的社交場合都讓人精疲力盡。但是後來，會談的內容轉向他不喜歡暴力這件事。

阿丹回憶，他以前常跟哥哥打架，哥哥會將他制伏，並且揍他、踢他（手足虐待仍是最少被研究的家暴形式之一）。同時，我心想，究竟出了什麼問題，為什麼這種霸凌在他家裡是被允許的。我問他，他母親是否認為他是一個敏感的孩子。

「我不知道。她不是很關心我。」

他心裡豎起了紅旗。就像能讀出我的心思一般，說道：「我爸媽不善於表露情感。」

我點點頭。

「事實上，他們很奇怪。我對他們沒什麼正面的印象。像是擁抱那類的事。」然後，他的堅忍自制就融化了。這個故事揭露了他母親有精神疾病，但從未接受治療。「她有長期憂鬱症、精神分裂症。她以為電視機裡的人會跟她講話。」她是個放縱的酒鬼——週一到週五清醒，週五晚上到週日早上則「醉得不省人事」。「我父親也是個酒鬼。他會打她、揍她。場面總是失控。」

當喝醉時，他的母親總會跟他訴說相同的故事——說她自己的母親是一個冷淡又孤僻的病弱者，說她唯一的照顧者就是一個接一個的女傭和護士，說她父親的病，以及說到她被迫要跟她父親單獨相處，日復一日，看著他緩緩凋零（這種故事非常多——缺乏照顧，一代接一代）。

「當她在說這些故事時，會不斷地啜泣。一個好女人。她是一個敏感的女人。更甚於我。」他同時又說道：「但是也很兇狠。她總是能找到我最大的弱點。她有那種不可思議的本領。」（高敏感族並非都是聖人。）

阿丹在這種恐怖的矛盾情緒中掙扎，這是當一個孩子唯一的保護者也會帶來危險時，所發展出來的情結。

他描述兒時經常東躲西藏，譬如衣櫥、浴室洗臉台下、家裡的車裡、某個靠窗的座位。但是，就像在大多數這類故事中一樣，有個人對他的心靈救贖產生了重大的影響。阿丹的祖母是一位嚴謹的女人，「非常執著於乾淨」。但是在她先生過世後，她就成了小阿丹的玩伴。

「我最早的記憶之一，就是跟三個女人坐在一起玩橋牌遊戲，她們都是六十多歲的老奶奶，而我才六歲，連牌都握不好。但是她們需要第四個人，而當我在打橋牌時，我變成一個大人，並且很重要，然後我可以跟她們講我無法跟其他人說的事情。」

這位祖母為一個高度敏感的孩子提供了他所需要的重要的穩定感，並得以發展出生存的策略。

阿丹也有很棒的恢復能力。「我母親習慣坐下來跟我說教：『為什麼你要這麼努力嘗試？你絕對成不了什麼大事的。你沒有機會的。』而我就下定了決心，不聽從她的。」具有敏感特質，一點都不妨礙你以自己的方式堅毅地挺過苦難。當阿丹告訴我接下來的故事時，他就需要這種敏感度。

十四歲時，阿丹獲得一份工作。有位一起工作的男人讓阿丹十分仰慕，因為他博覽群書，而且把阿丹當成大人一般說話。「我信任他，但最後卻遭到他性騷擾。」

（在此強調，這並不只是令人擔憂的單一虐待事件，而是一生都可能出現的情況。因為阿丹童年的緣故，所以他對親密感的渴望，必定會使他忽略了微小的危險徵兆。再加上他並沒有角色典範——沒有人留意他，所以他很慢才懂得保護自己。）

阿丹聳聳肩說：「所以從這件事，我學到：『假如你可以度過這個難關，他們就會把從你身上得到的東西亂扔一通，和地獄其實沒有太大差別。假如你可以熬過來的話。』」

阿丹後來跟他的青梅竹馬結婚了，她的家庭跟阿丹的家庭一樣亂七八糟。他們決心要克服難關，這二十年來，他們做到了。他們的成功，有部分要歸因於堅定地與他們的原生家庭劃清界線。「我現在知道該如何照顧自己了。」

有部分的原因，則歸功於一年前他所接受的三個月心理治療，當時他陷入了重度憂鬱。他也讀了很多關於相互倚賴以及酒鬼的成年子女等心理治療的書籍。不過，他並未參加他們的團體治療。就像多數高敏感族一樣，他不太願意對著一屋子陌生人透露他的生活。

「容許我去做我必須做的事——那才是最重要的。認識我的敏感特質，並且尊重它。在工作上展現出正面、問題解決導向的冷靜。但是要提防在外在世界看到太多在內心世界感覺不到的人或事。」

因為內心「有個黑洞。有時候我想不到任何繼續活下去的理由。我就是不在乎自己是生是死。」

然後，他以同樣平穩的語氣告訴我，他有一位朋友是精神科醫師，對他助益良多，還有兩位朋友是諮商師。他知道，結合了他的生活經驗，他的敏感特質會為他帶來豐富的人生。

「我容易對事物深深感動，不想錯失這其中莫大的快樂。」他臉上掛著勇敢的笑容。「雖然總是很寂寞。我花了很長時間，才學會去欣賞生命中的悲傷。但是人生本就有喜有悲。而我在尋求一個靈性的答案。」

所以，阿丹度過了困境。

你自己的過去是如何？

本章最後，你將有機會評估自己的童年，並思考裡面有些什麼。我想再次重申我第四章所討論到的，根據我的研究發現：高敏感族受到問題童年的影響比較大，因為他們成年後會比較容易憂鬱和焦慮。同時要記住，問題愈早發生或開始，而且愈深植在你主要照顧者——通常是你母親——的行為中，影響就會愈根深柢固以及愈長遠。在你的一生中，你必須對自己有極大的耐性。你將獲得療癒，但卻是以你自己的方式，並帶著一些假如沒有發生問題的話，你就不可能獲得的特質。例如，你將會比較認真負責、比較複雜世故，而且比較了解其他人。

別忘了在童年時期具有敏感特質的優點，即便是生在一個不正常的家庭中。你比較可能會退縮和孤僻，但不會完全陷入泥淖。就像阿丹有他的祖母，你也可能會根據自己的直覺，知道從哪裡尋求協助。你可能會發展出廣大的內在與靈性資源來作為補償。

我年紀最大的會談者甚至相信，問題童年是被注定要過精神生活的靈魂所選擇的。當其他人安定下來過平常人的生活時，問題童年讓他們用心去經營內在生活。或者就像我的一位朋友所說：「前二十年我們拿到一堆功課。後二十年我們在研究它們。」對我們有些人而言，這門功課相當於牛津大學的研究所課程！

成年後的高敏感族，多半具有剛好適合進行內在功課及療癒的性格。一般而言，你敏銳的直覺能幫助你發現最重要的隱藏因素。你比較能進入自己的潛意識中，也比較能了解別人的潛意識，以及你如何受到影響。你會更清楚這個過程本身——何時該前進，何時該後退。你會對內在生活感到好奇。最重要的是，你正直誠實。無論面對某些時刻、某些創傷、某些事實有多麼困難，你依然決心投入個體化的過程。

讓我們假設你是許多擁有問題童年或目前遇到難題的高敏感族之一，讓我們來探索你的選擇。

四個取向

我們可以用許多切分法來「分割」療癒方法——長期或短期、自助或專業協助、個人或團體治療、治療自己或治療整個家族。我們可以將它切分成四大塊端上桌：認知行為、人際關係、身體，以及靈性。

有些治療師會四種全上，或許他們是最棒的。但是務必明確提出這四大類，問問哪一個是他們的最愛。花時間讓一位基本理念與你不合的人來做治療，是很令人遺憾的事。

認知行為

目標在緩解特定症狀的短期「認知行為」治療，是最容易透過保險和管理式健康保險計畫而取得的治療。這個取向是「認知的」，因為它致力於影響你的想法，而且它是「行為的」，因為它致力於影響你的行為舉止。它通常會忽略感覺和潛意識的動機。每樣事物的目的都是實用、理性和清楚的。

你將被問到你想致力於解決什麼樣的問題。如果你的怨言是經常焦慮，那麼你將學習最新的放鬆或生物反饋技術。假如你害怕特定事物，你將逐步接觸它們，直到恐懼消失為止。如果你感到憂鬱，你將學習檢視你認為一切都沒有希望、沒人在乎你、你不應該犯錯等等不理性的想法。假如你在憂鬱中堅持這些想法，那麼你將去學習讓這些想法停止的方法。

假如你沒有在從事可能會在心理層面幫助你的特定任務，例如每天換好衣服出門或交朋友，那麼治療師將會協助你針對這些細節設定目標。你將會學到欲達成你的目標所需要的技巧，以及當你達成目標時，如何獎勵你自己。

假如你正在努力克服來自於工作、離婚或家庭問題的壓力，那麼治療師將協助你以一種包含更多可幫助你因應問題的真相及深刻見解的方式，來重建它們。

這些方法看起來可能既不深奧也不獨特，但它們往往很有用，而且永遠值得一試。即使它們無法解決所有問題，但這些技巧還是很有用。解決一項難題後所增加的自信，往往能全面提升生活。

除了學習這些在心理治療方面的技巧外，你也可以看書學習所有技巧。若能有一位關心你的輔導員帶著你按部就班前進，通常會更有幫助。你或許可以找一位朋友，彼此做對方的輔導員。專業人員會有比較豐富的經驗。特別是，他們會知道何時該終止一個取向、並嘗試另一個取向。

人際關係

人際關係取向的心理治療就是大多數人所認為的「治療」。例如佛洛伊德學派、榮格學派、客體關係、完形學派（Gestalt）、羅哲斯學派（Rogerian），或是以案主為中心、交流分析、存在主義，以及大多數的折衷療法。它們全都包含了談話，以及運用你和其他人之間的關係——通常是一位治療師，但有時是一組治療師或搭檔的諮商師。

這種取向可能會有成千上百個理論和技巧，所以我必須以一般的用語來說。此外，大部分治療師都會採用組合的方式，以符合案主的需求。不過，重點還是會不同。有些會把這段關係變成是一個安全的地方，藉以探索所有事物。有些則會將它視為是一個特別的地方，帶給你對於早期依附的新經驗，以及對未來親密關係中該期待些什麼的新心理圖像。有些說這是一個可以去哀悼並放下過去、尋找其中意義的地方；還有一些則說，這是一個觀察和嘗試新作為的地方；更有一些人說，這是一個探索潛意識，直到你能與它調和的地方。

你和你的治療師會一起處理你對於治療師、其他關係、你的個人史、你的夢想（或許），以及被討論到的任何事的感覺。你不只會從討論中學習；你也將學到如何靠自己來做這種內在的功課。

缺點是什麼？如果治療師經驗不足，或你真正的問題在其他地方，那麼案主可能會一說再說後，卻仍然一無進展。治療師必須非常了解他或她自己的問題要點。要處理你之前的關係、與治療師的關係，再加上你現有的關係，可能要花上幾年的時間。但有時候，只消幾個月，就會有大幅的進展，就像阿丹的例子。

身體

身體取向包括運動、改善營養或注意食物過敏、指壓按摩、草本營養補充劑、按摩、太極拳、瑜伽、羅夫治療法（Rolfing，深層軟組織的推拿矯正）、生物能量、舞蹈治療，以及當然也包括所有的藥物治療，尤其是抗憂鬱劑和抗焦慮的藥物。事實上，當今的身體取向，主要是指由一位精神科醫師所開出的醫療處方箋，我們將在第九章討論。

對身體所做的任何事，都會改變心智。我們期待，為了這個目的所設計的藥物，可以達到這個成效。但是我們忘了，大腦以及連帶地我們的思想，也可能會因為睡眠、運動、營養、環境以及性荷爾蒙的狀態而發生改變，這只是舉幾個可以自我控制的因素。我們對心智所做的任何事，也會改變身體——冥想、向朋友傾訴煩惱，甚至只是把它們寫下來。每一個「談話治療」的課程，一定會改變大腦。因此，目前所討論的三種治療——認知行為、人際關係和身體——已經被發現對於治療憂鬱症同樣有效。所以，你確實能有所選擇。

靈性

靈性取向包括，人們為了探索自己及世界的非物質面向所做的各種事情。靈性取向可以撫慰我們，告訴我們人生不只是眼睛所見到的事物。它們能治癒我們在這個世界上所受到的創傷，或讓它變得較能讓人忍受。它們告訴我們，我們並不會被困在這種情境中。或許，這一切甚至有某種秩序或計畫、某個目的。

此外，當我們接受一個靈性取向時，我們常常會開始擁有一些經驗，讓我們相信這世上真的有更多事需要去了解。然後，我們會想要一種靈性取向的治療；其他任何事物似乎都會遺漏了的人生的重要面向。

有些治療師主要是以靈性為導向。務必在你開始接受治療前先問清楚，並思考你是否跟這個人獨特的靈性之路相容。或者你可以去找尋神職人員、靈性導師，或是其他與宗教或靈修相關的人。在這種情況下，你要仔細探索他們是否受過適當的心理學訓練，得以去做你同意一起做的事。

高敏感族與認知行為取向

至於這四種取向如何適用於高敏感族，當然，最重要的，還是它們如何適用於你。在此，我有一些想法。在某些時候，或許所有高敏感族都應該接觸行為認知法。就如同第二章所討論的，充分地發展大腦系統，對高敏感族是有好處的，因為它讓我們得以控制將注意力放在何處，以及該如何處理在活化系統和暫停—檢查系統之間的衝突。就像肌肉一樣，可能某些人的這些注意力系統天生就比較強大。但所有人都可以發展它們，而認知行為取向是最棒的健身房。

不過，這是非常理性的取向，通常是由非高敏感族所擬定的，我猜他們有時會暗自認為，敏感的人就是愚蠢和不理性。假如一位治療師或書籍作者抱持著這種態度，可能會減損你的自尊，並增加你的情緒激發，尤其如果你無法達到他們為你設定的水準或目標的話。他將暗示這個目標是「正常的」，但目標可能是要變得像他們或是像大多數人一樣，而忽略了每個人的氣質差異。不過，一位好的認知行為治療師，在所有的心理學工作中，將會去理解個體差異，以及自尊和自信的重要性。

另外，高敏感族往往比較喜歡「較深入」或比較直觀的取向，而不是著眼於表面症狀。但是，存在於某些高敏感族身上的、抗拒務實與實際的偏見，可能會成為去探索這個取向的充分理由。

高敏感族與人際關係取向

人際關係心理治療對高敏感族有莫大的吸引力，我們可以從中學到很多。我們會發現我們的直覺力及深度。變得善於處理親密關係。利用一些人際關係方法，潛意識會變成我們的盟友，而非症狀的來源。

缺點是，高敏感族可能會在人際關係治療中停留太久，只因我們非常善於處理這些細節。不過，一位好的治療師會在你似乎準備好時，堅持由你自己來做內在的功課。高敏感族也可能會利用這種治療，來避免融入外在世界，不過，一位好的治療師將不會允許這種情況發生。

最後，跟我們一起進行所有這些探索的治療師，通常會有很強大的吸引力——這就是所謂正向或理想化的移情作用。對高敏感族而言，移情作用往往會特別強烈，以致於為了維持治療可能會所費不貲，而且幾乎不可能離開。

移情作用

事實上，任何一種取向都可能發生對治療師產生強烈、正面的移情作用或依附，因此值得進一步說明。

移情作用並非總是正向的。它們被認為是你對生命中重要的人曾有過的壓抑情緒之移轉，所以憤怒、恐懼以及其他情緒，都有可能。但是正面的感覺通常占大多數，並且會因為對治療師的感激、希望得到協助，以及將其他各式各樣的感覺轉移在這個對象上，而有所增加。

強烈的正向移情作用有許多好處。藉由想要變得像這位治療師或被他或她喜歡，你將會改變，這是其他方法做不到的。

面對治療師無法成為你母親或一輩子的朋友的這個事實，你要去面對的是一個痛苦的現實，並且學習去處理它。藉由了解這種感覺的本質——這個人似乎很完美，跟他或她在一起時簡直像在天堂——你可以思考這種強烈的感覺該流向哪裡比較適當。最後，擁有你如此喜歡的某人的協助和陪伴，可能會是很棒的事。

不過，移情作用可能相當於——對一位無法給予相等回應的人產生強烈的愛戀（而且假如你的治療師給予了相等回應，則是不道德的行為。那麼你就是看到了一位不適任的治療師，並且將需要更多專業協助，才能脫離這種情境，因為你可能無法靠自己做到）。假如發生了這種情況，它可能是出乎意料、多餘和惡劣的經驗。一份強烈的移情作用，會影響你的自尊，因為你或許會覺得完全倚賴和羞愧。當你身邊親近的人感覺到你深深依附這位剛認識的人時，他們也會受到影響。而假如這份移情作用拉長了你的治療，它將影響你的預算。這些一定要考慮到，而且，在接受治療之前就該去考慮。

移情作用之所以對高敏感族影響較大，有許多原因。首先，當潛意識希望進行大幅改變，但是自我卻做不到或不願做時，移情作用就會比較強烈。高敏感族為了要更多或更少地融入外在世界，或擺脫自己的過度社會化，或接受對他們不友善的文化偏見，或只是為了安然接受他們性格中的這個面向，通常必須做出如此巨大的改變。其次，心理治療包含了第七章所描述的所有因素，它會使得人們墜入情網，而高敏感族會陷得較深。你所選擇的治療師顯然是你喜歡的人，聰明又有能力。你將感受到她或他也喜歡你。而且你將跟這個人分享你擔心沒有人會傾聽或接受的每一件事——你所擔心的每一件事，甚至所想的每一件事。這會讓情況變得非常容易令人激動。

我並無意暗示說，因為你可能發展出強烈的移情作用，所以應該避免治療。事實上，這或許表示，治療是需要的。在一個稱職的治療師之掌控下，移情作用將是帶來改變的最大力量。但是我要事先提醒你，別太貿然依附你所見到的第一位治療師，或在你從這位特別的人身上獲得所有好處外，還抱著非分之想。

高敏感族與身體取向

當高敏感族必須中止一種即將身心失控的、螺旋式下降的心理狀況時，特別能從身體取向中獲益。或許你現在正遭遇失眠、感覺疲憊和憂鬱或極度焦慮等問題。這類螺旋式下降的原因，可能差異很大。我曾見過一種以藥物來處理憂鬱症的身體治療方法，憂鬱症的原因可能是由病毒引起、工作不順、好友過世，以及在心理治療中陷入令人痛苦的問題裡等等。無論何種狀況，從身體層面去中止這種螺旋式下降，是合理的，因為當身體變得較冷靜時，這個人才可能以不同的方式思考。

最常見的方法就是藥物。我也見過一位高敏感族到溫暖的熱帶地區去度個假，暫時忘卻問題，於是就中止了相同的螺旋式下降。回來後，這個人以一種全新的觀點和全新的身體機能，來著手處理老問題。在另一個案例中，當事人不是去旅行，而是必須結束旅程回家中止焦慮感。他所需要的，就是減少刺激。你的直覺可能會是一個很好的嚮導，能確知你在身體上必須做的事，以改變你的心理化學作用。

第三個案例則是經過細心的營養指導而產生療效。所有人在營養需求及必須避免的食物方面，差異都很大，而高敏感族甚至更加不同。尤其如果我們長期處於情緒被激發的狀態，當需要對這些事情投入最基本的關注時，我們將需要額外的營養。我們甚至可能食慾不振或消化不良，以致於從所攝取的食物中獲得所需非常少的營養。良好的營養建議對高敏感族而言，是非常重要的。

有一點似乎沒有太大的不同，那就是當飢餓時，我們就會崩潰了。所以無論你有多忙或多麼心煩意亂，仍要少量、規律的用餐。假如你是飲食失調的高敏感族，那麼你肯定會陷入嚴重的問題，直到解決為止，而且，有很多資源可以讓你用來解決這個問題。

我也想提及生殖激素濃度起伏的巨大影響，我猜測，其對高敏感族也有較大的影響。甲狀腺激素的生成也是一樣。這些系統都環環相扣，影響皮質醇與大腦的神經傳導物質甚鉅。激素出現問題的一個跡象，就是莫名的情緒起伏，亦即前一刻你覺得一切都好，但下一刻，一切又看似沒有希望、沒有價值。或在體力充沛度或頭腦清晰度上，也有類似的巨大變化。

利用身體取向方法，從藥物到按摩時，千萬記得，你是非常敏感的！在藥物治療中，要求從最低劑量開始。慎選你的身體工作者，並且事先跟這個人討論你的敏感特質。當你提到這點時，通常會讓這個人回想起他／她跟其他像你這樣的人相處的一連串經驗，而且他／她會知道該怎麼做（假如上述情況未有發生的話，你或許無法跟這個人合作）。

要留意的是，你可能會對身體工作者產生強烈的移情作用，就像對心理治療師一樣。假如他們也處理你的心理問題的話，更是如此。事實上，這種混合可能會非常強烈，所以我認為這往往並不明智，至少對高敏感族而言是如此。對於被擁抱、安慰、理解的渴望可能會被探討，而且在某種程度上，會透過言語或肢體碰觸而得到滿足。如果這兩者皆出自同一個人，就會太像你所渴望的那種情感，而讓人太過困惑或煩心。

假如你的治療師的確同時要處理你的身心問題，那麼你要特別謹慎地查看這個人的資歷與證照。他們應該要在人際關係心理學方面，而不只是身體工作上，受過多年訓練。

高敏感族與靈性取向

靈性取向往往最能吸引高敏感族。跟我會談的高敏感族如果必須做某種療癒式的內在功課的話，幾乎每一位都曾使用靈性資源。高敏感族會被靈性取向吸引的理由之一，就是我們非常傾向觀想內心世界。另一個原因就是，我們意識到，假如我們能以不同的方式看待事情——超然、愛、信任，讓被激發的情緒冷靜下來，我們就能掌控令人苦惱的情況。大部分靈修的目標，就是要達到這種境界。許多人都曾有過心靈成長的經驗，它確實具有鎮靜效果。

不過，靈性取向也有缺點，或至少是危險，尤其如果單單只依循這種取向時。首先，我們可能會逃避其他課程，像是學習跟人們相處或去了解我們的身體、想法和感覺。其次，可能會對靈性引導者或運動也產生正面的移情作用，往往這些靈性引導者或運動並不善於幫助你跳脫那種過度理想化。他們甚至可能會助長它，因為這些感覺會讓你隨時準備好去做他們建議你做的任何事，而且他們會很確定那些對你是好的。我並不是說他們就是「異端邪說」。人們也可能會對主流教會中某位親切的牧師產生同樣過度理想化的感覺，而且同樣地處理不當。

第三，大多數靈性之路均談到犧牲自我、個人欲望的必要性。有時候人們要對上帝放棄自我，有時候則是對引導者（往往較容易但是較會受質疑）放棄自我。我認為，在人生中會有某個時刻，犧牲自我的觀點是完全正確的。東方人認為自我的欲望是苦難的來源，將焦點放回我們個人問題上可能會分散我們對當下的注意力及真正的責任，並使我們無法為眼前個人以外的事做準備，也是有幾分道理的。

不過，我曾見過許多高敏感族太快放棄自我。假如你認為你的自我不太有價值，那麼就會輕易把它犧牲掉。如果你認識某位曾認真設法要拋棄自我的人，而這樣的人感覺起來充滿了靈性，你會禁不住想要起而效尤。但是魅力光輝並不能保證什麼。它可能只是反映出一種平靜、無壓力、受過良好訓練的人生——在現今來說，幾乎是不夠的。發光、發熱、像聖人般的靈魂，在心理上、社交上以及有時甚至在道德上，或許仍然是一團亂。這就好像雖然樓上燈火輝煌，但是較低的樓層卻是燈光昏暗、烏煙瘴氣。

在這個世上能達到的真正救贖或啟發，來自於不迴避艱難的個人問題以及勤奮的努力。對高敏感族而言，最困難的任務或許跟遠離塵世無關，而是要走進現實世界，並且融入其中。

若無特定的成年或童年問題，心理治療是否有用？

假如你沒有嚴重的創傷或幼年創傷需要療癒，那麼你或許會斷定，依照本書所提供給你的知識，你將不需要靠任何其他協助，來處理你的生活，至少目前是如此。

不過，心理治療未必是關於解決問題或減緩症狀。它也可能是關於讓你獲得真知灼見、智慧，並且跟你的潛意識發展出夥伴關係。當然，你可以從其他地方學到很多關於內在功課的事──書籍、研討會、談話。舉例來說，許多好的治療師也會著書立作和開設課程。但是，高敏感族因為擁有特別敏銳的心靈、直覺以及內在生活，所以通常能從心理治療中獲益良多。心理治療同時能證明這些特質的價值，並讓它們更加完善。隨著這些珍貴的部分日益發展，心理治療也變成一處聖地。沒有其他事物能與之媲美。

專為高敏感族打造的──榮格學派分析及榮格學派導向的心理治療

我最推薦給高敏感族的心理治療形式，就是遵循榮格的方法與目標，所產生的榮格學派導向的治療，或稱「榮格學派分析」（不過，假如有童年創傷要處理，那麼必須要先確定這位榮格學派的治療師在這些領域也接受過訓練）。

榮格的方法強調潛意識，就像所有的「深層心理學」──諸如佛洛伊德學派心理分析或客體關係取向一樣，全都屬於「人際關係」範疇。但榮格學派取向則增加了靈性面向，利用去了解潛意識正嘗試要把我們帶領到何處，來將我們的覺知擴大到超出我們狹隘的自我意識。這些訊息會以夢境、症狀及行為這些我們的自我所認為的問題形式，隨時找上我們。我們只需多注意。

榮格學派治療或分析的目的，首先是提供一個容器，在這裡面，令人害怕或被排拒的事，都可以安心地被檢視。治療師就像在荒野中一位有經驗的導遊一樣。其次，它也教導案主在這片荒野中，就像在家一樣自在。榮格學派並不尋求痊癒，而是透過與內在領域的交流，一輩子參與個體化的過程。

因為高敏感族與潛意識有如此密切的接觸、有如此生動的夢境，以及被想像與靈性的世界強烈地吸引，所以，除非成為自己這個面向的專家，否則我們無法成長茁壯。就某種意義而言，榮格學派的內心深層功課，是今日皇室顧問階級的訓練場。

當你去找一位由榮格學派訓練機構所培訓出來的分析師時，你就是在「榮格學派分析」之中。通常，分析師已經是適任的治療師，並且能使用任何看起來有益的取向，但是他們顯然比較偏好榮格的取向。榮格學派分析師會希望跟你合作數年，或許一週兩次晤談。分析師通常收費較高，因為他們受過額外訓練。你也可以去找一位榮格學派導向的心理治療師（非分析師）。可是，你可以問問「榮格學派」提供的是哪一種訓練。有些會包括大量閱讀、課堂作業、實習或長期的個人分析。個人分析尤其重要。

假如你有興趣去找一位仍在學習中的人，譬如一位「分析師候選人」或「心理分析實習生」，有些榮格學派訓練機構所開出的學費比較低。這些人未來將成為有專業技能和熱忱的專家，所以你或許能撿到便宜。唯一的問題就是，要找到一位適合你性格的人，這在榮格學派的工作中被認為是很重要的，而這點或許較難達成。

同時，要留心落伍的性別歧視或恐懼同性戀的態度。大多數榮格學派專家都會抱持跟他們的文化一致的態度，而不是如榮格當時維多利亞時期的瑞士。他們被鼓勵要獨立思考。榮格曾說過：「感謝上帝，我是榮格而不是榮格學派的人。」但有一些人則會遵循榮格在性別與性偏好方面相當偏狹的思想。

關於高敏感族及心理治療的一些最後觀察

首先，不必成為一個取悅別人的人，也無須忍受一位把自己變成治療過程之中心的治療師。這位治療師應該要是一個夠大的容器，讓你不會不斷地碰撞到這個容器的自我。其次，在前幾次會談中，不要對強烈的個人關注太過著迷（大多數好的治療師都會這麼做）。你要慢慢自己擔負起責任。

一旦治療過程開始，就要了解，這不是一項輕鬆的工作，而且並不總是那麼愉快。由於你告訴你的潛意識現在可以稍微自由地呈現自己，因此無法解釋的力量就會被釋放出來了，而強烈的移情作用只是其中一例。

有時，心理治療會做得太過劇烈、太過激發情緒——比較像是一個滾水鍋，而不是一個安全的容器。假如是這樣的話，你和你的治療師必須討論如何控制這種狀況。或許你需要的是暫停，以及一些比較平和、具支持性及不那麼深入的晤談。縱使暫停看似會讓進度落後，但事實上可能會加速你的進展。

最廣義的心理治療，就是許許多多條通往智慧與全人發展的道路。假如你是一位擁有問題童年的高敏感族，選擇這條路幾乎是必要的。內心深層的功課對高敏感族而言，尤其可能會是某種遊樂場。雖然有些人會迷失方向，但我們敢大言不慚地說，我們就像在家一樣自在。這個廣大美麗的荒野讓我們遊遍各種地貌。我們帶著有用的事物，譬如書籍、課程及人際關係等，快樂地紮營。我們變成了沿路發現新事物的專家，以及門外漢的同伴。這是一個好地方。

無論你的路變成一時的風尚或他人的笑柄，別讓社會的態度讓你敬而遠之。這裡有一些對高敏感族別具意義的事，有時是其他人無法完全體會的。

❖評估童年創傷

假如你知道你的童年相當快樂而且太平無事，那麼就可以略過這個評估，或可利用它來了解自己有多幸運，並增加對其他人的同理心。同樣地，假如你已經解決了自己的童年問題，現在感到很滿意，也可以略過。

對其他人而言，這個任務可能會讓人不快，所以，如果現在這段時間似乎不適合做這樣的歷史探索的話，也請你略過。即使你的直覺要你往前走，對於事後的衝擊仍然要有心理準備。一如往常，假如你感覺到超乎你所能應付的痛苦，那麼就考慮去尋求治療。

選擇繼續往下做的人，請檢視下表，並勾選出符合你狀況的敘述。另外，對於發生在五歲前的事情，請畫一顆星星，如果是發生在兩歲前，則再加上第二顆星星。如果這種情況持續一段很長時間（不過長時間的定義則由你自己決定），則將你的勾號或星號圈起來。如果該事件似乎仍支配著你所有的生活，同樣將它圈起來。

這些小小的勾號、星號和圓圈，將讓你不需加上數字，就能多少了解最大的問題出在哪裡。

——你父母對於你敏感特質的一些跡象感到不悅，和／或非常不善於處理它。

- 很明顯地，你是一個沒人想要的孩子。
- 你是由多位不同的照顧者所照料的，而他們不是你的父母或其他跟你家很親近、有愛心的人。
- 有人曾以侵入性的方式過度保護你。
- 你曾被迫去做令你害怕的事，無視於你的感覺是否覺得可以。
- 你的父母親認為基本上你的身體或心理出了問題。
- 你曾受到父親、母親、哥哥、姊姊、鄰居、同學等等的其中一個人所控制。
- 你曾受到性侵害。
- 你的身體曾遭到虐待。
- 你曾遭受過言語暴力——嘲諷、揶揄、吼叫、不斷批評——或者從其他親近的人所反射回來的自我形象極為負面。
- 你的身體並未得到妥善的照顧（你吃得不夠等等）。
- 你得到的關注並不多，或你所得到的關注完全是因為你非凡的成就所致。
- 你的父親、母親或身邊某位親近的人有在酗酒、吸毒或有精神疾病。
- 你的父親或母親多數時間是生病或失能的，所以無法照顧你。
- 你必須照顧你的父母親，無論是身體或情緒方面。
- 你的父親或母親被心理健康專業人員認為是自戀、虐待成性的，或在某方面極難相處。

——在學校或你的街坊鄰里中，你曾是受害者——被虐待、譏笑的對象。

——除了被虐待之外，你還有其他的童年創傷（例如，重大或慢性疾病、傷害、殘疾、貧困、天然災害，你的父母親因失業而承受極大壓力等等）。

——你的社會環境限制了你的機會，和／或因為你家境貧困、具有少數民族身分等等，而被視為次人一等。

——在你生活中出現的重大改變，是你無法控制的（搬遷、死亡、離婚、遺棄等等）。

——你覺得有件事責任在你，你有強烈的罪惡感，而且無法跟任何人討論。

——你想死。

——你的父親離你而去（因為死亡、離婚等原因），你跟他並不親近，而且／或者他並未參與你的成長過程。

——你的母親離你而去（因為死亡、離婚等原因），你跟她並不親近，而且／或者她並未參與你的成長過程。

——上述兩種情況是他們明顯且主動地遺棄，或是他們個人排拒你，或者你認為是因為你所犯的一些錯誤或行為，而失去你的父親或母親。

——一位哥哥、姊姊或其他親近的家人過世或者離你而去了。

——你的父母爭吵不斷和／或離婚了，並會為了你而引發爭吵。

——在青少年時期，你的問題特別多，或是有自殺傾向，或者你會濫用藥物或酒精。

——在青少年時期，你會跟當權者不斷產生衝突。

現在，你都做完了，看看勾號、星號和圓圈圖案。假如不是很多，那麼你要感到慶幸，並對於該感謝的人表達你的感激之意。如果出現相當多，那麼可能會帶來新的痛苦，或是恐懼自己有嚴重缺陷或傷害。讓你過去的完整畫面湧現出來。然後將焦點集中在你自己最棒的特質、才能以及成就上，並藉由所有有益的人、事，來將負面記憶抵消。接下來，花點時間（或許去散散步）給那個忍受與貢獻這麼多的孩子掌聲鼓勵，並思考他或她接下來需要什麼。

第九章

醫療人員、藥物治療與高敏感族

「我該乖乖服用百憂解，還是跟醫生談談我的氣質？」

在本章，我們將思考你的特質會如何影響你對一般醫療照護的反應；接著，你將了解到一些因為你的特質而讓你可能服用或取得的特殊藥物。

你的特質如何影響你的醫療照護

- 你對身體方面的訊息和症狀會比較敏感。
- 如果你不過著一種適合你的特質的生活，你將罹患與壓力有關及／或「心身」方面（psychosomatic）的疾病。
- 你對於藥物比較敏感。
- 你對於疼痛比較敏感。
- 你在醫療環境、療程、檢查與治療中，情緒比較容易被激發，而且通常是過度激發。
- 在「醫療保健」環境中，你的深層直覺無法忽略人間苦難和死亡的陰影。

・有鑑於上述種種，以及大多數主流醫療專業人員皆非高敏感族，你跟它們之間的關係，通常會比較有問題。

好消息是，你可以在問題變嚴重前，就注意到問題，並且非常清楚地知道，哪些事對你會有幫助。就像第四章所提到的，並未生活在壓力之下的高敏感兒童，身體會格外健康。一項長期的研究發現，在童年時期就認真負責（大多數高敏感族皆如此）的人，他們在長大成人後，身體也會非常健康。不過害羞的成人則就不同了。這表示，高敏感族是能擁有健康身體的，但必須發展社交生活以及減緩社交不適，如此，才會擁有他們所需要的無壓力、相互扶持的生活。

讓我們來討論一下上述幾點所隱含的問題，那些才與你比較有關。你會特別注意細微的身體訊息，意謂著你必定有得到許多假警報。這理應是沒有問題的；你去看醫生詢問一下即可。假如你仍不確定，可以徵詢其他醫生的意見。

不過，有時候並沒那麼簡單，不是嗎？現今的醫生可能會是非常忙碌、不敏感的人。一般而言，你會帶著一點點緊張走進他或她的診間，情緒呈現出過度激發的狀態。你會注意到一些小事，而它的確會讓你不安，否則你就不會約診了。你知道最後的結果可能一無所獲，而且醫生會認為你太過緊張。你知道自己對於細節的敏感度，以及會因為可預期的社交不適而受到過度激發，其實都是很明顯的。

同時，醫生也會帶有文化偏見，可能會將你的特質誤解成害羞與內向，進而將這些性格視為心理不健全。此外，對某些醫生而言，為了能順利讀完醫學院，敏感是他們必須壓抑的可怕弱點。因此，他們會將自己的這個部分（以及敏感讓他們聯想到的缺點），投射到出現任何敏感跡象的患者身上。

簡而言之，醫生或許一開始就會假定，特別是像你這樣的患者，這種不明的症狀「全都發生在你腦子裡」，而且通常最終都會做出這番暗示（當然，因為心智與身體緊密相連，可能一開始是心理的壓力源所致，但醫師並未受過良好的訓練來處理這些問題）。你不希望因提出抗議而讓自己顯得神經質，但心裡卻懷疑醫生是否有聽見你說的話、是否有詳細地為你做檢查、是否真的一切都沒事。你覺得很難為情，而且不想再添麻煩。但是你離開診間時，仍然擔心不已，心中懷疑自己是否真的是神經質。而且你或許會暗自決定，下回除非症狀明顯到任何醫生都看得出來，否則還是忽略掉好了。

解決方法就是，找一位能完全了解你本身特質的醫生——這表示，這位醫生將能認真看待你那能察覺到自己健康之蛛絲馬跡及對治療之反應的能力。一位醫生應該要對如此優越的警示系統感到高興才對。同時，在得知你的敏感特質後，他或她可能會成為鎮定專家，而假如你沒什麼問題的話，就會讓你感到安心。但是這種保證應該是出於尊重，而不是根據覺得你心理出問題的假設。

你應該能找到這樣的醫生，特別是如果能帶上這本書給他們看的話。

你對藥物的敏感反應，是千真萬確的。因為你擔心藥物之副作用而引起的過度激發，可能會使你的過敏更加嚴重（大部分藥物都有副作用，所以你並不是神經質）。也或許，在你第一次服藥時，可能有某件事讓你的情緒過度激發。所以，你也許應該等到自己鎮定下來後，再來看看自己對這種藥物的反應。

當你確定自己對某種藥物的反應不對勁時，你得相信自己。每個人對藥物過敏的反應差異都很大。希望你的醫療專業人員能以尊重的方式跟你一起處理這個問題。若否，別忘了，你是消費者，就換另一家吧！

至於其他治療和療程所引起的過度激發，你要意識到，你正面臨一些新的、強烈的感覺，而它們對你的身體來說，往往是一些具有威脅性的入侵。解決方法是：首先，跟執行療程的人解釋你是高度敏感的人。假如你以自我尊重的方式來解釋，那麼你也會漸漸獲得尊重。事實上，你的自我揭露常常能得到對方的理解。執行療程的人可能會採取其他措施，來讓你輕鬆一點。

事實上，你應該要注意哪些事物最容易誘使你情緒激發。有些高敏感族在另一個人的陪伴解釋下，可以將每件事做得更好；有些則比較喜歡安靜。有些高敏感族比較喜歡有朋友跟他們在一起；有些則希望獨處。有些高敏感族多服用一點減輕疼痛和焦慮的藥物不會出問題；有些則發現服藥期間的失控會更讓人苦惱。此外，你可以為自己做很多事。你可以在事前就盡可能熟悉這種情況。你可以用你所知道的各種方法來讓自己冷靜、集中精神，並緩解情緒。而且事後，可以用愛的理解來安慰自己，並接受你所產生的任何劇烈反應。

人們對於疼痛的敏感度也有很大的差異。例如，有些女人在生產時幾乎沒感覺到任何疼痛，針對她們所做的研究發現，這些女性在她們一生中都不曾感覺疼痛。無疑地，也有完全相反的例子——有些人在一生中經常感到疼痛。我的研究發現，高敏感族通常會經歷較多的痛感。

我們的心理狀態多少會影響痛覺，如果你的身體／嬰兒在疼痛時，你能以仁慈、關愛、理解、冷靜來照顧它，一定會有幫助。而向那些能幫助你的人傳達你對疼痛特別敏感，也是必要的。假如他們充分了解到這一點，將會把你的反應視為人類生理學上一個正常的變異，並且去適當地處理它。要記住，你也可能對於解痛藥物比較敏感）。

顯然，最重要的一點就是，你比一般患者更常受到情緒激發。即使你的健康專業人員夠機警，未將你的情緒激發視為麻煩事或身心失調的徵兆，它還是會使情況變得較難處理。例如，你表達想法的能力將會減退。

解決方法有好幾種。你可以帶一張寫好問題的單子去，並做一下筆記。也可以帶某個人跟你一起去聽，並幫忙問一些你沒想到的問題（如果採用這種方法，事後要再回想一遍）。還有，你可以解釋一下自己的困境。讓專業人員用閒聊的方式，或者他或她偏好的任何方式，來幫助你冷靜下來。也可以要求對方重述指示，並且在後續電話中回答你早先未想到的問題，以消解你的情緒激發。

要記住，在情緒受到激發時，你對於跟你在一起的人會產生依附感，是很平常的事，尤其如果是經歷一種極度的痛苦或情緒折磨的話。在醫療領域中，當人們描述他們的外科醫師，或是當女性談到幫他們接生的人時，你就會聽到這種特別的感覺，而這是十分正常的事。解決方法就是，只要知道發生的原因，並適當地消解即可。

過度激發是很難處理的事。你無法逃避它。而且在醫療情境中，生老病死就活生生在你面前上演，所以又更難處理了。不過，在活著時意識到死亡這檔事，對我來說是有意義的，它會讓我們更加珍惜當下。而當這種意識太過強烈時，你一直都能利用那通用的防衛機制，亦即「否認」。讓你的朋友或家人在你身邊協助你。他們曾經面臨過，或總有一天也將面對這些問題。這種時候，不要覺得自己是個異類或負擔。我們是同在一條船上的人。

重寫醫療史

現在，或許是從你的特質出發，為你的醫療保健經驗做一些重建工作的好時機了。

回想一到三個與生病和醫療保健相關的重要經驗，尤其是住院或童年經驗。然後遵循三個你熟悉的步驟。首先，想想你一直以來是如何去理解這些經驗的，或許在醫療專業人員態度的推波助瀾下，你認為自己「太敏感了」、是一個難處理的病患、想像自己會痛、神經質等等。然後你再用你現在對自身特質的了解，來思考這些經驗。最後，因為這層新的認識，想想有沒有任何必須要做的事，譬如尋找一位新醫生，或是把這本書給他或她看。

再者，如果這方面一直是你生活中較難處理的部分，那麼你可以參考「練習以新方式與醫療專業人員打交道」專欄。

慎防醫學為你的特質貼上標籤

正如你所知，醫生很快地就能察覺，我們的精神狀態對於免疫系統和疾病的影響有多大。他們也察覺到，有些人似乎比其他人更容易產生引發疾病的想法和感覺。但是因為他們一心想著疾病，所以無法思考似乎伴隨著某些疾病出現的人格類型，是否可能有一些積極的面向。我說「似乎」，是因為他們可能也忽略掉對於某些人格類型的文化偏見，這些偏見或許真的正在造成傷害。事實上，他們可能會以他們的專業權威宣稱某種人格或特質是不健康或負面的，而不經意地延續了這種偏見。

一旦你學會聽懂弦外之音，留意那些對敏感的描述，像是「症狀」，或是這類的人「失去平衡」，或者因為身體有「過多的」這個和「不正常的」那個，所以「經常失控」

練習以新方式與醫療專業人員打交道

1.回想一個會使你過度激發、社交不適，或產生其他問題的醫療情境。也許你想到的會是：除了穿上一件病患袍外，全身一絲不掛，做某些種類的檢查，或是抽血、鑽牙，或拿到一份延遲或不確定的診斷書或報告等等。

2.根據你的特質思考這個情境，包括其潛在的正向角色。舉例來說，你將更快注意到是否存在著問題，而且對於後續的指示會比較認真負責。但最重要的是，你要思考你需要（而且有權擁有）哪些事物，以讓情況變得比較不易激發情緒。務必記住，每個人都應該努力使你的身體不要充斥著皮質醇，因為如果你保持冷靜的話，醫療結果也會比較好。

3.想像你將如何獲得所需要的事物。這或許是你可以為自己做的事。但是其中至少有一小部分涉及與醫療專業人員溝通你的敏感特質。所以，為自己寫一篇講稿吧。要確定它傳達了自我尊重，並且能以不粗魯、不傲慢的態度來引起他人的尊重。讓某個你信任其意見的人看過你的講稿。如果是從事醫療相關工作的人，則就更理想了。然後以角色扮演的方式跟他們對談。之後，請他們告訴你，當你在說話時，他們感覺如何。

4.思考一下，你可以如何在下回接受醫療照顧時，把練習好要說的話給應用出來。為了使想像變成真實，你可能需要再複習這些重點，並且多做練習。

或「反應過度」或「感覺不準確」等等，很容易就能發覺這種對敏感特質持有偏見的跡象。千萬記住，這些通常都是從戰士—國王的觀點中所認為的缺乏、失常、過多、準確、過度以及不正常，所做的醫療判斷。

務必記得，或許有些時候，你真的覺得自己失去平衡、失控，而且反應過度。身處在一個高度刺激的世界中的高敏感族必定會如此，尤其是童年或個人經歷充滿壓力的那些人。在這種時候，請讓健康專業人員協助你使用藥物治療，即使他們是以戰士—國王的方式在做這件事（只是要確定堅持從低劑量開始）。要記住，該責怪的不是你的特質，而是你和你的特質所置身的世界，以及別人不斷地要求你要適應與改變。

為什麼要服用百憂解和其他藥物？

前面提過數次，你需要跟健康專業人員談談你的特質。然而，如果你這麼做，他們可能會給你「影響精神活動」（psychoactive）的藥物，作為長久的解決方法——或許是抗憂鬱劑，像是百憂解（Prozac），或是抗焦慮藥物，譬如煩寧（Valium）等。事實上，你們有許多人可能都已嘗試過這些藥物，如果在危急時刻或需要一個暫時的方法來控制你的過度激發或其作用，好比睡眠或飲食正常的話，這類藥物可能會非常有幫助。比較深層的問題是，你是否應該或多或少長期服用以「治療」你的特質。許多醫生認為你應該這麼做。舉例來說，當我第一次跟我的家庭醫生談起我寫的這本書時，他相當興奮。「這個問題用藥物治療真是不夠的。」他說道，「真難為情。但是感謝上帝，它很容易治療，就像糖尿病一樣。」然後他開始寫處方箋。

我知道他只是好意要幫忙。但是我語帶諷刺地告訴他，我擔心如果沒有他的幫忙，我會嘗試倚賴藥物更久一點。

不過，你可能會覺得你自身特質的缺點是勝過優點的，或者你想看看藥物治療是否會改變你的特質之表現。然後，你可能會想嘗試長期使用藥物，目的是改變你大腦運作的基本方式。但是我相信，一位高敏感族在做出這樣的決定前，應該要先獲得充分的資訊。

到現在為止，或許你已經明白，本章後續部分並不會告訴你該怎麼做；我們將提供你資訊，並協助你透徹思考所有的問題。

危急時刻的藥物治療

在危急時刻服用影響精神活動的藥物，以及使用這些藥物來達到長期的人格改變，這兩者間有很重要的區別。有時候，藥物治療是最簡單，甚或是擺脫過度激發惡性循環（白天不能充分發揮功能、晚上不能正常睡眠）的唯一方法。在這種情況下，你或許會找到一位醫生，就如我的家庭醫師一樣，急著想開藥給你。或者你可能會找到另一種極端，這類醫生認為那種痛苦的心智狀態應該能捱過去，尤其如果原因是外在的，諸如喪親之痛或是對於某場演出感到焦慮。對你而言，最佳的解決方法，就是事先決定你在危急時刻要怎麼做。然後你可以找一位在這類藥物治療方面跟你理念相合的醫生。假如你等到危急時刻才做決定，你和其他人可能都會覺得你的狀況不適合做重大決定。因此，無論你就近找到的醫生告訴你什麼，必定都會對你造成壓力。

立即終止情緒激發的藥物

影響精神活動的藥物多到數不清，但是有兩種最常開給高敏感族。第一種是快速作用的「抗憂鬱」藥物，像是利眠寧（Librium）、煩寧、贊安諾（Xanex），這類藥物大部分都能幫助你入眠，有時這是一項優點，有時則不是，但是贊安諾則不會。每一種都只要花幾分鐘，就能阻斷情緒激發（正如你現在所知道的，情緒激發並不見得會產生焦慮，因此不要接受「焦慮傾向」的標籤。情緒激發可能只是過度刺激）。

許多人極度信賴這些藥物來幫助入眠、應付一場演出或生活中的壓力時刻。不過，雖然作用是短暫的，但是如果長期服用的話，這些藥物是會讓人上癮的。無論新的抗焦慮藥物何時出現，它通常都標榜自己比它的前身更不易上癮。但是能快速讓我們達到最佳激發狀態（無論是激發不足或是過度激發）的各種藥物，似乎都可能會產生某種程度的上癮。

酒精和鴉片可以讓我們擺脫過度激發；咖啡因和安非他命則會讓人脫離激發不足的狀況。每一種都會讓人上癮。事實上，除非副作用多過好處，否則，解決問題的方法都會一再地被重複使用。

不過，影響激發的物質會促使大腦去適應它們，所以，你將需要更多這類的物質，才能達到相同的效果。到了那種程度，它們可能會開始傷害身體的不同部分，像是肝臟或腎臟。此外，身體的自然激發平衡作用，將會受到壓抑。

當然，如果你不斷地受到過度激發，那麼這種平衡作用就已經出問題了。偶爾服用抗焦慮藥物來阻斷它，或許正是你所需要的。

還有其他方式來改變你身體的化學物質——走路、深呼吸、按摩、健康的點心、被你愛的人擁抱、聽音樂、跳舞，還有很多、很多、很多。

從我們穴居野處時，就已經開始使用「天然的」草本鎮靜劑。洋甘菊就是一個很好的例子；薰衣草、西番蓮、啤酒花和麥茶也是。健康食品店會給你建議，而且常常是以茶包或膠囊的形式來販售不錯的混合配方。你在這裡跟其他地方一樣，將發現個人的獨特性——有些在你身上所產生的效果，會比在其他人身上來得好。在睡前使用的話，合適的品項往往能讓你一夜好眠。假如你缺乏鈣或鎂，補充這些礦物質也能有鎮定效果。但是要小心，「天然的」藥物也可能威力強大。

重點是，你的醫生或許不會提及這些較古老或較簡單的治療。藥廠的業務員經常會來拜訪他們。沒有人會來力勸醫生開立「走路」或「一杯洋甘菊茶」這樣的處方。

補救長期過度激發影響的藥物

醫療專業人員可能會建議高敏感族使用抗憂鬱劑，來因應他們特質中的缺點（無論是感覺上或實際上）。在危急時刻，抗憂鬱劑確實能防止你受苦，甚至可能救你一命（有憂鬱症的人自殺和意外死亡率較高）。而且它們可能會省下你的錢，因為它們可以讓你繼續工作，否則的話，你根本無法工作。

抗憂鬱劑不見得能消除所有感覺。它們只能修復某種安全網，這樣你就不會掉落到像以前那麼低的地方。因為，這些深層的低點，或許是你的大腦疲乏的結果，而不是天生如此；給大腦一點幫助使它恢復正常，是合理的做法。一旦你睡好和吃好一點，通常你就不再需要它們了。

抗憂鬱劑需要二至三週的時間才會產生效果，因此不太容易讓人上癮。它們不會給你立即的回報。不過，有些人會發現，他們很難停藥，無法輕輕鬆鬆就快速地戒掉它們。我不知道有沒有人把他們之前的藥賣掉，然後服用另一種抗憂鬱劑，但是可以隱約地感覺到，他們已經上癮了。

假如你決定要服用抗憂鬱劑，那麼你要找一位有開立這類藥物經驗的藥劑師——這個人根據多年來看過不同的人及其症狀是如何對於各種藥物作出反應而建立了直覺——再度證明每個人之間都有很大的差異。但是開立這些藥物的專家，理所當然地會相信它們的價值，所以，你應該在研判自己可能需要這些藥物後，再去尋求這類協助。

抗憂鬱藥物的作用

你的大腦是由成千上百萬個被稱為神經元的細胞所組成的，而它們彼此交流的方式，是經由長長的枝幹來傳送訊息。但是各個枝幹並未直接相連，所以當訊息到達枝幹端點時，它必須橫跨到下一個枝幹，有一點像搭渡船一樣。因為種種原因，這是打造大腦的明智方式。

為了躍過這中間的間隔，神經元製造了被稱為「神經傳導物質」的小小化學船，也就是被釋放到這個間隔中的微量物質。當神經元不需要神經傳導小船時，也會將它們收回。藉由釋放與收回，神經元就能維持它們認為是適當數量的神經傳導物質。

憂鬱症似乎是因為難以獲得某些神經傳導物質所致。抗憂鬱劑的目的，就是要讓神經傳導物質的數量增加。但是它們並不是直接去增加神經傳導物質。大腦會封鎖這種虛晃一招的做法，你不能只是加入神經傳導物質。相反地，你要加入的是可以進入大腦中，並誘使它接受藥物的物質。這樣可使得更多神經傳導物質一直流通循環。

不過，事情其實還要複雜許多。可能會發生的是，我們有些人發展出「太多」的神經傳導物質接收器（這也可能是我們為什麼對於刺激如此敏感的原因之一），因此，我們會比較快用完神經傳導物質。在有壓力或長期過度激發的時候，也可能發展出更多接收器。抗憂鬱劑的另一個作用，是減少接收器的數量，這似乎就是為什麼抗憂鬱劑只會在使用二至三週後，才會發揮作用的原因。它要花這麼長的時間才能消除接收器。或者，大腦也許不是那樣做的。事實上，沒有人知道細節。讓我們稍後再回到這個主題上。

你可能會好奇，為什麼長時間的過度激發會導致憂鬱症或抗憂鬱劑，對它有什麼幫助呢？當人們長期間處於壓力狀態下時——受到過度激發——他們大腦裡的某些神經傳導物質，似乎便會開始數量不足（其他物質，像某些病毒，也將減少這些重要的腦液）。一旦數量不足，有些人會一直維持低量，於是就引發了憂鬱。但是並非每個人都如此，這為什麼是引起憂鬱的原因，也有待釐清。身為一位高敏感族，並不表示你理所當然比較容易憂鬱。長時間的過度激發，才是罪魁禍首。

神經傳導類型的物質有相當多種，每一年都有更多種類被發現。長期以來，市面上的抗憂鬱藥物對於幾種神經傳導物質都具有功效。關於百憂解，最受到矚目的一部分，就是它只對一種神經傳導物質起作用，即血清素。百憂解和同質藥物，例如克憂果（Paxil）和樂復得（Zoloft）等等，被統稱為「選擇性血清素再吸收抑制劑」（SSRI）。沒有人知道，為什麼這種選擇性在治療某些難處理的疾病時，會具有這種優勢。但是科學家一直努力要深入了解血清素。

血清素與人格

讓《神奇百憂解》（*Listening to Prozac*）這本書在數年前成為暢銷書的原因是，它的作者彼得·克雷蒙（Peter Kramer）表達了所有精神科醫師的擔憂，因為他們發現，有一些服用SSRI的人，連看似根深柢固的人格特質，也被「治好」了。這些特徵之一，就是天生傾向於「對壓力過度反應」。或者以我們的專用語來說，就是容易受到過度激發。

就如同我之前所說過的，我認為，我們必須非常注意讓醫生用「對壓力過度反應」一詞來描述我們的基本特質。誰來決定什麼叫做「過度」（我使用過度激發一詞，是相對於你自己最適當的激發程度而言）？但是，我們的特質中正面的部分和一個視高度壓力為正常的文化中負面的部分，又該怎麼處理呢？我們並非生來就傾向於「對壓力過度反應」。我們是天生敏感。

無論如何，克雷蒙提出了有趣的社會問題：一個藥物能改變一個人全部的人格。或許有一天，它將能讓改變人格就如同換一套服裝一樣，那麼我們該做何感想？如果自我可以這麼容易被改變，那麼我們的自我觀念會發生什麼問題？假如我們說被視為生病的人其實並沒有太大問題，他們只是想以某種方式去感覺，那麼，在這種情況下，服藥跟吸食「街頭毒品」，會有什麼差別呢？每個人就為了擁有高壓力容忍度的競爭優勢，都必須服用百憂解，然後再來就是超級百憂解了嗎？克雷蒙有好幾次都回歸到一個問題上：假如某個社會中所有人都選擇服用這類藥物，這個社會將會有什麼損失？

我一直在思索克雷蒙的書，以及人們對這本書的反應，因為很多現在把敏感和需要百憂解劃上等號的醫生也讀過此書，也因為克雷蒙深入探討了社會與哲學問題。假如你是一位典型的高敏感族，當你拿到SSRI，必須決定如何反應時，你也可以思考一下這些議題以及一些個人問題。

血清素與高敏感族

想要清楚了解為什麼血清素很重要，是很困難的，因為這是在大腦裡面十四個不同地方「精選的神經傳導物質」。彼得．克雷蒙認為，血清素有點像是警察。當血清素充足時，就好像警察出動巡邏，四周就會變得比較安全和有秩序一般。但是改善的狀況則因人而異，視每一區的問題而定。假如發生交通堵塞，警方就會去指揮交通，假如有犯罪情事，他們就會去追查犯人。同樣地，如果大腦的某個部位正引起憂鬱症狀，那麼血清素就會去終結它，如果某個部位引起過度強迫以及完美主義的行為，它也會去防止。打個比方，因為四周有這些警察，在一條暗巷中的某個黑影比較不會被看成是有危險的。這對高敏感族而言，是一項重要的修正，因為我們有強大的暫停與檢查系統。但是只有當腦中有更多血清素，亦即在這個區域裡有更多警察時，才會有幫助。

當我在讀《神奇百憂解》裡的案例時，不禁懷疑克雷蒙的病患中有多少是高敏感族，他們只是不知道在一個比較不敏感的社會中，要如何看重自身的特質，以及照顧自己。結果，他們的情緒就會長期受到過度激發，血清素濃度也會有一點低，這時，百憂解就派上用場了。再想想克雷蒙發現能以百憂解解決的其他問題——過度強迫症（操之過急地試圖要控制焦慮和過度激發？）、低自尊以及對批評很敏感（因為是弱勢族群，所以自覺有缺陷？）。

一位高敏感族假如為了要改變長期存在的人格特質，何時應該要服用SSRI？這多半要看血清素和我們的特質之間確切的關係而定。唉，但是現在還言之過早，尚無法確定（當有更多答案時，需慎防任何不複雜或可適用於所有人的事物）。同時，有些建議是說，這全都要看你是如何長期受到過度激發。

有些猴子天生就傾向會停下來檢查新的景象和聲音。那也是我們的特質，只是牠們缺少了深刻了解過去與未來的人類優勢，而且人類也能選擇去控制我們的暫停與檢查系統。這些猴子大部分時間的舉止，跟其他的猴子沒兩樣。但是在小時候，牠們會比較慢才去探索，而且心跳速度較快、變化較大，壓力荷爾蒙的濃度也較高。牠們比較像傑洛米．卡根所描述的兒童（參閱第二章）。要注意的是，在這種時刻，牠們的血清素並沒有比較低。

當這些猴子長期承受高度壓力（過度激發）時，主要的差異就出現了。然後，跟其他猴子相較之下，這些反應激烈的猴子似乎會出現焦慮、憂鬱和強迫的症狀。假如屢屢心煩意亂，牠們就會更常表現出這些行為，而在這種時候，牠們的血清素就會減少。

假如任何猴子在童年時因為與母猴分離而心裡受創，這些行為和身體變化也會出現在牠們身上。有趣的是，在剛剛受創時，壓力荷爾蒙例如皮質醇會增加。但是隨著時間過去，尤其是當有其他壓力源，譬如被孤立的情況下，血清素濃度就會下降。之後，這些猴子一輩子的反應都會比較激烈。

從這兩個研究中，可以了解的重點是：製造問題的是長期的過度激發、壓力，或童年創傷，而非先天的特質。第二章也看到相同的重點。敏感兒童會經歷較多短暫激發的時刻，腎上腺素會上升，但如果牠們感覺安全的話，就不會有事了。可是當一位敏感兒童沒有安全感時（或當任何孩子沒有安全感時），短時間的激發就會轉變成長時間的激發，皮質醇就會上升。到最後，血清素也耗盡了（根據猴子的研究）。

這項研究對高敏感族很重要。它具體解釋了，為什麼我們必須避免長期的過度激發。假如我們的童年設定了我們會受到每一樣事物所威脅，那麼我們必須要做內在的功課，通常是接受治療來改變這種設定，即使它已經行之有年。克雷蒙引用證據證明，假如血清素濃度未回歸正常的話，可能會發展出容易過度激發和憂鬱的狀況，並且造成真正的傷害。所以，我們會希望保有安全感、活力充沛，而且血清素充足。這會讓我們隨時都能享有本身特質的優勢，並理解細微處的真義。這表示，當過度激發不可避免時，也不會導致皮質醇在數日內增加，以及血清素在數個月和數年內下降。假如我們把事情搞砸了，還是可以把情況導正回來。但是要花些時間，而我們可以使用藥物一段時間，來幫助把情況導正。

血清素與成為受害者

你可能聽到的另一項事實是，有統馭力的猴子，或者至少非常具有統馭傾向的物種，體內會有較多血清素。只要增加這類猴子體內的血清素，就能讓牠們統馭服用了降血清素藥物的同類。將一隻有統馭力的猴子放在統治階級的最高位置，可增加其大腦裡的血清素。假如免除這個地位，則會降低血清素。這就是為什麼醫生會想增加你的血清素的另一個原因——在一個統馭導向的社會中，幫助你更加占有優勢和成功。

我真的不喜歡將「怯懦」的猴子與高敏感的人類劃上等號，不同之處在於，人類之所以成為人類，是因為擁有更多能力（例如遠見、直覺、想像力）。但是假如高敏感族很容易耗盡血清素，我真的必須懷疑，到底是哪個引起哪個。似乎有一種假設是說，我們比較不具有統馭性，因為我們的血清素可能比較低。但是，或許至少在某些情況下，在統治階層中位居下層，這種缺陷感又降低了我們的血清素。低濃度的血清素和憂鬱症以及壓力所引起的其他問題，可不可能是因為高敏感族在這種文化中遭到「貶抑」呢？

思考一下「害羞、敏感的」中國兒童（根據第一章裡所描述的研究），他們在班上是獲得大家讚賞的領導人物，那麼他們的血清素濃度會是如何呢？再想像跟他們做對照的加拿大兒童，他們在班上的地位低落，那麼他們的血清素濃度又會是如何呢？或許我們需要的並不是百憂解，而是尊重！

你應該嘗試使用SSRI改變自己的特質嗎？

我希望我手上有這些藥物對於非憂鬱型高敏感族之療效的相關資料。然而，這些藥物對於一般高敏感族的功效，仍然無法說明它們在你身上的功效。眾所周知，在某個人身上能終結憂鬱的某種抗憂鬱劑，可能在另一個人身上一點效用也沒有。對於影響人格的藥物，應該也是如此。誠如第二章所述，無疑地，高敏感的類型何其多。因此，當你在思考自己的特質時，要留心以偏概全的解釋，譬如血清素。

以下是一些我在做決定時會思考的問題。首先，你對於做自己有多不滿意？其次，為了維持你要的改變，你願意終其一生都服藥嗎？這個決定得要仔細考量潛在的副作用以及延後的長期效應，關於這種新藥，我們在這方面仍一無所知。

至少有10％到15％的主要副作用，在於這些新藥的功能，有一點像是安非他命這種興奮劑（這是百憂解的製造商禮來製藥公司〔Eli Lilly〕極力想淡化的事）。有些服用百憂解的人抱怨會睡不著、常做夢、無法克制地焦躁不安、顫抖、噁心或腹瀉、體重減輕、頭痛、焦慮、盜汗，以及在睡覺時磨牙等。有個解決方法是，請醫生開立抗焦慮藥物，通常是在夜間服用，來對抗這種焦躁不安。然而就我而言，我會感到有點煩亂，因為現在我必須要服用兩種高強度的藥物。第二點則是會養成習慣。

我認識許多高敏感族，都曾服用百憂解和類似藥物，但後來停藥，因為這種藥物幫助不大，或是因為他們不喜歡其興奮劑的作用。有一個可能性是，在第二章所討論的行為活化系統會被激起要去對抗暫停與檢查系統。所以如果你的「問題」是一個沉靜的活化系統，那麼這些藥物可能比較能發揮作用。假如兩個系統都很強大的人，則可能會變得太過焦躁不安。

這些藥物偶爾會影響性行為的表現，尤其是男性。有一個研究發現，百憂解會影響記憶力；另一個研究則說不會。有一項動物實驗研究發現，抗憂鬱劑會加速腫瘤生長，但是較早的研究則說不會。必須花時間才能了解這在人類身上是不是一個嚴重的問題。同樣地，當SSRI與某幾種藥物，尤其是其他抗憂鬱劑混合使用時，也非常危險，因為產生太多血清素是有害的，甚至可能會造成死亡。

天下沒有白吃的午餐，不是嗎？

上述種種並不是要嚇唬你，或是阻止你服用抗憂鬱劑，尤其是在危急時刻（不過，一般而言，舊型抗憂鬱劑只對憂鬱症產生功效。其副作用會讓人感到比較不舒服，但是這些藥物使用多年，而且似乎沒有嚴重的不良影響）。我只是希望讓你成為明智的消費者。你從《神奇百憂解》一書中不會知道所有的真相。克雷蒙刻意不去討論百憂解的副作用，他對於這類藥物的社會影響比較感興趣，認為它們最終將能擺脫嚴重的副作用。這類藥物可能會造成某些人非常不良的反應，而他也將這種個體差異降至最低。你也不可能期望從藥廠那裡獲得所有的真相，因為他們是靠這些獲利豐厚的藥物賺錢；你也無法從家庭醫生那了解真相，因為研究顯示，廣告打愈兇的藥物，愈能得到他們的青睞。即使藥盒裡附帶的副作用的警示文字，也是出自製藥公司之手，但除非萬不得已，他們顯然不會為他們的消費者擔心。

百憂解的陰暗面

為了得知更多關於百憂解的陰暗面，建議你可以讀一讀彼得·布利金（Peter Breggin）和金吉兒·布利金（Ginger Breggin）夫婦合著的《反嗆百憂解》（*Talking Back to Prozac*）一書。他們對於製藥產業提出了一個不同的觀點，或許有點危言聳聽，但這是因為製藥產業在美國藥物許可過程中，扮演著太過密切的角色。美國食品與藥物管理局（FDA）對於一種新藥並未執行研究，只是監督而已。從事藥物研究的研究人員往往跟藥廠都有財務往來。在藥物許可之後，假如新的副作用出現了，那麼一家公司理所當然會淡化處理。假如有法律訴訟，就在庭外平靜地和解。事實上，只要有醫生適當地開給病人百憂解，卻被控告業務過失的話，禮來製藥公司就會支付訴訟費。

布利金夫婦亦指出，所有在這些新藥方面的研究，都是觀察它們在幾個月內治療重度憂鬱症的狀況。在這些情況下，大腦顯然並不是正常運作，而目標就是讓大腦回歸正常範圍。沒有人知道，為了想當一個健康的人而服用這些藥物，以消除那些不討喜但基本上正常的天生特質，成效會如何。抗憂鬱劑不只是去增加某些缺少的東西，它們會花數週的時間來產生效用，因為它們會大幅改變神經元的結構。同時，即便這些藥物也開給年輕人使用，但是卻沒有人曾經針對這些藥物對年輕人的影響來做研究。

各廠牌的第一支抗憂鬱劑，都是意外被發現的。人們並不知道它們確切的功效如何。而且照理說，它們一定會日益干擾大腦平時的活動。因此，布利金夫婦對於百憂解藉由「增加神經傳導物質」能讓你的醫生「微調」或讓大腦「恢復」平衡的樂觀的比喻，是嗤之以鼻的。布利金夫婦認為，開藥的醫生「比較像是辦公室裡一位笨手笨腳的同事，他不小心把咖啡濺灑到你的電腦裡——只不過百憂解比咖啡因更強效，而你的大腦比你的電腦更脆弱，而且更容易受到傷害。」

沒錯，布利金夫婦似乎看到了百憂解裡的小小惡魔。但是我們每個人心裡也都有一個小小惡魔，最好能去認識他，而不是假裝沒看見。

有一位幫一家製藥公司針對這些藥物做動物研究的精神生理學家告訴我，他確信公司是在滿足我們對於速效對策的期盼，然而那種方法根本不存在。根據他的說法，我們大部分的問題都需要尋求自我認識，而通常是透過在心理治療方面的努力。

事實上，彼得．克雷蒙同意：

在治療輕度的憂鬱和焦慮方面，心理治療依然是唯一最有幫助的技術……我認為，藥物治療能免除心理治療的信念，掩蓋了讓人們受苦難的見利忘義心態，而在「管理式照護」產業中刪減健康照護成本的人，往往也會贊同這種信念……（並且）當作是否定病患心理治療的藉口。

當我發現書中有二十處都是克雷蒙在表達他對一個社會的擔憂（他認為百憂解太隨意被使用，使得人們太過無動於衷、自我中心，而且不敏感）時，我決定不再寫下頁數作為參考書目了。同時，他也批評那種主張假如某種藥物讓你感覺良好，那麼它必定是不道德的「藥學沙文主義」。痛苦是一種特權狀態。藝術向來是一個受苦受難的心靈的產物。只有悲慘的人才會有深層的思考。焦慮必定是真實存在的。當我們考慮使用藥物治療的目的不是要讓我們度過危機，而是要改變我們基本的人生道路——我們的人格時，這些都是我們高敏感族必須深思的重要社會問題。

假如你向前邁進（或是已向前邁進）

我了解你們有些人甚或很多人，都已在服用SSRI。其他人也將決定要服用。除了你自己能獲益之外，你對於幫助我們認識這些藥物，也是重要的貢獻者，就好像那些不服用該藥物的人會成為「控制組」一樣。

克雷蒙想知道這些藥物是否會讓我們失去一種穩定的自我感覺。我並不是這麼確定。許多女人每個月在情緒和基本的生理方面，都會經歷類似的巨大改變。她們仍然知道自己是誰。她們就是理解自己是複雜的。或許她們了解自己是幾個重疊的自我，在不同時間就會不一樣。在藥物治療的過程中，你是在決定自己想要成為哪一個人。是誰在決定呢？某個最可靠的內在觀察者。那部分的自我意識將獲得前所未有的成長。而且你將去思考你希望成為的那個人，而且能夠比從前更自由地去選擇。

一位高敏感族能夠活著，是很令人開心的事。或許當你挑選上這本書時，你甚至不知道你就是你。現在，當你對著醫療專業人員表明你的特質，以及用你的特質的深層生理學去嘗試（或是拒絕去做）時，你就是一位開路先鋒。誰會在乎我們是否偶爾有一點過度激發呢？所以，好好地控制它，並繼續向前航行。

❖假如一顆安全的藥丸能改變你，你想改變什麼？

請拿出一張紙，並在中間畫一條直線。假設有一種安全的藥丸可以根除你不想擁有的任何特質，那麼請在左邊列出來，即使跟你的敏感特質不太相關也無所謂。你有可能因為身為高敏感族的缺點而完全受干擾。現在，你有機會去幻想有一種完美人格藥丸（這個練習並不是在教你當你在危急時刻、憂鬱或想自殺時如何使用藥物）。

現在，針對你在左邊所寫的每一個項目，在右邊寫上如果這顆神奇藥丸將你的敏感特質中的負面效應消除掉，你的生活可能會失去什麼（就像所有的藥丸一樣，你的藥丸無法宣稱一個自相矛盾的說法）。舉個跟敏感特質無關的例子：左邊寫「頑固」，但是若沒有「頑固」，你將失去「毅力」，那麼就把「毅力」寫在右邊。

如果你願意，可以根據你有多想要擺脫它們，在左邊的每個項目再加上1、2或3（3是最想），並根據你有多想要保留它們，在右邊的每個項目加上1、2或3。如果左邊的數字加總起來的數字比較高，那就表示你可能想要繼續尋找一種有幫助的藥物治療（或者表示你仍然難以接受你自己）。

第十章

精神與靈性

真正的藏寶地

高敏感族有比較傾向精神與靈性的一面。我所謂的精神是指不像有形的身體那麼明顯，但仍然是具象的，像是夢想和想像；靈性則超越了靈魂、身體以及世界，然而也包含了這三者。

在你的生活中，精神與靈性扮演何種角色？在本書最後幾頁，有幾種可能性將謝幕退場，包括一種認為我們注定會發展出人類意識中非常需要之一體性（wholeness）的心理學觀點。畢竟，在我們內心深處有個本能，會注意到其他人所遺漏或否定的事，而且一旦忽略則將造成傷害，屢試不爽。

不過，本章也有其他比較不屬於心理學論點的部分，而是來自天國和天賜的恩典。

四大警訊

回想過去，我幾乎將它視為一個歷史時刻：

一九九二年三月十二日，在加州大學聖塔克魯茲分校的校園裡，舉行了高敏感族的第一次聚會。我針對我的會談與第一次的電話調查，發表了一場演講，邀請那些已參與的人、有興趣的學生和治療師們前來，他們大多數最後也證實是高敏感族。

我首先注意到的是，在我開始演講前，室內一片鴉雀無聲。我並未想去期待些什麼，但是禮貌性的安靜似乎也是合理的。然而，這甚至有一點不僅僅是安靜而已。這是一種可以觸知的安靜，就像在森林深處一樣。因為這些人的出現，一個平凡無奇的公共空間，就因此改變了。

當我準備要說話時，我注意到一種客氣的警覺心。當然，這個主題對他們而言很重要，但是，我現在跟所有高敏感族的聽眾產生了聯繫，感覺到他們在支持我。我們這群人通常對想法非常感興趣，會採納每一種概念，並衡量所有可能性。也會相互扶持。我們當然會努力不要竊竊私語、打哈欠，或是在不當的時間進出某個房間，以免壞了其他人的事。

我的第三個觀察，來自於我為高敏感族開設的課程。我喜歡在中間休息好幾次，包括和大家一起保持靜默一次、休息、冥想、禱告或思考，任君選擇。從經驗中得知，有某個比例的一般聽眾，會對這樣的機會感到困惑，甚至苦惱。但是對高敏感族而言，我從未注意到會有任何遲疑。

第四，跟我會談的人，大約有一半最常談到的就是他們的精神／靈性生活，就好像那才能為他們下定義一般。另一半的人，當我問到內在生活、哲學、跟宗教的關係，或是靈修時，突然間，這些聲音有了新的能量，就好像我終於抓到重點似的。

他們對於「有組織的宗教」感覺非常強烈。有一些人非常虔誠，有些人不滿，甚至是蔑視。但是沒有組織的宗教，則大受歡迎，大約有一半的人遵循某種日常的儀式，朝內在探尋靈性領域。

以下是他們所說的一些話。假如將之濃縮成一句句短言，幾乎會成為一首詩篇。

雖然已靜坐冥想多年，但是，「放開經驗吧」。

每日禱告：「你祈願什麼，就得到什麼。」

「我自我鍛鍊；我嘗試過一種忠於動物和人類本性的生活。」

每日靜坐冥想。除了「一切都會沒事」的信念之外，沒有其他「信條」。

知道有一個聖靈；一個更偉大的力量，一個引導的力量。

「假如我身為男性，我會成為耶穌會會士。」

「一切生靈皆很重要；我知道有一個更偉大的力量。」

「我們如何待人，就會成為什麼樣的人。宗教？如果我能相信的話，它會成為一種安慰。」

「道，是宇宙間運行的力量：別再奮力掙扎了。」

當我五歲時，坐在樹下開始跟上帝對話；在危急關頭，有個聲音會引導我，有天使會來造訪我。

每天兩次深層的放鬆。

「我們在此保護地球。」

每天兩次靜坐冥想；曾有過「置身海洋的經驗，一連幾天持續的狂喜；但是靈性生活是漸進式的，而且也需要理解。」

「在參加戒酒無名會之前，我是一個無神論者。」

「我想著耶穌、想著聖哲。我有澎湃洶湧的靈性感受。」

她靜坐冥想，並懷有憧憬，她的夢想讓她充滿了「輻射能量」；許多日子都充滿了深深的喜樂與恩典。

在四歲時，有個聲音允諾會永遠保護她。

總之，人生是美好的，但人生不是為了追求舒適，而是為了認識上帝。藉此塑造高尚的品格。

「我在童年時受到宗教的吸引，但同時也厭惡它，可是我一直都被至高無上、神祕的事物所感動，不知該如何控制。」

他有許多宗教體驗，其中最純粹的是當他孩子出生時的體驗。

她繞過宗教，直接與上帝對話（透過靜坐冥想），並且幫助需要的人。

跟一群人一起練習來自印尼的靈修方法，以歌唱和舞蹈達到一種「充滿喜樂的自然存在狀態。」

每天早上禱告半小時，省思過去的一天和即將來到的一天——「天主賦予我們洞察力、導正我們，並為我們指引道路。」

「我相信，當我們重生於基督的懷抱時，將被賦予發展的能力，如此，我們便能在上帝的榮耀下過生活。」

「真正的宗教經驗是在日常生活中展現，亦即是從善念出發，去做每一件事。」

「我是一個佛教─印度教─泛神論者：凡事該來的總是會來；不惜任何代價都要得到快樂；與周遭所有美麗的事物同行。」

「我常常覺得與天地合而為一。」

我們擅長什麼——它有什麼用處？

我曾經提過，我跟高敏感族在一起時有四個不斷重複的經驗：一、自發性深層的沉默，帶來一種神聖的集體存在感；二、深思熟慮的行為；三、心靈／性靈的直達性；以及四、能夠洞悉這三種特性。這四個經驗對我而言，都是有力的證據，說明我們皇家顧問階級，都是「教士」等級，為我們的社會提供不可言喻的養分。我無法擅自為它命名，但是可以提供若干觀察。

創造神聖的空間

我喜歡人類學家談論儀式領袖和儀式空間的方式。儀式領導人為其他人創造的那些經驗，只會在一個儀式、神聖或過渡的空間裡發生，它是從世俗世界分隔出來的空間。在這種空間裡的經驗，是具有轉化力且富有意義的。如果沒有這些經驗，人生會變得乏味而空虛。儀式領導人劃分和保護這個空間，準備好讓他人得以進入，當他們在裡面時，引領他們，並且幫助他們帶著從這個經驗中學習到的適當意義回到社會中。一般而言，這些儀式常常是標示人生重大轉折的初始經驗：例如進入成年、婚姻、生子、老年，以及死亡等等。另外一些儀式的目的是療癒，會帶來一個指引方向的靈視或啟示，或讓一個人與神性更接近。

現今的神聖空間很快就變得世俗化了。它們需要較多的隱私，而且在乎自身是否能夠存續。在某些心理治療師的診間裡，可能會設置這樣的空間，就像在教堂裡一樣；對其宗教感到不滿的男男女女可能會聚集在一起，就像一個社群在實踐他們的傳統一般；談話中主題或語調些微的改變，也可能會釋放出訊息，就像穿上薩滿服裝以及圍成舉行儀式的圈圈所釋出的訊息一樣。今日，神聖空間的界線一直在改變、它們是象徵性的，而且幾乎看不見。

雖然不好的經驗使得某些高敏感族會排斥任何看似神聖的事物，但是大多數人在這樣的空間裡，會感覺最自在。有些人自然而然就能在自己周圍創造出這樣的空間。因此，他們經常擔負起為其他人創造神聖空間的使命。在這些侵略性的世俗—戰士時代中創造以及看管神聖空間，使得高敏感族成為教士階級。

預言

另一種將高敏感族看成「教士」的方式，來自於心理學家瑪麗-路易絲．馮．法蘭茲（Marie-Louise Von Franz），她跟榮格在工作上合作無間。她曾著書探討榮格學派稱作內向—直覺型的人，也就是大多數的高敏感族（對那些知道你不屬於這一型或其中一型的人，很抱歉，要先將你排除在外一會兒）。

> 內向—直覺型的人跟外向—直覺型的人對於覺察未來有相同的能力……但是他的直覺是訴諸內在的，因此，他主要是宗教預言家或先知類型的人。在遠古時期，他是知曉鬼神和祖靈意向的通靈者，並且會將他們的訊息傳達給他的部落……他知道在集體潛意識中有個緩慢的過程正在進行。

今天，我們有許多人是藝術家和詩人，而不是預言家和先知，根據馮・法蘭茲的說法，我們所創作的藝術「通常只有後世的人才會了解，因為它象徵那個時代在集體潛意識中正在發生的事。」不過，一般而言，預言家型塑了宗教，而不是藝術，我們全都可以看到，今天的宗教有非常奇怪的事正在發生。

問問自己太陽是不是從東邊升起。然後看看你對於自己「錯誤」的答案有什麼感覺。因為，當然，你是錯了。太陽並不會升起。是地球會轉動。個人經驗就這麼多。我們無法去相信它，或是其表面上看起來的樣子。我們只能相信科學。

科學作為**了解萬物的最佳方法**而大獲全勝。但是，科學的目的並不是要回答性靈、哲學和道德的大問題。所以我們幾乎表現得好像它們一定是不重要的。但其實它們很重要。這些問題總是會隱晦地被以社會價值觀和行為來回答——社會上的人尊敬誰、愛誰、害怕誰、讓誰流離失所，食不果腹。當這些問題被明確提出時，通常是由高敏感族所為。

在今天，即使是高敏感族，也並不確定他們該如何體驗或相信看不見的任何事物，尤其是人們曾信以為真、結果科學證明為偽的事。我們很少相信自己的感覺，更少相信自己的直覺，不過太陽升起的事實，是人類愚蠢的錯誤。想想教士或教士階級曾堅守的教條。有這麼多「現在都被證實是錯的」，或者更糟的是，被發現只是自私自利的想法。

對於信仰的打擊，並非全都直接來自於科學。也來自於交流與旅行。如果我相信有天堂，但地球的另一端有幾十億人相信有輪迴，我們兩邊怎麼可能都是對的呢？假如我的宗教有一部分是錯的，那其他部分也是嗎呢？比較宗教研究不是證明了，宗教只是試圖尋找自然現象的答案嗎？再加上面對死亡時，需要一種安慰？所以，為什麼沒有這些迷信和情感依靠，就難以過活呢？此外，假如有上帝，你要如何解釋這個世界上所有的磨難？而當你在苦難中時，又該如何解釋為何有這麼多苦難都是由宗教所引起的呢？所以，懷疑的聲浪不斷。

對於宗教靜修，各方反應不一。有些人完全同意懷疑論。有些人堅信某種抽象的力量或是上天。有些比之前更堅守他們的傳統，變成基本教義派。有些人把教條當作世界上大苦難的來源，而拒斥它，然而卻擁抱其宗教傳統的儀式和某些教義。最後，有一類新的宗教人士，正在尋求直接經驗，而非權威人士的訓誡。同時，他們知道，由於某種原因，其他人會有不同的經驗，所以他們並不會聲稱他們的經驗就是真理。他們或許是第一群依直接的靈性知識而活的人，可是，那些靈性知識卻被認為是不確定的。

在上述每個類別中，都有高敏感族。但是從我的會晤和課程中，我認為大多數人都屬於最後一組。就像探險家和科學家一般，每個人都會去探勘這個未知的領域，然後回來報告。

只不過我們許多人都不敢貿然回報。宗教、信仰轉變、邪教、靈修大師，以及新時代信仰等，所有的事務都像是一團糟。看到自己人拿著小冊子，眼中散發狂熱的光芒，我們全都覺得很難為情。我們很擔心也會如此被看待。在一個偏好有形世界多過於精神與靈性的文化中，高敏感族已經遭到極大的邊緣化了。

然而，時代需要我們。皇家顧問和勇士國王之間失衡的社會面向，一直都是危險的，尤其當科學否定直覺，這樣的「大問題」不是經由深思熟慮來解決，而是根據當時方便的做法來解決時。

這個領域比其他領域更需要你的貢獻。

寫出你的宗教戒律

無論你的宗教是組織型或非組織型，都會有一些戒律。我建議你將它們寫下來，如果可能的話，現在就做。從你的經驗中，你接受什麼、相信什麼，或知道什麼？身為皇家顧問的成員之一，能用自己的話來表達，是最好的。接下來，如果你覺得有人聽到這些話會受益，你可以把它們講出來。假如你不想犧牲奉獻或是這麼教條主義，那麼就把不確定和不情願傳教，當作是你的第一條戒律。擁有信仰並不表示它們不會改變、確定無誤，或者要強加在別人身上。

我們如何啟發其他人尋求意義

假如你對預言家的角色感到不自在，我不會怪你。不過，在「危急存亡關頭」，你還是可能會站上肥皂箱甚或是講壇。這件事就發生在維克多．法蘭柯（Victor Frankl）身上，他是一位猶太籍精神科醫師，曾經被關在納粹集中營裡。

在《活出意義來》（*Man's Search for Meaning*）一書中，法蘭柯（明顯的高敏感族）描述，他常覺得自己有責任去啟發他的獄友、直覺地了解他們需要什麼，以及他們是多麼需要它。他也觀察到，在這種惡劣的環境下，囚犯若能從他人的生命中得到某種意義，在心理上會活得比較好，連帶地身體也是：

> 習慣過著豐富的精神生活的敏感者，可能會遭受到許多痛苦（他們往往體質柔弱），但是對他們內心世界的傷害卻會比較少。他們能從可怕的環境中，撤退到一種充滿內在寶藏和心靈自由的生活中。唯有藉著這種方式，我們才能解釋一個明顯的矛盾：有些看起來不那麼頑強的囚犯，在集中營裡，似乎比那些本性比較剛毅的囚犯過得更好。

對法蘭柯而言，意義並不總是宗教性的。在集中營裡，他有時候發現，他活著的理由就是去幫助他人。在其他時候，他就是在小紙片上書寫後來出版的這本書，或是想著他深愛的妻子。

艾蒂・希樂森（Etty Hillesum）是另一位高敏感族在同樣艱苦的時代裡，發現意義並和其他人分享的例子。從一九四一和一九四〇她在阿姆斯特丹所寫的日記中，可以看出，她奮力地想要去了解和轉化自己的經驗，無論是過往或靈性上的，並且總是在向內尋求。漸漸地，溫和而平靜的個人靈性勝利，從她的恐懼和懷疑中生長出來。我們也可以從她的軼事中看到，人們開始發現，她給了他們深深的安慰。她寫在一張小紙片上、並從一輛前往奧斯威辛（Auschwitz）的牛車中丟出來的最後遺言，或許是我最喜歡引用的一句話：「我們唱著歌離開集中營。」

艾蒂・希樂森非常偏愛榮格的心理學以及里爾克（Rilke）的詩（這兩位都是高敏感族）。關於里爾克，她寫道：

認為（里爾克）或許已被我們現在所生活的環境摧殘，是很奇怪的想法。那不是更進一步證明了，人生是完美平衡的嗎？有證據顯示，在太平時期以及適意的環境下，敏感的藝術家們可能會尋找最純粹而適合的表達方式，來傳達他們最深層的想法，因此，在比較混亂和讓人意志消沉的時代，其他人可能會尋求藝術家們的支持及對他們困惑的問題作出即時回應嗎？這是一個藝術家們無法為自己清楚表達的答案，因為他們所有的精力，都耗費在尋找最起碼的生活所需上。令人難過的是，在艱苦的時代，我們通常會拋開來自一個

「較安逸」的時代的藝術家所留下的心靈遺產，心想「這種東西對現在的我們，有什麼用處呢？」

這是一個可以理解，但卻很短視的反應。而且會徹底地使人陷入困頓。

無論在什麼時代，苦難最終都會影響萬物。我們如何度過難關，並幫助其他人度過，是高敏感族發揮創意和道德感的機會。

當我們認為自己跟戰士比起來似乎太軟弱時，就是在幫自己和其他人一個很大的倒忙。我們的優勢不同，但是通常威力更強。它往往是可以開始去應付苦難和邪惡的唯一類型。這當然需要同樣大的勇氣，並且以其特有的訓練來增強。它也並非總是關乎在苦難中忍耐、接受和找尋意義。有時候，也需要一些包含著高超技巧與策略的行動。

在一個凜冽的寒冬夜晚，營區實施燈火管制，營房裡擠滿了絕望的囚犯，他們乞求法蘭柯在黑暗中跟他們說話。其中有幾個人正計畫要自殺（自殺除了會使囚犯們意志消沉，假如發生一樁自殺案件，營房裡所有的人都會遭受懲罰）。法蘭柯利用他的心理學技巧，找出適切的話語在黑暗中跟他們說話。當燈光再度亮起時，他四周的人齊聲感謝他，並且熱淚盈眶。一位高敏感族打贏了他自己的那種戰役。

我們引領尋求完整性

在第六章與第七章，我藉由逐漸認識自己內在的聲音，說明了個體化的過程。以這種方式，你找到你自己生命的意義、你自己的使命。就如瑪莎．辛塔（Marsha Sinetar）在《成為僧侶與神祕主義者的普通人》（*Ordinary People As Monks and Mystics*）一書中寫道：「完全的個體性……重點在於：無論是誰，找出對其有益的事，並且堅守它，就會變為完整。」我只想補充一句，我們所堅守的不是固定的目標，而是過程。內在的聲音可能每一天、每一年都不同。同樣地，法蘭柯向來拒絕談論人生的單一意義。

> 因為人生的意義對每個人、每一天以及每個小時而言，都是不同的……以一般的用語來說，這個問題就好比向一位西洋棋冠軍提出這樣的問題：大師，請告訴我世界上最好的一步棋怎麼下？」根本不可能抽離一場比賽的特殊情況，去談最好甚或只是良好的一步棋……我們不應該去尋找人生的抽象意義。

追尋完整性真的是一種透過不同的意義、不同的聲音而愈繞愈近的過程。我們永遠到達不了，但是會愈來愈清楚核心事物為何。但是假如我們真的在繞圈子，就不太可能傲慢自大，因為我們正在經歷自己的各種經驗。這是在追求完整，而不是完美，而且完整在定義上，必定包含了不完美。在第七章，我將這些不完美描述成一個人的陰暗面，裡面包含了我們所壓抑、拒絕、否定，以及厭惡自己的一切。認真負責的高敏感族就像任何人一樣，充滿了不討喜的特質和不道德的衝動。當我們選擇不要去遵循它們時（事實上也應如此），它們並不會完全離開。有一些只是隱藏起來了。

在逐漸認識我們的陰暗面的過程中，這個概念就是，我們最好去承認我們那些不討人喜歡或不道德的面向，並且密切關照它們，而不是「一勞永逸」地把它們丟出前門，而當我們不注意時，就讓它們溜到後方去。從道德上來說，通常最危險的人以及在危險中的人，都是確信自己絕不會犯錯的人，他們完完全全自以為是，而且並不知道他們也有陰暗面或者那是怎麼一回事。

認識你的陰暗面除了讓你的舉止比較可能合乎道德外，當你有意識地去整合它時，其能量將為人格帶來活力與深度。在第六章，我曾提到「解放的」、不按牌理出牌、有高度創造力的高敏感族。了解關於自己的一點點陰暗面（你無法知道很多或是夠多），是一種最好甚或唯一的方法，讓童年時就披上了過度社會化的束衣的高敏感族，得以擺脫束縛。在你身體裡那位認真負責、渴望取悅別人的高敏感族，遇見了一位強勢、工於心計、自我擴張、自信衝動的高敏感族，而且得到了他們的貢獻。作為一個團隊，每一方都相互尊重，並且會去查核對方的意向，它們——也就是你——是世界上值得擁有的好東西。

這就是我所說的，追求完整性的所有部分，而且高敏感族可以引領這種重要的人類工作。完整性特別需要高敏感族，因為高敏感族天生就在一個向度的極端——敏感向度。此外，在我們的文化中，我們不只是少數族群，而且還被認為是偏離理想的。看來，我們似乎必須走到另一端，從感覺軟弱、有瑕疵、被犧牲，到感覺強壯和優越。到目前為止，這本書有一點在鼓勵你這麼做。我認為那是必要的補強。但是對許多高敏感族而言，真正的挑戰是達到「中間地帶」。不再「太害羞」或「太敏感」或太什麼、什麼的。只要還不錯、普通、正常即可。

就高敏感族的性靈和心理生活而言，完整性也是一個核心議題，因為通常我們已經很擅長靈性和心理方面的事。事實上，假如堅持這些事，而排除掉其他所有的事，那麼我們就會傾向一邊。對我們而言，很難去理解，最有靈性的事物可能會不太有靈性，最有見解的心理學立場，可能很少會存在於我們的心理學見解中。追求完整性而非完美，可能是獲得訊息的唯一方法。

除了這兩項一般陳述外，朝完整性前進，是非常個人的事，即使是對高敏感族而言。如果我們待在家中，將被說服外出或最後被迫外出。假如我們已經在室外，又必須回到室內。假如我們武裝自己，最終必須承認自己不堪一擊。但是假如我們原本就懦弱，將開始覺得內在全錯了，直到變得比較果斷為止。

就榮格學派對於內向和外向的態度而言，大多數高敏感族必須要更外向一點，才能變得比較完整。我曾經聽過馬丁·布柏（Martin Buber）的故事，他辯才無礙地寫了關於

「我與汝」（I-Thou）的關係，他說，他的生命在某日一位年輕人來找他幫忙後，發生了改變。他覺得自己太忙於沉思冥想，而且總是處於神聖的狀態中，因此未能領會這個年輕人來訪的用意。之後不久，他的訪客死於戰爭中。當他聽見這個消息，並發現他內向的靈性孤寂是偏向一邊時，便開始專注於「我與汝」的態度。

透過四種功能追求完整性

再次強調，沒有人能達到完整性。人類的肉身生活是有局限的——我們不可能同時成為全然的陰暗與光明、男性與女性、有意識和無意識。我想，人類都偏好完整性。許多傳統都描述了一種純意識的經驗，超越思想及其極性。在我們沉思冥想時進入我們內心深處，而且充滿純意識的覺醒，可能會成為我們生命的根基。

不過，當我們利用不完美的身體在這不完美的世界裡行動時，就同時是完美的個體與不完美的個體。就不完美的個體而言，我們一直都只活在任何兩極的其中一半。我們會有一段時間是內向的，然後必須變得外向來均衡一下。我們會有一段時間很強壯；然後變得虛弱，必須要休息。這個世界強迫我們在某個特定時間只能表現出一種有限的方式。「你不能同時是牛仔又是消防員。」我們有限的身體更增加了這種局限性。我們所能做的，就是不斷嘗試回到均衡狀態。

往往，我們的後半生必須去平衡前半生。就好像我們已經疲憊不堪或完全厭倦了某種生活方式，因此必須去嘗試相反的一種。害羞的人開始變成獨角喜劇演員。致力於服務他人的人感到精疲力竭時，也會去思考，他或她怎麼會變得和人如此「相互倚賴」。

一般而言，我們的特殊專長必定會被與它對立的事物，亦即我們不擅長或害怕嘗試的事所平衡。榮格學派談到，其中一端是接收資訊的兩種方式：透過知覺（也就是事實）或直覺（事實的細微意義）。另一端則是決定我們所接收的資訊的兩種方式：透過思考（根據邏輯或是看似放諸四海皆準的想法）或是感覺（根據個人經驗以及看似對我們自己和我們在意的其他人有好處的事）。

在知覺、直覺、思考和感覺這四種「功能」中，我們都有自己的專長。對高敏感族而言，這專長往往是直覺（在高敏感族中，專長是思考和感覺的人也很常見）。不過，如果你是屬於內向型的人的話（就像70%的高敏感族一樣），你主要會在你的內在生活中使用你的專長。

雖然有些測驗是設計來告訴你，哪一項才是你的專長，但是榮格認為，我們可以藉由仔細觀察哪個是我們最不擅長的，而學到更多。我們最不擅長的功能，就是那經常讓我們難堪的功能。當你要邏輯思考時，會覺得自己像個門外漢嗎？或者當你必須決定你個人對某件事的感覺時？或者當你必須以直覺精細地判斷發生什麼事時？又或者當你必須忠於事實與細節，而不能精心策劃、發揮創意或是進入想像世界中時？

沒有人能同樣熟練地使用這四種功能。瑪麗-路易絲・馮・法蘭茲寫了一長篇論文討論「次等功能」的發展，然而根據她的說法，致力強化我們這個不中用和經常出錯的部分，是一條通往完整性特別重要的道路。它讓我們接觸到深埋在潛意識中的事物，因此讓我們能跟它們更加調和。就像在童話故事中最年輕、最笨拙的弟弟一樣，這個功能就是會讓你帶著黃金回家的功能。

假如你是直覺型的人（高敏感族比較可能會是），你的次等功能會是知覺——忠於事實，處理細節。在知覺功能方面的限制，是因人而異的。舉例來說，我認為自己相當具有藝術天分，但卻是在直覺方面的。文字對我而言比較容易，雖然我通常想得太多、說得太多。我發現很難以比較具體、有限的方式來呈現出藝術天分——例如去裝飾一個房間或辦公室，思考該穿什麼。我喜歡穿得漂漂亮亮的，但通常會湊合著穿其他人買給我的衣服。因為在這兩種狀況中，真正的問題是，我無法忍受購物。有這麼多事物會引起過度激發，並讓我感到困惑，加上必須要去做最後的決定。所有這些事——感官刺激、實際問題以及做決定——對內向直覺型的人而言，通常都非常困難。

另一方面，有些直覺型的人是很厲害的購物專家。他們可以在某件事物中看到其他人忽略的一些可能性，以及它在特殊背景中看起來會是如何。我們很難歸納出直覺型的人擅長什麼。最好是去想想風格問題。數學、烹飪、看地圖、做生意——每一種都可以根據直覺來做，或是「照本宣科」。

馮．法蘭茲指出，直覺型的人常常完全被感官經驗——諸如音樂、食物、酒精、藥物及性所控制。他們對這些事物失去所有常識。但是他們也對這些事物深具直覺，能夠看到表面下的意義。

事實上，當首次嘗試與次等功能接觸時（上述例子中是知覺），問題在於，優勢功能往往會介入。馮．法蘭茲舉了一個例子說，一個直覺型的人開始玩黏土（這是發展知覺的一個極佳選擇，因為它很具體），然後很快就會開始想著：假如所有學校都教學童玩黏土，那該多好，以及假如每個人每一天用黏土形塑某樣事物，那麼整個世界會如何被改變，以及就在黏土世界中，一個人能如何從微觀世界中看到整個宇宙，以及人生的意義！

最後，我們可能必須處理我們的次等功能，主要是在想像中，或是非常私密的那種遊戲中。根據榮格和馮．法蘭茲的說法，花時間在這上面，真的有道德上的必要性。我們看到許多不理性的集體行為，是人們將他們的次等功能投射到其他人身上，或者很容易訴諸他們的次等功能，因而使得操控性的媒體和領導人物有機可趁。當希特勒鼓吹德國人仇視猶太人時，就是去訴諸他對其演說的特殊族群的次等功能。對於直覺型的聽眾，也就是那些知覺力較弱的人，希特勒便將猶太人描述為金融大亨以及邪惡的市場操控者。直覺型的人往往不切實際，而且不善於賺錢（包括直覺型的猶太人在內）。直覺型的人對於他們差勁的商業頭腦很容易感覺到低人一等和自慚形穢，這點讓他們動不動就覺得自己是那些商業佼佼者的受害者。為自己缺少的東西而去責怪他人，這點子真是不錯。

當對象是思考力較弱的感覺型群眾時，希特勒便將猶太人描述為冷酷無情的知識分子。當對象是感覺力較弱的思考型群眾時，希特勒則說猶太人自私自利地追求猶太人的利益而不顧普世倫理和理性倫理。若對象是直覺力較弱的知覺型群眾的話，猶太人則會被影射成擁有神祕的、魔法的、直觀的知識與力量。

當我們能認出自己次等功能的次等反應時——亦即其「次等情結」——我們就能夠制止這種責難。因此，確切地去了解自己並不完整，是我們道德責任的一部分。再次強調，高敏感族對於這種內在功課，是相當擅長的。

夢想、活躍的想像力，以及內在的聲音

在榮格學派的觀點中，夢境以及隨這些夢境而來的「活躍的想像力」，也能幫助我們獲得完整，而兩者皆能幫助我們逐漸熟悉自己內在的聲音以及抗拒的部分。對我自己而言，夢境不只來自於潛意識的訊息。有些夢境在我身陷泥淖時，確實拯救了我。還有一些夢境傳達的訊息是我——我的自我，所無法掌握的。更有一些夢境，曾經很不可思議地預測出事件，或是與現實不謀而合。如果不是知道（我自己——而非其他人）有某樣事物正在那兒引導我的話，我應該會成為一個非常冥頑不靈、抱持懷疑論的人。

納斯卡皮人（Naskapi）是散布在美國雷布雷德島（Labrador）的印第安人，他們都是

一個個的小家族，所以並未發展出集體儀式。相反地，他們相信在每個人出生時，都有個「偉大的朋友」（Great Friend）會進入體內提供有幫助的夢境。愈是品德高尚的人（對夢境的尊崇也是一種美德），愈能得到這位朋友的幫助。偶爾，當我被問到宗教信仰是什麼時，我想我應該會說是：「納斯卡皮。」

天使與奇蹟、精神導師以及共時性

目前我已從高敏感族在人類尋求儀式空間、宗教理解、存在意義以及完整性方面的特殊領導能力，來討論他們的靈性。你們有些人正在想，我何時才要討論你們最重要的靈性經驗——影像、聲音，或奇蹟，以及個人與上帝、天使、聖哲或是精神導師間的個人親密接觸。

高敏感族在這方面經驗很豐富。我們似乎特別容易接收到這些經驗。在人們一生中的某些時刻，感受性似乎也會增加，例如當在接受深層治療時。榮格稱這些經驗為共時性，它是以一種「非因果的連結原則」所產生。他的觀點是，除了我們所知道的連結之外——A物影響B物——還有其他不可測量的事物，也會與事物相連結。因此，它們可能會從遠方相互影響。或者它們很接近，但卻是以其他無形的方式來產生影響力。

當物體、情境，或人們因為屬於彼此而產生關聯時，這表示存在著一個看不見的結構——某種智能、計畫，或者也許是偶然間、慈悲的神聖介入。當我的案主說到這類事件時，我會嘗試禮貌地指出，一件非常有意義的事情發生了（不過我會讓當事人自己去決定其意義）。我也會鼓勵他們寫下所有這些經驗，如此一來，單純的次數就開始有了一些分量。不然的話，它們會被俗事所掩蓋、被內心的懷疑所嘲笑、因為缺乏「邏輯解釋」而遭棄置。

再次強調，這些都是關鍵時刻，高敏感族特別適合擁有和宣揚它。在占了覺知生活一大面向的悲痛和療癒過程中，它們點出了超越了個人苦難的事物或是其中的意義，而這是我們有時候極欲去發現的。

狄波拉的訪客

狄波拉經歷的一連串共時性，是從一場暴風雪開始的，在聖塔克魯斯山區很少會有暴風雪。在我們的會談中，她回憶當時她「很憂鬱、死氣沈沈、困在一段不愉快的婚姻中」。因為這場雪，那天晚上他的丈夫第一次在婚姻中未返家。反倒是有個陌生人來敲門要求到她家躲避這場暴風雪。不知為何，她毫不猶豫地讓他進門，他們坐在壁爐前談論深奧的話題到深夜。她寫下接下來發生的事給我看：

我感覺耳中有非常高頻的鈴聲，而且我的腦中一片空白，我知道他正在影響我，但是我並不害怕。不知道過了多久（或許只有幾秒鐘？幾分鐘？），所有事物又衝回我的腦中，鈴聲停止了。

她並未跟這位陌生人說這件事，後來一位鄰居過來邀請這個男人到他家過夜。這位陌生人顯然半夜就離開了，凌晨時，他已經消失得無影無蹤。

在暴風雪退散、道路暢通後，我離開了我的婚姻，並開始走上一條漫長和完全不同的道路，因此才能成為現在的我。可怕的憂鬱症在那天晚上就消除了，我原有的活力和美好的靈性又回來了。所以我一直認為，他一定是個天使。

兩年後，又有一個更特別的生物來造訪她。

有天晚上，我的貓發出尖叫聲，並從我腳上跳下來跑出門外，我警覺地睜開眼睛，立刻清醒。在我的床尾站著一個大約一米二高的「生物」，皮膚光滑，但並非赤裸，而是穿著某種緊身衣，五官極為簡化：像狹縫般的眼睛、兩個鼻孔、沒有耳朵，他的四周圍繞著奇怪的光，似乎是我無法辨認的顏色所構成。我一點也不害怕。他「傳達意念」給我：「別害怕。我只是在這裡觀察你。」我也「回答」他說：「喔，我覺得我不知道該如何應付這樣的事，所以我要繼續睡我的覺了。」很神奇的是，我做到了。

狄波拉一早起來仍覺得感受強烈，但是她並未跟任何人討論這個經驗。然而之後，她的人生轉向深層的靈性生活，「各式各樣神祕和美妙的事件開始發生，一直到幾年後才愈來愈少。」

這種比較靈性的階段，有部分會促使你去跟隨一位有個人魅力但並不穩定的靈性導師，也就是我在第八章所描述的那些發展不均衡的人，他在「樓上」光芒四射，在「低樓層」卻是一片灰暗；但是在現實生活、道德決策中，現實與靈性必須一致。愈是清楚感受到他的力量，他的缺點和她的危險就愈發看不清，她祈禱能獲得指引：「神啊，假如真的有守護天使，而我會有一位守護天使的話，請讓我知道，你就在我身邊好嗎？」

然後狄波拉就去上班了，她在一間書店工作。當她走到書店前方時，看到有一本書從一張展示桌上掉落在地。她把它撿起來，有一股衝動翻開它。看到一首名為「守護天使」的詩，第一句就是「沒錯，你的確有一位守護天使，他……」

不過，她還是跟隨入門的靈性導師好一段時間，即使當他要求信眾把所有的財產都交給他。在那之後，她常常想要離開，卻沒有力氣和意願在經濟上又重頭再來一次。但是守護天使似乎還記得她。有一天，當她在獨處時，對自己哀嘆：「我甚至連一台鬧鐘收音機都沒有了！」第二天，當這個團體使用原本屬於她的車去郊遊時，她看著一隻甲蟲在爬一個小土坡。她難過地心想，甲蟲都比她自由多了。但是當時，她愈是看著牠，愈是明白，自己也可以這麼自由。所以她跟著這隻甲蟲爬上土坡。然後轉身離開，走向「她」的車，那天她因為被要求開車，所以手上剛好有鑰匙。

當她坐進車子裡，「開車離去追尋自由」時，她瞥了一眼車後，看見一個「像甲蟲般黑亮亮」的鬧鐘收音機，好像就是她送給這個團體的那一個。有一次她去一位朋友家中，也發現自己的舊鬧鐘收音機，上面有熟悉的刮痕。她不知道這個鬧鐘是怎麼跑到車上來的。看起來就像那一天所發生的一切，都是她守護天使的傑作。

我們很容易認為，一般人並不會發生類似於狄波拉的情況，但是它確實常常發生，尤其是對那些有強烈靈性動力的人而言。我們會去尋找答案、確定性。有些人擁有那種確定感、自然流露，並且相信分享它，是他們的使命。他們有個人魅力，身上散發令人無法抗拒的氛圍。問題是，所有人都會犯錯，當其他人認為他們不會犯錯時，更是如此。

狄波拉不只一次忍不住要再回去找這位老師。有個朋友警告她說，她這麼做真是「瘋了」。所以狄波拉祈禱讓她明瞭真相。「如果我現在的想法很瘋狂，請讓我知道。」然後她打開電視機。

結果出現一個安安靜靜的畫面——一點聲音也沒有，只有一個古老風格的突兀景象，

開始著手照顧心靈／性靈領域

我邀請你撰寫心靈日記一個月，記錄你跟非物質領域相關的所有想法與經驗。每天寫下你的見解、心情、夢想、禱告詞，以及所有的小奇蹟和「莫名的巧合」。你不需要寫得多詳盡或多有說服力。它只是讓你見證神性。這是慣常寫日記的人由來已久的傳統中的一部分，包括維克多．法蘭柯、艾蒂．希樂森、里爾克、布柏、榮格、馮．法蘭茲，以及許許多多其他的高敏感族都曾如此。

是一部一九五〇年代的電影，內容是「瘋人院」，裡頭全是發瘋的病人！我放聲大笑。然後躺下來尋求協助，接著就睡著了。當我醒來時，我「看見」或感覺自己被玫瑰花環圍繞，每一個花環都在保護我不同的部位，而且我感覺，最近離開的基督又出現了。這是最恬靜的幸福……

當我跟狄波拉會談時，她的靈性經驗愈來愈常出現在她夢中，或許這表示，她的訪客發現了一個接觸她的方式，而不需要再投射到外在的人身上。從我處理夢境的經驗中，我發現到，我們愈正視它，就愈不可能掉落到怪異的情境中，無論是在生活或夢境中。

當你的靈性生活像浪潮時

我有時候會說，精神／靈性生活是一種慰藉，而且我也認為它是。但是它也可能是強烈的過度激發，至少在我們學會站穩腳步前是如此。當浪潮朝我們奔騰而來時，是難以招架的。高敏感族常常走在浪潮最大的路上，或許是因為我們有些人很難被理解。記得約拿（Jonah）嗎？我要以一則就像約拿般的高敏感族的故事，作為本章和本書的結尾。

在下述意外發生的時刻，哈波（Harper）是一位長期受到過度激發、高智商的高敏感族（思考是他的優勢功能）。他接受了四年榮格學派的心理治療，而且說得頭頭是道：「是的，上帝非常真實，因為心理學的每一件事都是真實的。上帝是『雙親影像』的心理投射，讓我們得到安慰。」哈波心中有所有的答案，甚至連不確定感，也不多不少剛剛好。這是白天的時候。

到了晚上，他經常在深深的憂鬱中醒來，隨時想自殺。再也沒有不確定感。在白天時，他對這樣的夜晚不予理會，因為他有非常痛苦的童年，那「只不過是對負面的戀母情結的產物」，所以「不是真正的威脅」。但是接下來另一種「那些夜晚」就會來臨，帶來深深的絕望，而他的直覺和理智能想到的解決方法，就是死亡。在他心裡，有某個力量盡力延緩執行他的解決方法，只要等到白天，最糟的絕望就會離他而去。

有天晚上，他在這樣的絕望中醒來，很確定自己無法熬到清晨。當他躺在床上時，非常自然地想到他能繼續活下去的一個方式，就是要能確定上帝真的存在，而且照看著他。不是他心中的投射，而是真有其人。這當然是不可能的。因為不可能確切地知道，所以不可能相信。

他所想要的是某種「神的信號」。這種想法就像溺水的人在呼救般地自然浮現。他知道這很愚蠢。但是他告訴我，緊接著而來的是完全自然浮現的車禍畫面，一個輕微的車禍，有一些人站著圍觀，沒有人受傷。這是一個訊號，而且第二天就發生了。

他旋即厭惡起自己，竟然這麼老套地想要獲得上帝的信號，而且對它抱持著典型的負面想法。身為一位高敏感族，哈波害怕像車禍這樣的麻煩事，會讓他的身體受到過度激發，而且會打亂他的行程。然後，在半夢半醒之間，他迷失在他黑暗的沉思中，然後就不去想它了。

第二天，在高速公路的入口處，他前方的車突然煞車，他也是。結果後面那輛車跟得太近，從後方撞上他。這是他無法控制的意外。

「強烈的感受立刻浮上心頭。這不是一場意外。我還記得前一晚的事。」他心中充滿了恐懼與敬畏，就好像他正「直視上帝的面容」一般。

這場意外很輕微，沒有人受傷，他只是必須更換排氣管和消音器。他和另一位駕駛人以及乘客站在一旁平復心情並交換保險資料，就跟前一晚的畫面一模一樣。他心中充滿懷疑，不相信最最無意識的願望，竟能造成這起事件。這是一個全新的經驗類別。一個新世界。

但是，他想要一個新世界嗎？身為一位高敏感族，他並不確定。

接下來的一週，他比以前更憂鬱了。不過是在白天而非晚上。他晚上睡得很好。然後他發現到，他在潛意識中一直想著，現在必須反過來為上帝做點什麼事。或許是放棄他的工作，並站在街角公開表明他的信仰。他之所以這麼想，是因為他認為，上帝總是希望你看在上帝的份上羞辱自己、為你所得到的慰藉付出龐大代價、立刻改變你全部的生活。事實上，這正是哈波一直以來對自己的期待。現在他推論，強迫和罪惡感似乎並不是發生這件事的用意。它的發生是在回應他深夜的絕望，因此，整起事件應該是一個慰藉。所以他慢慢地開始如此看待它。是個慰藉。

當時，哈波明白，為了使自己的行為符合他的新經驗，他必須停止如此地絕望與懷疑。這對他而言，可能相當不同。總之，有某種任務伴隨這個經驗而來。

在當時，他完全疑惑了，他試圖與一些人討論這起事件，其中有個人像他一樣感動。但是他最尊敬的兩個朋友告訴他說，這只是巧合。

「這種說法激怒了我。看在上帝的份上。我的意思是說，上帝賜予我恩惠，而我應該要回去跟他說：『是不錯啦，但是這次我想要一個不可能會是巧合的信號』嗎？」

哈波深信，把這場車禍看成是巧合，根本是大錯特錯。所以他決定，即使要花上一輩子的時間，他也要逐漸適應這個經驗。他必須讓自己記得它、反覆思量它，盡他所能地珍視它。令他感到驚訝的是，他一輩子並未得到過什麼慰藉，上帝以明確的信號傳愛給他，他突然間竟然比大部分的聖賢所得到的還多。

「這等神蹟竟然會發生在像我這樣的傢伙身上，」他自嘲地總結道。然後他想起我的研究興趣。「對一個像我這般敏感的人來說，這真是神聖得亂七八糟。」

我們的價值和伴侶關係

勇士之王經常告訴我們，相信精神／靈性領域的真實性，是弱者的表現。他們擔心自己會因為任何事物，而減弱了身上的勇氣與力量，所以也以同樣的觀點在看其他人。但是，我們有不同種類的力量、才能和勇氣。把我們在精神／靈性生活方面的才能視為一種軟弱的事，或只是生於恐懼或來自對撫慰的需求，就如同說，魚兒游泳是因為牠們太軟弱而不會走路、有一種必須待在水中可憐需求，而且天生就害怕飛翔一樣。

或者也許我們應該翻轉一下：勇士之王害怕精神／靈性生活，因為他們在這方面能力不足，而且如果不是依靠他們自己對現實的觀點來安慰自己的話，就無法生存下去。只要我們知道自己的價值，就不需要背負屈辱。總有一天，勇士之王會很高興我們跟他們分享豐富的內在生活，就好像我們也為他們的專長感到高興一樣。為我們的夥伴關係乾杯！

現在，希望你的敏感特質對你和其他人都是恩賜。希望你在世上擁有最多的平靜與喜悅。而且隨著你的人生過去，希望有愈來愈多其他的世界為你打開。

❖善待你的次等功能，或至少與之和平共處

選擇一件需要用上你的次等功能才能做到的事，最好是你以前從未嘗試過，而且似乎不太困難的事。假如你是感覺型的人，你或許可以讀一本討論哲學的書、修一堂理論數學或物理學的課（適合你背景的）。如果你是一個思考型的人，可以去一家美術館，並強迫自己忽略作品的名稱和藝術家，對每一幅畫作出個人的反應。假如你是知覺型的人，可以嘗試利用你在街上所觀察到的人的外表，去想像他們內在的經驗、過去以及未來。假如你是直覺型的人，可以蒐集目的地的詳細資料來規劃一個假期，並事先決定要帶的每一樣東西和要做的每一件事。或者假如你覺得容易的話，買一部複雜的電子新設備，例如一部電腦或錄放影機，並看著說明書來設定它，摸索所有的操作方式。別打電話給任何人幫你搞定。

當你逐步準備好要做你的活動時，觀察自己的感覺、抗拒，以及心中浮現的畫面。無論「不會做這些簡單的事」讓你感覺自己多愚蠢和羞愧，你都要非常認真地執行任務。根據馮·法蘭茲的說法，這就相當於是修道士般的紀律，不過卻是你個人獨有的。你正在捨棄優勢功能，並採取另一種較困難的方式。

你要特別注意讓你的優勢功能占上風的衝動。對於直覺型的人而言，一旦你決定你的度假目的地，那麼就要堅持到底。千萬別因為你想像你能選擇其他的行程，而破壞了你脆弱但

具體的決定。就電子設備而言，你要注意自己有多強烈的衝動想要略過說明書，然後開始用按鈕和電線做「一看就知道」的工作。這些全都是直覺的作用。但是在你繼續往下一階段前進之前，你正在慢慢向前走，並且了解每一個細節。

協助高敏感族的健康照護專業人員所應具備的技巧

- 高敏感族會放大刺激；也就是說，他們會注意細微末節。但是他們在其他人覺得只是些微刺激性的情境中，也會經歷較為自發性的激起。因此，在醫療情境中，他們可能會顯得比較焦慮甚或「神經質」。
- 倉促行事或不耐煩只會加劇他們生理上的激起，當然，增加的壓力並無助於與你溝通或得到療癒。高敏感族通常非常認真負責，而且會盡力配合。
- 詢問高敏感族你該如何幫助他們保持冷靜，例如沉默不語、分散注意力（譬如跟他聊天）、循序漸進地告訴他們發生了什麼事，或是給他們一些藥物。
- 善用高敏感族較強烈的直覺以及對身體的覺察——如果你用心聆聽，你的患者可能會傳達重要訊息給你。
- 當情緒受到較大的激起時，沒有人能好好傾聽或溝通。鼓勵高敏感族帶一位同伴來幫助他們進行這些任務：帶著寫有問題與症狀的筆記本為會談做準備，並記下指示，然後在面談時，複誦給你聽，如果他們之後想起問題或重點的話，可以打電話給你（極少人會濫用這種做法，而「第二次機會」，則可消除你們面對面時的一些壓力）。

- 別因為高敏感族的疼痛閾值較低而感到驚訝或惱怒，這是對於「非臨床」藥物劑量或是較多副作用所產生的較強反應。這些全都是他們生理上的差異，而非心理上的差異的一部分。
- 這項特質不見得需要使用藥物治療。擁有問題童年的高敏感族確實會產生較多焦慮和憂鬱。但是已經克服障礙或是有美好童年的高敏感族，則沒有這類問題。

協助高敏感族的教師所應具備的技巧

- 教導高敏感族所需的策略，與教導其他學生時的不同。高敏感族會放大刺激。這表示，他們在學習情境中會去注意細微末節，但是在生理方面很容易被過度激發。
- 高敏感族一般都很認真負責，並且會盡力而為。有許多人天賦異稟。但是當被過度激發時，沒有人會表現良好，而且高敏感族比其他人更容易被過度激發。在被監看或是處於壓力的情況下，他們愈努力嘗試，就愈容易失敗，這點可能會讓他們意志消沉。
- 高度的刺激（譬如鬧哄哄的教室）會使高敏感族比其他人更快感到苦惱和疲累。雖然有些高敏感族會出現退縮行為，但是，有很多高敏感男孩會變得特別過動。
- 別過度保護敏感的學生，但是當堅持要求這些學生嘗試困難的事情時，務必使那個經驗得到成功。
- 當高敏感學生在增加社會韌性時，需體諒其敏感特質。假如要讓他們上台報告，那麼就先安排其「預演」、使用手卡，或是大聲朗讀等——採用任何可以降低情緒激發的措施，以讓學生能獲得成功的經驗。
- 請勿假定一位正在凝望的學生是害羞或害怕的。這可能是相當錯誤的解釋，然而，這個標籤可能會緊跟著這個學生。

- 要注意自己對於害羞、安靜、內向等等特質的文化偏見。自己與其他學生都要留意這點。
- 就像你教導學生尊重其他差異一樣，也要教導他們尊重不同的氣質。
- 要留意和鼓勵高敏感族特有的創造力與直覺。為了建立他們對團體生活的容忍度和在同儕間的身分地位，嘗試用戲劇活動或戲劇讀物來感動他們。或是讓他們對著全班大聲誦讀自己的作品。但是要小心，別讓他們感到難為情。

高敏感族的雇主所應具備的技巧

- 一般而言，高敏感族相當認真負責、忠誠、對於品質非常謹慎、善於處理細節、是直觀的夢想家、往往具有天賦、對客戶或顧客的需求設想周到，並且會對職場的社交氣圍帶來好的影響。簡言之，他們是理想的員工。每個機構團體都需要一些這類型的人。
- 高敏感族會放大刺激。這表示他們會注意細微末節，但是也很容易受到過度刺激。因此，外在的刺激愈少，他們的工作表現就愈好。應該給他們安靜和冷靜的環境。
- 為了評鑑的目的而受到監視的高敏感族，表現不會太好。所以，要找其他方法去了解他們的工作表現。
- 高敏感族在休息時間或下班時間往往較少與人互動，因為他們需要利用那段時間私下處理、消化他們的經驗。這點可能會使得他們在機構團體中較少受到注意，或人際網絡會沒那麼活絡。在評量他們的表現時，你必須將這點也列入考慮。
- 高敏感族通常不喜歡積極的自我宣傳，而是會希望別人主動注意到他們在誠信、刻苦的工作。別讓這點使你忽視了一位有價值的員工。
- 高敏感族可能會是職場中最先受到不健康環境所煩擾的人，這個因素會讓他們看起來像是麻煩的來源。但是其他人遲早也會受到影響，所以，他們的敏感特質可以幫助你避免日後的問題。

欲知關於高敏感族的最新發展，請上www.hsperson.com，並註冊訂閱高敏感族電子報〈舒適圈〉（*Comfort Zone*）。

作者簡介

伊蓮．艾融（Elaine N. Aron）博士從一九九二年起開始研究感覺處理敏感症，除了發表科學文章外，她也出版了《高敏感兒童》（*The Highly SensitiveChild*）、《戀愛中的高敏感族》（*The Highly SensitivePerson in Love*）、《高敏感族習作本》（*The Highly SensitivePerson Workbook*）和《低估的自我》（*The Undervalued Self*）等書。伊蓮與她的丈夫亞特．艾融（Art Aron）合作，在親密關係的研究方面亦聲名卓著。她曾在舊金山的榮格學會擔任訓練工作，目前在灣區從事心理治療工作，以及公開教學和專業工作坊。欲獲得更多資料以及她的電子報季刊〈舒適圈〉，請上 www.hsperson.com 網站查詢。

鳴謝

我特別要感謝與我面談過的每一位高敏感族。長期以來，你們自告奮勇地私下談論你們所認識的自己，將自己從被孤立的個體，變成受到尊重的群體。我也要感謝來上我課程的人，或是來找我諮詢或做心理治療的人。本書中的字字句句都表達了你們各位所教我的事。

我更要向我的許多學生研究助理致上最大的謝意——因人數太多，族繁不及備載——還有我的經紀人芭芭拉·考茨（Barbara Kouts）以及卡羅（Carol）出版公司的編輯布魯斯·休斯塔克（Bruce Shostak），由於他們的努力，本書才得以呈現在讀者面前。芭芭拉找到一家有遠見的出版公司；布魯斯將原稿整理得非常有條理，讓我不至於天馬行空、離題太遠，但是其他方面則讓我自由發揮。

對我丈夫亞特（Art）的感謝，更是非筆墨能夠形容。但是我還是要說，你是我的朋友、同事、支持者、摯愛——謝謝你，獻上我所有的愛。

筆記

生命潛能出版圖書目錄

心靈成長系列		作者	譯者	定價
ST0111	如何激發自我潛能	山口　彰	鄭清清	170
ST0149	揮別傷痛	布萊克	喬安	150
ST0159	扭轉心靈危機	克里斯・克藍克	許梅芳	320
ST0161	與慈悲的宇宙連結	拉姆・達斯＆保羅・高曼	許桂綿	250
ST0165	重塑心靈	許宜銘		250
ST0166	聆聽心靈樂音	馬修	李芸玫	220
ST0167	敞開心靈暗房	提恩・戴唐	陳世玲／吳夢峰	280
ST0168	無為，很好	史提芬・哈里森	于而彥	150
ST0172	量身訂做潛能體操	蓋兒・克絲＆席拉・丹娜	黃志光	220
ST0173	你當然可以生氣	蓋莉・羅塞里尼＆馬克・瓦登	謝青峰	200
ST0176	心靈舞台	薇薇安・金	陳逸群	280
ST0177	把神祕喝個夠	王靜蓉		250
ST0179	最高意志的修煉	陶利・柏肯	江孟蓉	220
ST0184	治療師的懺悔——頂尖治療師的失誤個案經驗分享	傑弗瑞・柯特勒＆瓊恩・卡森	胡茉玲	280
ST0186	瑜伽上師最後的十堂課	艾莉絲・克麗斯坦森	林惠瑟	250
ST0195	擁舞生命潛能（新版）	許宜銘		220
ST0199	和內在的自己玩遊戲	潔娜・黛安	黃春華	200
ST01100	和內在的自己作朋友	潔娜・黛安	黃春華	200
ST01103	克里昂靈性寓言故事——以高層心靈的視界，突破此生的課題與業力	李・卡羅	邱俊銘	250
ST01104	新世紀揚昇之光——開啟高次元宇宙奧祕與揚昇之鑰	黛安娜・庫柏	鄭婷玫	300
ST01105	預知生命大蛻變——由恐懼走向愛的聖魂進化旅程	弗瑞德・思特靈	邱俊銘	320
ST01106	古代神祕學院入門書——超感應能力與脈輪開通訓練	道格拉斯・德龍	陶世惠	270
ST01107	曼陀羅小宇宙——彩繪曼陀羅豐富你的生命	蘇珊・芬徹	游琬娟	300
ST01108	家族系統排列治療精華——愛的根源回溯找回個人生命力量	史瓦吉多	林群華、黃翎展	380
ST01109	啟動神祕療癒能量——古代神祕學院進階療癒技巧	道格拉斯・德龍	奕蘭	280
ST01110	玩多元藝術解放壓力	露西雅・卡帕席恩	沈文玉	350
ST01111	在覺知中創造十大法則	弗瑞德・思特靈	黃愛淑	360

ST01112	業力療法——清除累世障礙，重繪生命藍圖	狄吉娜・沃頓	江孟蓉	320
ST01113	回到當下的旅程——靈性覺醒道路上的清晰引導	李耳納・傑克伯森	鄭羽庭	360
ST01114	靈性成長——與大我合一的學習之路	珊娜雅・羅曼	羅孝英	320
ST01115	如何聆聽天使訊息	朵琳・芙秋博士	王愉淑	220
ST01117	影響你生命的12原型	卡蘿・皮爾森	張蘭馨	400
ST01118	啟動天使之光	黛安娜・庫柏	奕蘭	300
ST01119	天使數字書	朵琳・芙秋博士	王愉淑	250
ST01120	天使筆記書	生命潛能編輯部		200
ST01121	靈魂之愛	珊娜雅・羅曼	羅孝英	350
ST01122	再連結療癒法——來自宇宙能量的治療的奇蹟	艾力克・波爾	黃愛淑	380
ST01123	Alpha Chi 風水九大封印——風水知識的源頭與九大學派的演變	阿格尼・艾克曼＆杜嘉・郝思荷舍	林素綾	360
ST01124	預見未知的高我	弗瑞德・思特靈	林瑞堂	380
ST01125	邀請你的指導靈	桑妮雅・喬凱特	邱俊銘	380
ST01126	來自寂靜的信息	李耳納・傑伯克森	鄭羽庭	320
ST01127	呼吸的神奇力量	德瓦帕斯	黃翎展	270
ST01128	當靜心與諮商相遇	史瓦吉多	李舒潔	380
ST01129	靈性法則之光	黛安娜・庫柏	沈文玉	320
ST01130	塔羅其實很簡單	M. J. 阿芭迪	盧娜	280
ST01131	22 個今生靈魂課題	桑妮雅・喬凱特	林群華	360
ST01132	跨越 2012——邀請您共同邁向黃金新紀元	黛安娜・庫柏	吳瑩榛	360
ST01133	地心文明桃樂市(第一冊)——第五次元拉姆妮亞的揚昇之道	奧瑞莉亞・盧意詩・瓊斯	陳菲	280
ST01134	齊瑞爾訊息：創世基質	弗瑞德・思特靈	邱俊銘	340
ST01135	開放通靈——如何連結你的指導靈	珊娜雅・羅曼＆杜安・派克	羅孝英	350
ST01136	綻放直覺力——打造你的私房通靈工作坊	金・雀絲妮	許桂綿	280
ST01137	點燃療癒之火——靈性治療，最深的靈魂探索	凱若琳・密思博士	林瑞堂	380
ST01138	地心文明桃樂市(第二冊)——人類揚昇的光啟之道	奧瑞莉亞・盧意詩・瓊斯	黃愛淑	300
ST01139	創造生命的奇蹟：“我值得擁有一切美好的改變”	露易絲・賀	蕭順涵	250
ST01140	齊瑞爾訊息：重返列木里亞	弗瑞德・思特靈	林瑞堂	380
ST01141	朵琳夫人教你認識大天使	朵琳・芙秋博士	陶世惠	280

ST01142	克里昂訊息：DNA靈性十二揭密	李・卡羅	邱俊銘	380
ST01143	重拾靈魂悸動	桑妮雅・喬凱特	丘羽先	280
ST01144	朵琳夫人的天使水晶治療書	朵琳・芙秋博士	陶世惠	300
ST01145	喜悅之道（25週年新版）	珊娜雅・羅曼	王季慶	300
ST01146	地心文明桃樂市(第三冊)——第五次元協定：與神合一之道	奧瑞莉亞・盧意詩・瓊斯	黃愛淑	380
ST01147	女人愈熟愈美麗——人生築夢40起跑	莎拉・布洛考	盧秋瑩	350
ST01148	催眠之聲伴隨你（新版）	米爾頓・艾瑞克森＆史德奈・羅森	蕭德蘭	360
ST01149	創造生命的奇蹟——你的人生不一樣！	露易絲・賀＆雪柔・李察森	江孟蓉	250
ST01150	發現亞特蘭提斯：攜手回歸黃金時代	黛安娜・庫柏＆莎朗・赫頓	林瑞堂	380
ST01151	光行者：人間天使工作手冊	朵琳・芙秋博士	林瑞堂	320
ST01152	塔羅逆位牌：逆轉塔羅解牌的視野	瑪莉・K・格瑞爾	林群華	320
ST01153	卡崔娜水晶三部曲之一：水晶光能啟蒙	卡崔娜・拉斐爾	鄭婷玫&陶世惠	300
ST01154	創造生命的力量（隨書附贈內在孩童療癒之旅引導式冥想CD）	露易絲・賀	吳品瑜	280
ST01155	開心曼陀羅	林妙香		280
ST01156	天使之藥（新版）	朵琳・芙秋博士	陶世惠	340
ST01157	願望	安潔拉・唐諾凡	楊佳蓉	300
ST01158	魔法居家整理術	泰絲・懷特赫思特	林群華	300
ST01159	通向宇宙的鑰匙：50種靈性源頭的奧祕（附宇宙音頻CD）	黛安娜・庫柏＆凱西・克洛斯威爾	黃愛淑	380
ST01160	創造金錢2013新版：吸引豐盛與人生志業的靈性教導	珊娜雅・羅曼＆杜安・派克	羅孝英	350
ST01161	中年不敗：永保魔力的中年生活指南	約翰・歐康乃爾＆潔西卡・卡吉爾湯普生	游懿萱	250
ST01162	不費力的靜坐——12歲到100歲都能輕鬆學習的靜坐法	阿嘉彥・波伊斯	舒靈	300
ST01163	卡崔娜水晶三部曲II：水晶高頻治療	卡崔娜・拉斐爾	奕蘭	300
ST01164	夢想的顯化藝術	偉恩・戴爾	非語	300
ST01165	凱若琳的人格原型書——10種人格原型認識你是誰	凱若琳・密思	林瑞堂	380
ST01166	七道神聖火焰——一週啟動神性潛能	奧瑞莉亞・盧意詩・瓊斯	陳菲	380
ST01167	通往幸福的奇蹟課程	蓋布麗兒・伯恩絲坦	謝明憲	360

ST01168	新世代小孩與人類意識大蛻變	P. M. H. 阿特沃特	楊仕音＆黃春華＆盧心權	350
ST01169	個人覺醒的力量：增強心靈感知與能量運作的能力	珊娜雅・羅曼	羅孝英	300
ST01170	人間天使的決斷力：真正去愛，而不是「當好人」	朵琳・芙秋博士	林瑞堂	300
ST01171	卡崔娜水晶三部曲III：水晶光能傳導	卡崔娜・拉斐爾	思逸 Seer	350
ST01172	高敏感族自在心法：你並不孤獨，只是與眾不同	伊蓮・艾融博士	張明玲	400
ST01173	奧修靜心治療：16位著名治療師與一位成道奧祕的相逢	史瓦吉多	陳伊娜 Vanita	420
ST01174	召喚天使：邀請天使能量共創幸福奇蹟（新版）	朵琳・芙秋博士	王愉淑 Ra Sha	280

光之冥想系列		作者	譯者	定價
ST13001	創傷療癒——十二階段解除創傷制約（書＋十二段身體創傷工作引導式練習雙CD）	彼得・列汶	黃翎展	480
ST13002	淨化脈輪引導式冥想——晨昏兩段脈輪冥想，全面提升你的靈性力量（書＋引導式冥想雙CD）	朵琳・芙秋博士	陶世惠	480
ST13003	朵琳夫人教你天使療法（引導式冥想CD）：幸福顯化卷	朵琳・芙秋博士	陶世惠	580
ST13004	朵琳夫人教你天使療法（引導式冥想CD）：前世今生卷	朵琳・芙秋博士	陶世惠&周莉萍	580
ST13005	天使之藥引導式冥想（書+中英文4CD）	朵琳・芙秋博士	陶世惠&王培欣	480
ST13006	內在的微笑引導式冥想（書+引導式冥想4CD）	寶拉・賀倫博士	林瑞堂	580
ST13007	免於疼痛的自由（書+引導式冥想雙CD）	彼得・列文博士&梅姬・菲莉普博士	莎薇塔	580

健康種子系列		作者	譯者	定價
ST9002	同類療法I—健康新抉擇	維登・麥凱博	陳逸群	250
ST9003	同類療法II—改善你的體質	維登・麥凱博	陳逸群	300
ST9005	自我健康催眠	史丹利・費雪	季欣	220
ST9010	腦力營養策略	藍格& 席爾	陳麗芳	250
ST9011	飲食防癌	羅伯特・哈瑟瑞	邱溫	280
ST9019	巴哈花療法，心靈的解藥	大衛・威奈爾	黃寶敏	250

ST9021	逆轉癌症——恢復生命力的九大自療療程（附引導式自療冥想CD）	席瓦妮．古曼	周晴燕	250
ST9022	印加靈魂復元療法——跨越時間之河修復生命、改造未來	阿貝托．維洛多博士	許桂綿	280
ST9023	靈氣108問——以雙手傳遞宇宙生命能量的新時代療法	萊絲蜜．寶拉．賀倫	欣芬	240
ST9024	印加巫士的智慧洞見——成為地球守護者的操練與挑戰	阿貝托．維洛多博士	奕蘭	280
ST9025	靈氣為你帶來豐盛——遠離匱乏、體驗豐盛的42天靈氣方案	萊絲蜜．寶拉	胡澤芬	220
ST9026	不疼不痛安心過生活——解除你的疼痛	克利斯．威爾斯 & 葛瑞姆．諾恩	陳麗芳	280
ST9027	印加能量療法（新版）——一位心理家的薩滿學習之旅	阿貝托．維洛多博士	許桂綿	300
ST9028	靈氣心世界——以撫觸與覺知開展生命療癒	寶拉．賀倫博士	胡澤芬	280
ST9029	印加大夢——薩滿顯化夢想之道	阿貝托．維洛多博士	許桂綿	320
ST9030	聲音療法的7大祕密	強納森．高曼	奕蘭	270
ST9031	靈性按摩——品嚐靜心與能量共鳴的芬芳	莎加培雅	沙微塔	450
ST9032	肢體療法百科——身心和諧之旅的智慧導航	瑪加．奈思特	邱溫	360
ST9033	身心合一（新版）——探索肢體心靈的微妙互動	肯恩．戴特活德	邱溫	320
ST9034	療癒之聲——探索諧音共鳴的力量	強納森．高曼	林瑞堂	270
ST9035	家族排列釋放疾病業力	伊絲．庫什拉博士 & 克里斯帝．布魯格	張曉餘	320
ST9036	與癌細胞和平共處	麥克．費斯坦博士 & 派翠西亞．芬黎	江孟蓉	320
ST9037	創造生命的奇蹟：身體調癒A-Z	露易絲．賀	張學健	280
ST9038	身心調癒地圖	黛比．夏比洛	邱溫	360
ST9039	靈性治療的藝術——連結療癒的能量成為治療者	凱思．雪伍	林妙香	300
ST9040	當薩滿巫士遇上腦神經醫學	阿貝托．維洛多博士 & 蒲大衛醫師	李育青	380
ST9041	零癌症——呂應鐘教授的身心靈完全健康之道	呂應鐘		320
ST9042	沒有治不好的病：學會身鏡系統，活出一切都能療癒的實相	馬汀．布洛夫曼	林群華	320
ST9043	22篇名人大腦故事，帶你遨遊神祕的腦神經世界	羅伯．卡普蘭	楊仕音 & 張明玲	380

ST9044	零疾病：劃時代的八識健康法，讓你輕鬆實現無藥的奇蹟	呂應鐘		280
ST9045	花之療法：88種花朵的療效與訊息	朵琳・芙秋博士＆羅伯・李維	陶世惠	360
ST9046	班傑的奇幻漂浮——從明星到成為漂浮大使	班傑Benji		280
ST9047	身心靈完全療法——醫學、肯定語與直覺的東西方會診	露易絲・賀 & 蒙娜麗莎・舒茲	張明玲	360
ST9048	神奇的植物靈療癒法：運用植物意識療癒你的身心靈	潘・蒙哥馬利	丘羽先	350

奧修靈性成長系列		作者	譯者	定價
ST6012	蘇菲靈性之舞—讓自我死去的藝術	奧修	沈文玉	320
ST6013	道——順隨生命的核心	奧修	沙微塔	300
ST6016	歡慶生死	奧修	黃瓊瑩	300
ST6022	自由——成為自己的勇氣	奧修	林妙香	280
ST6023	奧修談禪師馬祖道一——空無之鏡	奧修	陳明堯	280
ST6024	奧修談禪師南泉普願——靈性的轉折	奧修	陳明堯	280
ST6026	女性意識——女性特質的慶祝與提醒	奧修	沈文玉	220
ST6027	印度，我的愛——靈性之旅	奧修（附「寧靜乍現」VCD）	陳明堯	320
ST6028	奧修談禪師趙州從諗——以獅吼喚醒你的自性	奧修	陳明堯	250
ST6029	奧修談禪師臨濟義玄——超脫理性的師父	奧修	陳明堯	250
ST6030	熱情——真理、神性、美的探尋	奧修	陳明堯	280
ST6032	靜心春與夏——奧修與你同在	奧修	陳明堯	220
ST6033	靜心秋與冬——奧修與你同在	奧修	陳明堯	220
ST6034	蓮花中的鑽石——寂靜之聲與覺醒之鑰	奧修	陳明堯	320
ST6035	男人，真實解放自己	奧修	陳明堯	300
ST6036	女人，自在平衡自己	奧修	陳明堯	300
ST6037	孩童，作自己的自由	奧修	林群華	320
ST6038	愛、自由與單獨	奧修（附演講 DVD）	黃瓊瑩	350
ST6039	奧修談禪	奧修（附演講 DVD）	陳明堯	280
ST6040	奧修談情緒	奧修（附靜心音樂 CD）	沈文玉	280
ST6041	奧修自傳：叛逆的靈魂	奧修（附演講 DVD 及典藏卡）	黃瓊瑩	450
ST6042	奧修談身心平衡	奧修（附靜心音樂 CD 及典藏卡）	陳明堯	300
ST6043	靈魂之藥——奧修教你最簡單有效的103種身心放鬆法	奧修（附演講 DVD 及典藏卡）	陳明堯	280
ST6044	與先哲奇人相遇	奧修（附演講 DVD 及典藏卡）	陳明堯	320

ST6045	奧修談瑜伽——提升靈魂的科學	奧修(附演講 DVD 及典藏卡)	林妙香	280
ST6046	奧修談勇氣——在生活中冒險是一種喜悅	奧修(附演講 DVD 及典藏卡)	黃瓊瑩	300
ST6047	奧修談自我——從幻象邁向自由	奧修(附演講 DVD 及典藏卡)	莎薇塔	380
ST6048	奧修談成熟——重新看見自己的純真與完整	奧修(附演講 DVD 及典藏卡)	黃瓊瑩	280
ST6049	奧修談覺察——品嘗自在合一的佛性滋味	奧修(附演講 DVD 及典藏卡)	黃瓊瑩	280
ST6050	奧修談直覺——超越邏輯的全新領悟	奧修（附演講DVD）	沈文玉	280
ST6051	奧修談恐懼——了解並接受生命中的不確定	奧修（附演講DVD）	陳伊娜	300
ST6052	奧修脈輪能量全書——靈妙體的探索旅程	奧修（附演講DVD）	莎薇塔	450
ST6053	奧修談創造力——釋放你的內在力量	奧修（附演講DVD）	莎薇塔	300

心靈塔羅系列		作者	譯者	定價
ST11009	聖者天使神諭卡（44張聖者天使神諭卡＋書＋絲絨袋）	朵琳・芙秋博士	林素綾	850
ST11010	白鷹醫藥祕輪卡（46張白鷹醫藥卡＋書＋絲絨袋）	瓦納尼奇&伊莉阿娜・哈維	邱俊銘	850
ST11011	生命療癒卡（50張療癒卡＋書＋絲絨袋）	凱若琳・密思博士&彼德・奧奇葛羅素	林瑞堂	850
ST11012	天使療癒卡（44張天使療癒卡＋書＋絲絨袋）	朵琳・芙秋博士	陶世惠	850
ST11014	神奇美人魚與海豚指引卡（44張指引卡＋書＋絲絨袋）	朵琳・芙秋博士	陶世惠	850
ST11015	亞特蘭提斯神諭占卜卡（44張亞特蘭提斯卡＋書）	黛安娜・庫柏	羅孝英	780
ST11016	聖地國度神諭占卜卡（44張聖地國度神諭占卜卡＋書＋絲絨袋）	柯蕾・鮑隆瑞	王培欣	850
ST11017	守護天使指引卡（2012年新版）（44張守護天使卡＋書＋絲絨袋）	朵琳・芙秋博士	陶世惠	850
ST11018	女神神諭占卜卡（2013年新版）（44張優美女神卡＋書＋絲絨袋）	朵琳・芙秋博士	陶世惠	850
ST11019	浪漫天使指引卡（44張浪漫天使卡＋書＋塔羅絲絨袋）	朵琳・芙秋博士	周莉萍	850
ST11020	揚昇大師神諭卡（2013年新版）（44張揚昇大師卡＋書＋絲絨袋）	朵琳・芙秋博士	鄭婷玫	850

ST11021	天使塔羅牌（78張天使塔羅牌＋書＋塔羅絲絨袋）	朵琳・芙秋博士＆羅賴・瓦倫坦	王培欣＆王芳屏	980
ST11022	神奇精靈指引卡（2014年新版）（44張神奇精靈卡＋書＋塔羅絲絨袋）	朵琳・芙秋博士	陶世惠	850
ST11023	大天使神諭占卜卡（2014年新版）（45張大天使卡＋書＋塔羅絲絨袋）	朵琳・芙秋博士	王愉淑	850
ST11024	靛藍天使指引卡（44張靛藍天使卡＋書＋塔羅絲絨袋）	朵琳・芙秋博士＆查爾斯・芙秋	王培欣	850
ST11025	指導靈訊息卡（2014年新版）（52張指導靈訊息卡＋書＋絲絨袋）	桑妮雅・喬凱特	邱俊銘	850
ST11026	神奇花朵療癒占卜卡（44張花朵療癒占卜卡＋書＋絲絨袋）	朵琳・芙秋博士&羅伯・李維	陶世惠	850

生命學堂系列		作者	譯者	定價
ST14001	胖女孩的食戰童年：一個非關減重的真實故事	茱蒂絲・摩爾	林冠儀	250
ST14002	死亡晚餐派對：15樁真實醫學探案	強納森・艾德羅醫師	江孟蓉	280
ST14003	遇見紐約色彩的心理治療督導	陳瀅妃		450
ST14004	記憶的照護者——阿茲海默症的侵略軌跡與照護歷程	安卓亞・吉利斯	許桂綿	420
ST14005	瞥見永恆：共歷死亡經驗的真實故事分享	雷蒙・穆迪博士&保羅・裴瑞	江孟蓉	250
ST14006	記憶牆：七篇捕捉記憶風景的故事	安東尼・杜爾	丘淑芳	320
ST14007	若不是荒野，我不會活下去	崔西・羅斯	張明玲	320
ST14008	奇貓奇遇：盲貓荷馬的冒險旅程	葛雯・庫柏	呂敏禎	320
ST14009	潘朵拉的12個禮物：愛與寬恕的自我療癒之路	陳卓君		280
ST14010	貓咪禪師的12堂課：和貓咪學坐禪	凱特・譚斯	黃春華	250
ST14011	我不是大女人：但我將告訴你，如何成為一個真正的女人	凱特琳・莫倫	舒靈	360
ST14012	說進動物心坎裡：跟著當代動物溝通導師走進動物心世界	瑪格瑞・寇慈	許桂綿	300

兩性互動系列		作者	譯者	定價
ST0208	你這話是什麼意思？——終結伴侶間的言語傷害	派翠西亞・依凡絲	穆怡梅	220
ST0216	女性智慧宣言	露易絲・賀	蕭順涵	200
ST0217	情投意合溝通法	強納生・羅賓森	游琬娟	240
ST0218	靈慾情色愛	許宜銘		200
ST0220	彩翼單飛	雪倫・魏士德・克魯斯	周晴燕	250
ST0226	婚姻診療室——以現實療法破解婚姻難題	蓋瑞・查普曼	陳逸群	250
ST0227	愛的溝通不打烊——讓你的婚姻成為幸福的代名詞	瓊恩・卡森&唐恩・狄克梅爾	周晴燕	280
ST0229	Office 男女大不同：火星男人與金星女人職場輕鬆溝通	約翰・葛瑞博士	邱溫&許桂綿	320
ST0230	男女大不同：火星男人與金星女人的戀愛講義	約翰・葛瑞博士	蘇晴	320
ST0231	愛沒有錯！錯的是感情迷思	提姆・雷	謝佳真	280

美麗身心系列		作者	譯者	定價
ST80001	雙人親密瑜伽——用身體來溝通、分享愛和喜悅	米夏巴耶	林惠瑟	300
ST80003	圖解同類療法——37 種常見病痛的處方及藥物寶典	羅賓・海菲德	陳明堯	250
ST80004	圖解按摩手法——體驗雙手探索身體的樂趣	柏妮・羅文	林妙香	250
ST80006	五大元素療癒瑜伽——整合脈輪的瑜伽體位法	安碧卡南達大師	林瑞堂	380
ST80007	樹的療癒能量	派屈斯・布夏頓	許桂綿	320
ST80008	靈氣情緒平衡療方	坦瑪雅・侯內沃	胡澤芬	320
ST80009	西藏醫藥	拉斐・福得	林瑞堂	420
ST80010	花草能量芳香療法——融合陰陽五行發揮精油情緒調理的功效	蓋布利爾・莫傑	陳麗芳	360
ST80011	水晶輕鬆療——與天然晶石合作，身心靈療癒不求人	海瑟・芮芳	鄭婷玫	360

心靈小說系列		作者	譯者	定價
ST15001	薩斯通：雨林中的藥草師	蘿西塔・阿維戈& 納汀・愛波斯坦	白玲	300
ST15002	四風之舞：印加藥輪的奧祕	阿貝托・維洛多博士& 艾瑞克・簡卓森	周莉萍	360

心靈成長系列 172

高敏感族自在心法——你並不孤獨，只是與眾不同

The Highly Sensitive Person: How to Thrive When the World Overwhelms You

作　　者｜伊蓮・艾融（Elaine N. Aron）
譯　　者｜張明玲
特約編輯｜盧心權
資深主編｜郎秀慧
經　　理｜陳伯文
發 行 人｜許宜銘

出版發行｜生命潛能文化事業有限公司
聯絡地址｜台北市信義區 (110) 和平東路3段509巷7弄3號B1
聯絡電話｜(02) 2378-3399
傳　　真｜(02) 2378-0011
郵政劃撥｜17073315（戶名：生命潛能文化事業有限公司）
E-MAIL｜tgblife@ms27.hinet.net
網　　址｜www.tgblife.com.tw
郵購單本九折，五本以上八五折，未滿1000元郵資60元，購書滿1000元以上免郵資

總 經 銷｜吳氏圖書有限公司・電話｜(02) 3234-0036
內文編排｜菩薩蠻電腦科技有限公司・電話｜(02) 2917-0054
印　　刷｜承峰美術印刷・電話｜(02) 2225-7055
版　　次｜2014年12月1日初版
定　　價｜400元

ISBN：978-986-5739-23-2

國家圖書館出版品預行編目(CIP)資料

高敏感族自在心法／伊蓮・艾融（Elaine N. Aron）著；張明玲譯.
-- 初版. -- 臺北市：生命潛能文化，2014.12
面；公分. --（心靈成長系列；172）
譯自：The highly sensitive person
ISBN 978-986-5739-23-2（平裝）
1.人格心理學　2.成功法

173.7　　103021276